晚清中国与日本

博弈百年

陈忠海 著

中国发展出版社

图书在版编目（CIP）数据

晚清中国与日本/陈忠海著．—北京：中国发展出版社，2018.12
ISBN 978－7－5177－0961－9

Ⅰ.①晚…　Ⅱ.①陈…　Ⅲ.①中日关系—国际关系史—史料—清后期　Ⅳ.①D829.313

中国版本图书馆 CIP 数据核字（2018）第 287804 号

书　　名： 晚清中国与日本
著作责任者： 陈忠海
出 版 发 行： 中国发展出版社
（北京市西城区百万庄大街 16 号 8 层　100037）
标 准 书 号： ISBN 978－7－5177－0961－9
经　销　者： 各地新华书店
印　刷　者： 北京市密东印刷有限公司
开　　本： 710mm×1000mm　1/16
印　　张： 16
字　　数： 248 千字
版　　次： 2019 年 5 月第 1 版
印　　次： 2019 年 5 月第 1 次印刷
定　　价： 39.80 元

联 系 电 话：（010）68990642　68990692
购 书 热 线：（010）68990682　68990686
网 络 订 购： http：//zgfzcbs.tmall.com//
网 购 电 话：（010）68990639　88333349
本 社 网 址： http：//www.develpress.com.cn
电 子 邮 件： 271799043@qq.com

序言

国运浮沉：近代史视野下中日关系的拐点

日本是中国一衣带水的近邻，一个由7000多个大小岛屿组成的国家。摊开地图，可以看到日本列岛像一条弯曲的蚕，蜷曲于亚洲大陆的一侧。

关于日本列岛的形成有两种不同说法：一种是板块说，认为日本列岛是太平洋板块挤压亚洲板块而形成的凸起；另一种是大陆漂移说，认为日本列岛曾是亚欧大陆的一部分，由于海水上涨不断与大陆脱离，最后彻底与陆地断开，成为列岛。这两种说法很有意思，似乎象征着什么。

至于日本列岛上人类的踪迹，一般认为其历史可追溯到3万~10万年前，而有考古发现的人类活动则晚得多。1877年美国动物学家摩斯对东京大森贝冢进行了科学调查，发现了一些人类活动的遗迹，这是迄今发现的最早的日本人类文明遗址，科学界将其命名为绳文时代，具体年代距今12000年前。在中国大陆上所发现的最早的人类是巫山人，其历史可以追溯到204万年之前，发现于山西芮城西侯度村的西侯度文化是中国旧石器时代早期的人类文明之一，距今也已有180万年了。

中国的秦汉时期，日本处在弥生时代中期，当时有不少中国人来到日本，著名的“徐福东渡”的故事就发生在此时。这些东渡的中国人使日本的发展速度加快，也使中国人对日本有了初步的认识。最早对日本进行记载的中国古籍是《山海经》，在其《海内北经》中有下面一句话："盖国在钜燕南，倭北。倭，属燕。"这句话的意思是"盖国在燕国的南面，在倭国的北面，倭国隶属于燕国"。盖国也称辰国，是对春秋战国时期朝鲜半岛南部部落的统称，"钜燕"就是"巨燕"，可以理解为"大燕国"。也就是说，在春秋战国时期中国人把日本称为"倭国"，视其为燕国的属国。

秦汉以来，中国建立了大一统的封建王朝，与日本的联系进一步加深，《后汉书·东夷传》中记载了中日交流的一次重要事件："建武中元二年，倭奴国奉贡朝贺，使人自称大夫。倭国之极南界也，光武赐以印绶。"建武中元二年即公元57年，是东汉光武帝刘秀在位的最后一年，这一年日本列岛上的倭奴国遣使来朝称臣，刘秀赐给其金印及绶带，金印的铭文为"汉委奴国王"5个字，这是中国史书对日本有明确纪年的最早记载，也是史书中关于中日两国官方交往的最早记载，表明自那时起日本就是中国属国，要到中国来朝贡。

在东方世界，随着中国大一统封建王朝的建立，逐渐形成了一套"华夷体系"，根据这套体系，中国被奉为宗主国，其他一些小国被视为藩属国，宗主国不干涉藩属国的内政，藩属国要向宗主国定期朝贡。这项古代东方的国际体系虽然不能完全被西方学者所理解或承认，但长期存在，并在维系地区战略平衡中发挥着特殊作用。由于特殊的地缘关系，日本很早便是这个体系中的一员。

但是，由于自身特殊的国情以及民族性格等原因，日本从很早开始便对这个体系有着本能的抵触。自中国唐朝至近代的1000多年间里，日本多次试图向这个体系发起挑战：发生在唐朝的白江口之战，可以看作日本试图重塑东亚格局的开始，结果日本失败了；到了宋朝，日本以"脱宋"的姿态消极对待中日官方交往，其实质也是一种挑战；元朝时，元政府曾三次征日，这是日本对中国明确"说不"的结果，由于天气等偶然因素，日本躲过了元朝的惩罚；明朝时，日本的丰臣秀吉主动侵朝，把日本对中国的挑战推向了高峰，只是这一次日本又失败了。

回顾历史可以看出，在古代中日关系中，虽然接触、合作是主流，但“挑战，失败；再挑战，再失败”也是日本对中国关系的另一条线索，这是历史的写照，也是之后许多主张积极向中国扩张的日本人心中隐藏着的原始心结。

丰臣秀吉妄图建立所谓“亚洲大帝国”，他以朝鲜为跳板实施这个计划，虽然以失败而告终，却造成了日本、朝鲜和中国“三败俱伤”的惨重结果。人们从中应该得到反思，对扩张思想和侵略行为保持清醒的认识，但近代以后，日本却越来越具有攻击性和侵略性。从1868年明治维新到1945年日本在二战中宣布无条件投降，这77年间日本的扩张野心一步步膨胀，疯狂地对外侵略，除侵略中国外，日本还发动战争欺凌其他弱小的亚洲国家，试图以此在太平洋甚至全世界建立起自己的霸权。

进入近代，中国和日本都曾经是西方列强殖民的目标。由于中国的衰落，中日关系一度疏离，直到1862年才有一艘日本商船来到中国上海，开启了近代中日间的正式交往。中国曾经是日本学习的榜样，但鸦片战争以后中国的遭遇又让日本人深感震惊，这促使日本将“脱亚入欧”作为国策。随着国力的增强，一部分日本人心底又重燃起丰臣秀吉式的“帝国梦”，并将目标确定为中国及其藩属国，经过在琉球和朝鲜等地的试探与交锋，日本摸清了中国的实力和决心，向中国扩张的脚步便不再犹豫。1894年，中日爆发了甲午战争，在这次国运的较量中中国惨败，被迫签订了屈辱的《马关条约》。随后，日本继续参与了列强瓜分中国的行动，在1900年八国联军侵华中，日本是出兵最多的国家。1904年，日、俄两国为争夺在中国东北的利益发生战争，随着日本的胜利，其进一步加强了对中国东北的侵夺。

此后，日本走上了更加疯狂的侵华之路，并最终发动了全面侵华战争。虽然中日博弈和斗争的范围更广、裂度更强，但追溯其根源，重点仍然在晚清时期。晚清的这几十年，是中日关系发生大变局、大转折的时期，相对于至少2000年的宗藩关系，中日间强弱互换的这几十年只是沧海一粟，但它却深深铭刻在中国人的屈辱记忆里。

日本为什么在扩张之路上越走越远？这个问题不是三言两语就能说清的，有中国急速衰落造成的诱惑，有日本对外依赖程度高的国情，也有日本人的民族性格等原因。在所有原因中，还有一条非常重要，那就是对历史缺乏反思、对侵略行为缺乏清算。

往事之所以轮回，人性之所以固执，往往都缘于对以往走过的路不能做清醒的认识。以丰臣秀吉为例，他挑起了一场完全没有赢家的战争，作为战争罪人，他理应受到各国人民的一致批判和挞伐，通过对其疯狂战争行为的清算，以警示后人不犯类似的错误。但在许多日本人心目中，丰臣秀吉却是一个英雄，是个有本事、值得学习和效仿的人，不仅民间有大量歌颂他的书籍和其他文艺作品，他死后还获得“丰国大明神”的封号，日本官方对其也有很多祭祀活动。

晚清时期，日本侵略中国每每得手，这更刺激了日本那些主张对外扩张的人，他们的野心越来越大，步伐越来越快，从而把整个日本带上了一条狂热、激进、无法回头的道路，这同样是一场没有赢家的战争，被日本侵略的国家无疑灾难深重，而日本自己最后也付出惨重代价。

前事不忘，后事之师，只有认真回头审视历史，才能发现历史的“痛点”在哪里，才能避免类似的历史悲剧今后再次发生。

目　录

第一章

鸦片战争冲击波

一　种子岛：西方人初登日本

种子岛，日本九州以南大隅群岛中的一个岛，属鹿儿岛县。现在这个岛上设有 3 个行政区，大约 5 万人，它不仅是日本有名的“稻米之乡”，而且上面建有日本最大的火箭和卫星发射基地，包括 2 个火箭发射场及卫星电波追踪站、雷达站等，是日本著名的“宇宙中心”。

在日本近代史上这个岛也很有名，在日本“对外开放”过程中该岛曾发挥过重要作用。据成书于 17 世纪初的一部日本史书《铁炮记》记载，1543 年 8 月 25 日有一艘外国船来到了种子岛，船上共有 100 多人，肤色、穿戴、语言都与日本人完全不同。从东南亚方向来日本，种子岛是首先抵达的地方。种子岛上一个叫西村的人首先发现了这艘船，由于语言不通，双方无法交流，幸好岛上还有个名叫五峰的中国人懂一些葡萄牙语，在他的翻译下西村才弄明白这些人是当时日本人所称的“西南蛮种”，具体来说是葡萄牙的商人。

这艘船原本是驶向中国的，在途中遇到台风而迷失了方向，漂泊到了这里。问清这些情况后，西村协助葡萄牙人将船只驶进种子岛北部的赤尾木港。由于是稀客，岛上的人都来围观。当时统治种子岛的人叫尧公，他来参观的时候葡萄牙人向他展示了一种武器。该武器约 3 尺长，是个直筒带木托的物体，底部密封，往里面装入铅丸后扣动扳机，它便能发出雷鸣似的轰响，随之在它前方的石块都能被击碎。

葡萄牙人告诉尧公这种威力巨大的武器叫步枪，是欧洲最新的发明。当时不仅在种子岛，在整个日本都还没有这种武器，尧公很感兴趣，最后以2000两银子的高价买了2支。葡萄牙船走后，尧公命家臣八板金兵卫仿制步枪。八板金兵卫精通锻铁技艺，他将步枪小心地拆解开，用“逆向工程”的方法希望破解步枪制造技术。经过不懈努力，步枪其他部件的仿制都很顺利，但最复杂的扳机部分一直无法突破，经过反复试验仍然没成功，后来发生了一次走火事故，仿制工作只得暂停。

就在要放弃的时候，第二年又因为台风的原因，另一艘葡萄牙船也漂泊到了种子岛。八板金兵卫得知船上竟然有一名葡萄牙铁匠，他高兴坏了，马上向其求教，希望这位铁匠告诉他扳机制造的奥妙。这位铁匠有些犹豫，八板金兵卫果断地答应把他17岁的女儿许配给葡萄牙船长。就这样，葡萄牙铁匠教会了八板金兵卫步枪制造技术，种子岛上制造出了日本生产的第一支步枪，也称“种子岛步枪”。

当时日本正处在战国时代，天天都在打仗，使用的武器多是刀、剑这类冷兵器，步枪投放战场后改变了战争的形态，日本各地大名纷纷引进步枪，使他们的战术发生了巨大变革，种子岛由此名扬日本。

二　西方传教士：幕府心中的大患

这件事被史书记载下来，不仅因为大名远扬的“种子岛步枪”，更因为这是西方人登陆日本的最早文字记载。

在此之前日本交往的外国人主要来自中国和朝鲜。日本与中国的交往可以追溯到中国秦汉之前，在中国先秦地理著作《山海经》里就有关于日本的记载，其后两国的关系时密时疏，但交往基本上没有中断过，中国历代王朝均把这个位于东方的由数千个大大小小岛屿组成的国家视为“藩属”，将其纳入由中国主导的华夷体系中。对于这种安排，日本有时愿意接受，主动派人纳贡称臣，但有时也不情愿，试图予以疏离，并由此发生过矛盾甚至战争。同样被中国历代王朝视为“藩属”的朝鲜则在大多数时间里愿意接受这种华夷体系，与中国的关系更为紧密。自古以来日本就在这种地缘环境下生存着，不管是真心还是违心，中、朝两个搬不走的邻居几乎成为其对外交往的全部。所以，对日本来说登陆种子岛的葡萄牙人有着特殊意义。

对西方人来说，这两次因台风而偶然促成的航行吸引了更多的人前往日本，先是葡萄牙人来到鹿儿岛等地，后来西班牙人也接踵而至。在1549年前后，西班牙天主教会的传教士方济各·沙勿略（St. Francois Xavier）来到鹿儿岛，在鹿儿岛领主岛津贵久的允许下开始传教，当年就发展了200个信徒，之后方济各·沙勿略前往肥前、周防、丰后等地传教，天主教在日本迅速发展起来。

这一时期葡萄牙、西班牙在亚洲的势力急剧扩张，他们建立并控制着以马六甲海峡为中心的东方贸易圈。日本的战国时代是割据状态，各地的大名实际掌握着日本的权力，为扩充自身势力，大名们都希望拓展对外贸易，得到这些欧洲强国的支持。在这种背景下，他们对天主教在日本的传播采取了默许或支持的态度，天主教发展的速度越来越快。日本各地纷纷开设了神学院、教堂、医院和慈善机构，到1583年，日本各地的教堂达到了200所，信徒近20万人。1570年才开港的长崎成为欧洲商船的聚集地，也成为天主教在日本传教的重要据点。这里吸引到越来越多的日本商人和来自欧洲、中国的商人，天主教会在这里的势力很大，甚至取得了行政权和司法权，可以名正言顺地向来往船只收取停泊费，教会还与各地大名保持着联系，成为一股重要的政治势力。

1585年一代强人丰臣秀吉就任日本关白，逐步统一了日本。对天主教会的迅速膨胀，丰臣秀吉感受到了威胁。之前丰臣秀吉对天主教一直持宽容态度，他曾在自己的大本营大阪接见过天主教会日本准管区长科埃里（Coelho）。当科埃里率教会一行30多人到访大阪时，丰臣秀吉甚至亲自走在前头为他们引路，亲自为他们作讲解。丰臣秀吉还登上葡萄牙人的快船，在科埃里的介绍下参观。然而，1587年丰臣秀吉却突然发布了著名的《伴天连追放令》，内容如下：

1. 日本乃神国，由天主教国所传来邪法万万不可。

2. 他们令诸国人民归顺于彼，捣毁神社和佛阁，实乃前所未闻之事。诸领主乃暂时据有其领地与权力，因此必须遵守天下的法律，不得随心所欲。

3. 神父们认为可用其知识自由地获得信奉者，所以才如此破坏日本的佛法，此事断乎不可。因此，神父们不能留在日本的土地上，必须在今后20天内打点行装回国。但在此期间，如有危害神父者，亦将予以处罚。

4. 葡萄牙船为商业贸易而来，另当别论，今后亦可进行长年贸易。

5. 今后，凡不反对佛法者，无论商人或者他者，都可于天主教国中自由往来。

这道命令十分突然，也相当严厉，关于它为何突然颁布至今仍有许多种不同的说法，但从根本上看，日本传统文化与欧洲天主教文化之间的矛盾是最深层次原因。比如天主教独尊天主，要求信徒绝对信奉天主而不得崇拜其他偶像，这与日本传统的神道教以及在日本有着深厚基础的佛教、儒教都形成信仰上的矛盾。再比如，天主教强调在上帝面前人人平等，对于等级森严的日本传统社会来说这无疑是价值观上的一场颠覆。这样的主张虽然能得到下层人民的拥护，却为日本上层社会所不容。

在日本战国时代，各地大名把天主教作为吸引人民、扩充势力的一个工具，但现在战乱结束了，国家实现了统一，丰臣秀吉关注的是如何稳固政权，教会势力的崛起在他看来是一个很大的威胁和隐患，如今他将其加以禁除一点儿都不奇怪。这样，以天主教为代表的欧洲文化在日本快速传播的势头因为这道禁令遭受挫折。

三　“锁国令”：日本的闭关锁国更严厉

丰臣秀吉出身“草根”，崛起于乱世，喜欢中国三国历史的日本人往往把他视为日本的刘备。在丰臣秀吉的身上的确有枭雄的一面，他靠武力起家，所以崇信武力，是一个真正的强人。在统一日本后他产生了一个更大的想法，要用武力继续扩张势力，目标已不限于日本国内，还有朝鲜和西边大陆上的中国。

丰臣秀吉决定以武力征服朝鲜，出兵前他先展开了一连串外交活动，分别给琉球、台湾岛上的高山部族以及吕宋的西班牙总督、印度的葡萄牙总督等发去公函，要他们支持自己讨伐朝鲜。丰臣秀吉还以亚洲新霸主的姿态要求琉球和高山部族等向他称臣进贡，接到公函的各方估计没有多少人会认为丰臣秀吉有这个胆量和能力去跟大明朝叫板，只有离日本最近的琉球不这么看，琉球国王悄悄把相关信息报告给了明朝政府。

丰臣秀吉并不掩饰自己征服中国的野心，对出兵朝鲜的计划也不打算保密，他如此高调地叫嚷着要攻打朝鲜和中国，在当时许多人看来的确是疯了，在后人看来也颇难以理解。因为此时的日本整体国力不仅与中国悬殊，而且又刚刚经历了30多年的混战，可谓百业凋敝、满目疮痍，而明朝已立国200多年，虽然渐呈疲态，但200多年来国家总体上没有大的战乱，军力尚且强大、皇权尚且稳固，怎么看双方都不在一个等量级上。

1592年4月13日，丰臣秀吉派小西行长、加藤清正分率20万日军分东西两路侵略朝鲜，中国明朝政府在一番权衡和争论后出兵“抗日援朝”。这场仗打了好几年，尽管当时的明朝已过了鼎盛期，但中、日双方的国力相差悬殊，最后日本军队惨败，丰臣秀吉于1597年8月在忧惧中死去。之后德川家康利用民意对丰臣氏的不满而趁势崛起，在1600年的关原之战中大败丰臣氏势力，又经过两次大阪之战最终建立起德川幕府。

1603年德川家康开始统治日本，在对西方天主教的态度上他跟丰臣秀吉是一致的，继续施行禁教政策，1612年颁布了新的禁教令。第二代幕府将军德川秀忠接班后又加强了禁教措施，在1616年颁布的《庆长禁教令》中规定进一步取缔天主教，特别是彻底根除农民中的天主教徒，随后驱逐了所有在日本的西方传教士。1622年德川幕府在长崎西坂处死了55名传教士和信徒，1623年第三代幕府将军德川家光制造了“江户大殉教”“平户大殉教”“东北大殉教”等教案，对于那些口头上表示不再信教的人，幕府采取“踏绘”的办法进行辨别，也就是让其踩踏圣母玛利亚像和耶稣像，以此判断真假。为了彻底禁教，德川幕府还规定一切外国船只均不得在大名的领地内通商，只能在长崎和平户从事贸易活动。

岛原的大名松仓重政为讨好德川幕府，积极推动禁教令，强迫信教的人改变信仰，对于不肯改变的人就用灌凉水、火烤、烙印、针扎、用滚开的硫黄水浇头等酷刑进行迫害，这反而激起天主徒们的反抗。1637 年爆发了岛原天主教大起义，起义军很快发展到数万人，他们公开对抗禁教令，公开悬挂绘有天主圣像和十字架的战旗，宣称世界末日到了，救世主将“现身”以惩罚恶人。

这场起义虽然最终被幕府镇压了，但对日本社会产生了极大震撼，也深深刺激了德川幕府，德川幕府感到必须以更强硬的手段推行禁教令。1639 年德川幕府再次发布命令“禁止葡萄牙船来航，违者，破其船、斩其员”，而在更早的时候，德川幕府已下令西班牙的船只不得来日本。1639 年的这份禁令已是第五份“锁国令”了，之前的 4 份分别是：

1633 年：禁止奉书船以外的船只渡航，禁止滞留外国 5 年以上的日本人回国；

1634 年：就前一次“锁国令”的有关内容作进一步强调；

1635 年：中国、荷兰以外的船只只能进入长崎，禁止所有在外的日本人回国；

1636 年：将与贸易没有关系的葡萄牙人的妻子（包括日本混血儿）共 287 人放逐到澳门，其余滞留在出岛。

这几道“锁国令”加上德川幕府颁布的其他相关法令构成了这一时期日本的“锁国政策”，内容综合如下：禁止天主教在日本传播，对潜入日本的传教士，日本人有义务予以告发，官府接到报告后将立即逮捕，任何与天主教有关的书籍一律不准进口；禁止日本人出国，在国外的日本人也不准回国；除荷兰、中国外其他国家的人和船只一律不准来日本，荷兰、中国的商船也仅限长崎一地（某些地方藩主与朝鲜、琉球等有一些贸易）。

日本先后与西班牙和葡萄牙断绝了来往，但对荷兰却“网开一面”，这是因为荷兰人向幕府作出过保证，绝不在日本传教，也不支持任何传教活动。为了取得幕府的信任，荷兰商人甚至对幕府镇压教徒起义的行动提供支持。尽管如此，幕府对荷兰人也不完全放心，除规定荷兰人只能在长崎一地经商外，还规定荷兰人来长崎后只能居住在长崎港外的一个人造小岛上，不得与日本百姓接触；荷兰商人进出此地都要被严格检查，他们如果与日本女子私下来往，所生子女一经发现即立即处死。

四 “唐风说书”：了解中国的一扇窄窗

从形式上看，日本的“闭关锁国”与中国有许多类似之处。

比如，两国都曾禁止欧洲的天主教，中国在清朝雍正年间的1722年也曾颁布过“禁教令”，包括5位主教在内的50多名传教士被驱逐出境，1732年集中在广州的35名传教士被清朝两广总督驱逐到澳门。有人说在康熙诸子夺嫡斗争中天主教的传教士们支持皇八子胤禩，结果站错了队，所以雍正即位后要驱逐他们。如果这是真的，那也仅仅是清朝政府禁教的表面原因，信仰的不同、主张的差异注定天主教不会被清朝上层所接纳。乾隆即位后对天主教也持不欢迎态度，严格限制西方天主教士入境。

但与日本幕府对天主教严厉禁绝、对天主教徒众残酷迫害不同，清朝的禁教手段相对温和，对传教士也仅是驱逐出境而已。到乾隆时，对天主教虽然有入境的限制，但在有些地方执行得并不是特别严格，许多传教士偷偷入境，在中国境内以半公开的方式传教。据统计，到1810年共有31名西方传教士在中国内地16个省秘密开展传教活动，天主教徒超过20万人。从某种意义上说，清朝实行“闭关锁国”的主要针对目标不是天主教，这项政策有一部分是明朝“海禁”政策的延续，也有防范东南沿海一带海盗的考虑。当然，清朝的上层统治者也有与日本幕府相同的想法，认为本国人民最好不与那些持异端邪说的洋人们交往，以免受其影响，不利于政权的稳固。

在经贸方面，尽管中日两国都采取了“一口贸易”政策，清朝对西方开放的唯一口岸是广州，日本开放的唯一口岸是长崎，但双方对海外贸易的认识有所不同。清朝处处以“天朝上国”自居，认为自己地大物博、物产丰富，不需要与洋人做生意，之所以开放广州也只是对洋人的照顾，是“天朝圣恩”的体现，而日本则对海外贸易更渴望，希望与欧洲商人做生意，也希望更多地了解西方的文化和科技。

东方自古就产生了一个儒教文化圈，日本自觉或不自觉中也被纳入这个文化圈中。与中国不同，日本的儒教文化并不是原生的，对日本人来说崇信儒教文化是因为它具有的先进性，是出于学习吸取的考虑才接受的。除了思想文化，日本同时从中国学习了许多先进科技技术，从这一点上看，与中国保守、封闭的文化观不同，同样在儒教文化主导下的日本其实具有很强的开放性。日本学者林屋辰三郎在《历史夜话》一书中指出：

> 日本人对外国人、外国文化本来就没有偏见……这种素质早从三世纪就有了，从那时起就一直接触以中国为中心的世界，比较自然地接受和学习了中国文化。

美国历史学家戴维斯·兰德斯（David S. Landes）在《国富与国贫》一书中也指出："学习从来没有使他们（日本）感到其渺小。恰恰相反，他们认为自己天生优于中国人。"所以同样是"闭关锁国"，中日两国在思想文化方面也有不一样的内涵和表现，清朝政府不仅排斥天主教，还排斥一切西方科技文化，严格限制它们在中国的传播。天主教在中国最早的开拓者之一、意大利传教士利玛窦（Matteo Ricci）在《利玛窦中国札记》中说："中国人把所有的外国人都当作没有知识的野蛮人，并且就用这样的词句来称呼他们，他们甚至不屑从外国人的书里学习任何东西，因为他们相信只有他们自己才有真正的科学和知识。"清代道光年间的著名学者阮元在《畴人传》中评论西方文化时说："上下易经，动静倒置，则离经叛道，不可为训，固未有若是之甚者也。"这些看法代表了当时中国大部分知识分子对西方文化的态度，直到鸦片战争前中国人对西方人和西方文化的了解都十分有限。

日本在锁国之初，除禁止天主教外也严格限制外来书籍，但出于文化开放性的基因，以后慢慢允许输入与天主教无关的科技、文化书籍，天文、地理、历史、船舶、武器、医学、动植物学等西方书籍大量进入日本。据统计，从1771年至1825年日本翻译的欧洲科技文化著作有500多部，译书者多达110多人，他们成为向日本介绍近代西方科技文化的先驱，以他们为中心在日本形成了一门新兴学科——“兰学”。

“兰学”表面上看指的是“荷兰的学术（Dutch learning）”，其实泛指整个西洋学术，所以又称为“洋学（Western learning）”。第八代德川幕府将军德川吉宗不仅自己酷好“兰学”，还派人去学习荷兰语及自然科学。到19世纪初，日本从事“兰学”的人不断增多，研究范围也日趋广泛，他们还建立了一个名为“尚齿会”的组织大力传播“兰学”。据日本学者的统计，到明治维新前日本各地建有30多所专门教授“兰学”的学塾，先后培养出9000多名了解西方科学的学生，一些人醉心于“兰学”，出现了许多所谓的“兰癖家”，其中包括一些掌握地方实权的大名，人们称他们为“兰癖大名”，这种景象与同时期的中国可谓截然不同。

“兰学”的勃兴预示着中华传统文化在日本逐步走向衰落，日本对中国的了解慢慢只限于“唐风说书”等有限的几个渠道。“风说书”是德川幕府时期搜集外部情报的一种重要方式，由专门设立的“风说役”负责。该机构就设在长崎，由长崎地方行政长官领导，下设大通事、小通事、稽古通事等职。所谓通事指的就是翻译，人数最多时有数百人，从外国商船进入长崎港开始他们就负责制作有关报告，这些报告称“风说书”，其标题一般为“进港顺序+出发港名+船人口述”，内容主要以外国商人所讲为主。日本称来自中国的商船为“唐船”，称中国商人的口述报告为“唐风说书”或“唐船风说书”。日本学者大庭修在《江户时代日中秘话》中指出：

> 所谓“唐船风说书”，是指唐通事经询问入港唐船船头后写成的报告书。其内容包括中国国内形势、他国形势、航海情形、船头与其役人情况、乘员情况等。报告书写成后，必须提交给长崎奉行，再由长崎奉行向江户报告。

后来，“唐风说书”的信息来源不仅是中国商人，从外国商人那里得到的关于中国的情报也都写入“唐风说书”中。幕府对这件工作相当重视，要求“风说役”必须认真完成，在时间上也有严格要求，一般说来一份“唐风说书”从撰写到呈报至幕府最长不会超过28天，在当时这是很高的效率，大大方便幕府及时了解中国发生的事。“风说役”负责撰写的报告还有“兰风说书”“东印度风说书”等，但幕府对“唐风说书”最为重视，因为它是这一阶段日本了解中国的最重要途径。

五 “天赐之鉴”：鸦片战争惊醒日本

1839年，根据一位荷兰商人提供的情报所撰写的一份“唐风说书”引起了幕府的重视，这份报告提到了发生在中国广东的禁烟消息，报告说广东当时正在禁止英国人的鸦片走私，同时奉旨严查藏匿鸦片的基地，对中国吸食鸦片的人也施以重刑。

日本人称鸦片为“阿片”或“阿芙蓉”，鸦片在中国的迅速传播早已引起幕府方面的注意，为此已指令“风说役”专门撰写“阿片风说书”，但中国正在开展的禁烟活动则是一个新情况，幕府方面更加密切关注这件事。1840年有一个叫周蔼亭的中国商人向“风说役”提供了最新信息，据此撰写的《蒙问今为阿片一件》的“阿片风说书”中有以下内容：

> 由于英国人向中国贩卖鸦片，造成了严重的危害……皇上派林则徐到广东禁烟。林命令外国鸦片贩子于三日内交出鸦片，酌价给大黄、茶叶为补偿。如果隐匿不交，不但行家正法，异国之人亦当坐罪，决不宽假……英国商人共交出二万零三十六箱。1839年（天保十年）9月，中英两国军舰交战，在广东的外国人纷纷回国。

当时林则徐已完成了虎门销烟，中英两国正剑拔弩张。随后几个月，在由另外几份中国商人提供的信息所撰写的“风说书”中，日本人了解到鸦片战争早期的战况，中国这边发生的事情大体上都能被日本方面及时知悉，其中大部分情报都是比较准确的。比如在1842年1月由中国商人蒋春洲等人提供的信息所撰写的一份“唐风说书”里，讲述了清朝政府为防范英军打算在广东、台湾等地增添600多门大炮，因此将增加对铜的需求，清朝政府计划从日本购进大量的铜。这一情况得到中日有关贸易统计的印证，据日本学者山脇悌二郎《长崎的唐人贸易》一书，1840年中国从日本输入的铜仅为401.25斤，到1841年就猛增到702.19斤。当然，“风说书”毕竟出于一些商人之口，难免也有讹传。比如在一个叫沈耘谷的中国商人所提供的“唐风说书”里曾记录，中国军队在浙江余姚的一场战斗中俘虏了英国女王的女儿。这件事在日本引起了轰动，一些文人和学者为此还撰写了不少文章，但其实被俘虏的只是英国一条运输船船长的夫人，而不是英国女王的女儿。

在这些“唐风说书”里，清朝军队在英军面前不堪一击的情况让日本人吃惊。清军虽然配置了不少近万斤的新式大炮，但清军将士的战斗意志看起来却不高，除少数将领奋勇抵抗外，大部分清军在敌军面前往往一触即溃，致使重要的阵地频频失守。这让日本幕府看到了清政府统治的腐朽，也冲击了他们心中的中国观。

“唐风说书”毕竟属于“内部资料”，日本社会和普通百姓一般不大可能看到，但关于中国鸦片战争的内容通过一些幕府官员迅速传向日本社会，还有一些有心的学者，利用从“风说役”通事、幕府官员那里打听过的关于中国鸦片战争的信息撰写了一些相关书籍和文章。如学者盐谷宕阴利用在幕府要员身边供职的机会，收集、抄录了大量关于鸦片战争的“唐风说书”，于1847年编成《阿芙蓉汇闻》一书，这部书一经问世便引起日本社会各界的广泛关注，被各地争相刊印。

当时在日本出现了大量以鸦片战争为写作对象的文艺作品，如岭田枫江的《海外新话》一书就以鸦片战争为中心记述了内容十分丰富的历史资料，书中附有以虎门销烟、定海血战、陈化成战死、南京议和等为主题的插图，作者在一首诗中写道：“巨炮震天坚城摧，夷船进港汉军走。”除此之外，斋藤竹堂的《鸦片始末》、佐藤信渊的《海陆战防录》都是影响很大的作品，其他有名的作品还有《云南新话》《外邦太平记》《鞑靼胜败记》《新说明清合战记》《满清纪事》等。日本各界之所以如此重视发生在中国的事，是因为日本自己也正面临着相同的处境，大家试图找寻中国失败的原因，为自己的国家找到一条应对之路。日本学者加藤佑三在《日本开国小史》中指出：

> 日本的有识之士清醒地看到国际形势剧烈变化后，迫切需要获得内容详细、准确的情报。他们自觉意识到在列强角逐的环境中，对应有误，就会丧失国权。

可以说，中英鸦片战争的炮声极大地震撼了日本，为尚在闭关锁国中的日本敲响了一记警钟。水户的藩主德川齐昭之前坚持认为“清国无论如何乃一重要之大国，夷狄不敢轻易问津”，等听到鸦片战争最后的结局时他深感震惊，他向幕府建议：“鉴于清国战争情况，急应公布天下，推延日光参拜，以日光参拜经费为武备之用。”日向国佐士岛津忠宽在向幕府的上书中也深感忧虑地建议：“今清国大乱，难保何时波及日本。”除将军外幕府中最高的行政职务称老中，时任德川幕府老中的水野忠邦也认为鸦片战争“虽为外国之事，但足为我国之戒”。

但在具体的应变策略上，幕府的内部意见却未统一，有人认为应立即改进火炮技术、加强武备，有人则认为中国的失败并非火炮等客观因素所造成，而在于主观上不够重视、长年过太平日子放松了思想警惕。长崎地方官员高岛秋帆上书幕府，认为日本“诸炮家之炮术，乃西洋已经废弃之数百年前迟钝之术，或为无稽之华法”，所以“防御蛮夷而熟悉其术，乃至关紧要之事”。另一位保守派官员长鸟居耀藏则认为清军的失败“未必仅由枪炮之利钝所致”，他提出应该用“日汉之智谋而获胜之兵法”去抵抗外敌。面对争论，幕府老中水野忠邦倾向于前者，他下令加强武备和士兵的训练，尤其强化炮兵的操练，学习西方的火炮战术，演练实弹炮击。德川幕府还开办了讲武所、海军传习所等，雇佣荷兰人担任军事教官。

对于清朝实行的闭关锁国政策幕府也进行了反思，看来闭关锁国并不能带来国家的安全，反而阻碍了对先进科技文化的学习，于是德川幕府对执行了200年的“锁国令”也进行了调整。1825年德川幕府曾发布过一道“无二念打拂令”，规定对待外国船只不管是因遇难还是求得燃料、水、食品等事由，一律加以击退。1842年8月德川幕府发布了“天保薪水令”，对这一政策进行了调整，规定：

> 异船来航要仔细调查，在食品、燃料、水等返航困难的情况下，宜提供相应的物资，令其返航，万不可让其登陆。

“天保薪水令”的发布预示着“锁国令”的松动，它发布的时间恰好与《中英南京条约》的签订同时，这不能不说是鸦片战争对日本产生的直接影响。1858 年，继任的幕府老中崛田正睦也谈道：“中国拘泥于古法，日本应在未败前学到西洋之法。”这表明，在幕府上层看来，只有认真总结并汲取中国在鸦片战争中失败的教训，日本才能避免重蹈中国覆辙的命运，这一点在日本自上而下基本形成了共识。

尽管有保守派的反对，但越来越多的日本人认为武备不足、武器落后是中国败给欧洲列强的主要原因，为此不少日本人提出要建造军舰、加强海防。根据日本的传统制度，航海装备只允许建造一种只有一根桅杆的“千石船”，这也是“锁国令”的一部分，目的是防止有日本人远洋他国，这种船技术落后，也无法与欧洲国家的坚船利炮抗衡，所以许多日本人主张破除旧有制度的束缚建造新式军舰。另外，为加强核心区域江户湾的海防，德川幕府下令在江户湾沿岸设置炮台并配备大炮，总数量达到了 100 门左右，其中包括不少口径在 16 英寸以上的大炮。

在一部分日本人看来，鸦片战争其实也是好事，它震醒了日本，让日本人增添了忧患感，从而能深刻地反思过去、更好地面向未来。从这个意义上说，中国所发生的鸦片战争对日本而言是一次难得的“天赐之鉴”。

六　“黑船事件”：该来的终究躲不掉

鸦片战争不仅是中国的灾难，也拉开了东亚地区被欧美列强殖民掠夺的大幕。

日本小心翼翼地观察着中国的局势，而列强殖民中国的手段毫不手软，步伐越来越快。清政府将《中英南京条约》视为“万年合约”，认为倒霉的事就此可以止住，顶多是赔点儿钱、开几个口岸和割让个小岛，但随后从中国方面传来的却全是令人心惊肉跳的消息。继英国之后法国、美国等也加入掠夺者的阵营，《中英南京条约》签完，清政府又与列强分别签订了《中美望厦条约》和《中法黄埔条约》，中国的主权不断被出让，列强的胃口越来越大，日本人深信这样的情况迟早也会降临到自己身上。

该来的躲不过，1853 年 7 月一支美国舰队向江户湾驶来，该舰队由 4 艘军舰组成，率领这支舰队的是美国东印度舰队司令马修 · 佩里（Mathew Perry）。这些战舰都是当时世界上最先进的蒸汽动力船，由于它们表面被漆成黑色所以俗称“黑船”，正是它们制造了对近代日本历史产生深远影响的“黑船事件”。

江户是德川幕府所在地，当时日本的首都还在京都，但政权实际被德川幕府所掌握，所以江户才是日本的政治中心。明治维新后日本的首都迁到了江户，京都称“西京”，江户便被称为“东京”，也就是现在日本的首都东京，江户湾即今东京湾。“黑船”要进江户湾，此事不亚于13年前英国舰队开进中国的渤海湾、抵达大沽口。

江户湾是幕府海防的重中之重，幕府在江户湾的入口处设有浦贺奉行所，专门负责对所有驶入江户湾的船只进行检查，不经允许任何船只都不能进入江户湾，但美国“黑船”根本不在乎，摆出一副硬闯的姿态。日本学者加藤佑三所著《日本开国小史》是这样描述当时的情景的：“但是，现实往往不照顾原有的规定，‘黑船’就在眼前。它堵塞在浦贺的入口处，像巨人般屹立在那里！”美国舰队司令马修·佩里在进入江户湾前一天的日记中则写道：

> 一个文明之国对另外的文明之国有何要求时，没有必要以礼相见，也没有必要为了获得许可而苦苦地请求，只需要明确地提出自己的权力主张……一定要让那些有排外行为的人、那些非常注重表面形式和礼仪的人尊敬我！

马修·佩里的目标是在江户湾登陆，并向幕府递交美国总统的国书。一开始幕府既不答应其登陆，也不接受其国书，但幕府深知这些欧美国家的现代化“黑船”威力无穷，其战力已在中国沿海试过了，无须再试一回，所以不翻脸是底线。于是幕府步步退让，最后同意美国人在浦贺附近的久里滨登陆，并派官员与马修·佩里等人会谈。马修·佩里递交了美国总统的国书，内容主要有：

1. 美日双方应该建立友好关系，缔结通商条约；
2. 美国不会干涉日本的政治体制；

3. 从美国乘火轮船出发，跨越太平洋到达日本的航行仅仅需要18天时间，美国加利福尼亚州拥有价值高昂的黄金，日本全土拥有富庶丰盈的矿材宝物，还有由聪明智慧的人民创造出来的精湛文化艺术，彼此相邻的美日两国如果相互往来的话，一定能够相得益彰；

4. 美日双方开始贸易往来以后，也许会出现无利可图的现象，届时双方可以中止贸易，双方对此应该规定一个时间期限；

5. 美日双方都要相互援救遇难的船员，日本应该向过往日本的美国火轮船提供煤炭等补给。

此时德川幕府的老中已换成阿部正弘，他不愿意接受美国人的任何条件，于是指示参加会谈的官员，说要与美国签订任何条约都必须得到天皇的批准。马修·佩里追问得等多久，回复说要等到明年春天，于是马修·佩里率领着美国舰队返航了。

第二年2月13日，马修·佩里又率美国舰队如约而至，这一次他共带着7艘军舰，所以更加藐视一切，他直接率领舰队开进了江户湾，一直到横滨附近才停船，摆出了一副条件得不到满足就立即开炮的架式。

要么开国、要么开战，德川幕府没了退路。德川幕府深知这一关很难过：如果不答应美国人的条件，舰炮已经逼在了家门口，几亿人口的中国都不是人家对手，人口才一千多万的日本就更不用说了，没有鸦片战争在前尚敢斗胆一试，有了鸦片战争的教训这种无谓的尝试也就可以免了；如果答应美国人的条件，一来会引起连锁反应，中国的教训就是现成的例子，一个条约签订后会有其他国家的其他条约接踵而来，让你应接不暇，二来日本国内反对的声浪也会此起彼伏，如果被国人认为丧权辱国，那幕府的合法性就会受到质疑，政权就可能动摇。

如何摆脱两难困境？幕府老中阿部正弘为此绞尽了脑汁。在美国舰队上次返航后，阿部正弘就将美国人提出的开国要求上报给了京都的天皇。天皇虽然是名义上的国家元首，但长期以来只是个空架子而已，从不参与政治。幕府现在提出如果要与外国人缔结条约须以天皇的名义进行，故尔要得到天皇的批准，同时幕府又还破例邀请各地的大名、藩士以及学者甚至平民等开展广泛的讨论，就是否开国提出各自的意见。所有这些举措只有一个目的，就是降低与美国人签订不平等条约的后遗症。

美国人就不管那么多了，他们提出了最后警告，不答应要求就开战，最后幕府只得接受了美国的条件，与美国人签订了《日美亲善条约》，其主要内容都是美国方面提出的，日本被迫接受。条约的正文加附则共24条，主要内容有：

1. 日本开下田、箱馆二地为通商口岸，美国船只可在此进行物资补给，美国人的活动范围以下田为中心7里内、以箱馆为中心5里内；

2. 美国人暂时的休息所（即未来的驻日领事馆）设在下田的玉泉寺，美国人死后可葬于玉泉寺内专门设立的墓地；

3. 美日双方要互相援救那些遇难的船员，日本要向美国遇难的船只提供救援和物资补给；

4. 美国享受片面最惠国待遇，即未来日本无论与哪个国家签订条约，美国都同样享受其中的权利。

这是日本近代以来的第一个不平等条约，标志着日本闭关锁国时代的结束。据说美国人提出的这些条件是以《中美望厦条约》为蓝本的，《中美望厦条约》共34条，比《日美亲善条约》多了10条，对比一下可以发现，这10条内容主要是关于清朝废除公行制度、两国官员对等交换文书、传递美国总统国书等方面，这些内容要么日本不存在、要么已经解决，所以没有再写。加藤佑三在《日本开国小史》中说，将《中美望厦条约》的一部分内容删除便构成佩里此行提出的条约草案，“可以说《望厦条约》的微缩版就是美国的条约草案”。在中美、日美的这两个条约中，美国人最得意的就是片面最惠国待遇，有了这一条，今后无论哪个国家再来日本攫取利益，美国不用付出任何代价都可共享。美国人满意而归，尤其是舰队司令马修·佩里更志得意满，外交官们办不成的事他没废一枪一炮就办成了，今后美国人可以自由往来日本，日本封闭的国门就此打开了。

不出所料的是，英国、俄国、荷兰、法国等列强听说美国人在日本抢占了先机，都不甘心示弱纷纷前来，要求缔结条约。日本惹不起美国，也惹不起其他这些国家，《日美亲善条约》签订后，日本又分别与其他欧洲列强签订了一系列不平等条约。虽然有鸦片战争的“天赐之鉴”，但日本终究没有躲过列强的劫掠，迄今为止，日本所走过的道路仅仅与中国在过程上有所不同而已，一个因战败而屈服，一个未战即屈服，但结果似乎没有两样。

第二章

“千岁丸”上海行

一 “千岁丸”：200 年来驶往中国第一船

日本被迫开国后，不仅主权不断丧失，而且在经济方面也不断作出让步，继各种“友好条约”签订后，1858～1859 年日本又被迫与美、荷、俄、英、法等先后签订了《通商友好条约》，史称“安政五国条约”，主要内容有：扩大通商港口的范围，除下田、箱馆外新潟、神奈川、长崎、江户、大阪等主要城市先后成为通商口岸，外国商人享受协定关税的特权，日本承认签约国国民在各通商口岸拥有居住权，承认外国领事拥有裁判权，在通商口岸内各国可建立租界并享受传教的自由。

列强的贪婪没有止境，日本的未来看不到任何光明，是继续任人宰割还是寻找一条改变之路？日本国内反思的声潮兴起，德川幕府也广受批评，压力越来越大，在这种情况下加强与中国交流合作的声音出现了，不少有识之士建议幕府应打通与中国政府的联系以抗衡欧美列强。

日本尽管与欧美国家签订了很多条约，但直到这时与最大的邻国中国却没有签订过任何条约，也没有正式外交关系，这影响到双方的政治交往和经贸往来。德川幕府逐渐意识到，的确应该加强与中国的联系，这不仅出于“抱团取暖”的需要，而且200 多年来的锁国政策让日本对中国已经越来越不了解，“唐风说书”中的那些情报毕竟是有限的和局部的，鸦片战争后的中国到底是什么样？正在兴起的太平天国运动是如何发展的？欧美列强在中国究竟有多大势力？幕府更迫切地想了解这些问题，了解一个真实的中国。

另一方面，日本开国后不得不与欧美国家打道，在这些方面日本也缺少经验，不管怎样，中国毕竟已“先行一步”，幕府也希望从中国身上学习到有关知识。

1858 年 9 月，德川幕府老中阿部正弘曾派人前往香港，主要目的就是对中国的海外贸易与关税征收等做调查。次年 3 月，有地方行政官员向幕府提出派遣使团到中国的建议，目标是黑龙江的河口、上海和香港。这引起幕府的重视，经过一番讨论和准备，最终倾向于首先向上海派出使团。鉴于当时上海正被太平军围攻，所以此行的首要任务是调查情况，其次才是开展外交和经贸活动。

远洋中国需要排水量数百吨的桅船，当时日本还没有这样的船只，幕府开始打算租一条洋人的船，经过考察，看中了停泊在长崎港内的两艘荷兰船，但与荷兰人接触后发现对方要价很高：“270 吨的二桅小舟，一月租赁金为洋银 1300 枚；又一艘 600 吨大舟，一月租赁金为洋银 3000 枚。”幕府决定不租船了，干脆买船，长崎港内停泊的英国“阿米斯得号”成为选购目标。

“阿米斯得号”是一艘三桅木造帆船，日本人记载其“长二十步，宽三步半”，该船 1855 年在英国山大兰港建造，自重 256 吨，可以装载约 700 吨重的货物，船底与船舷均用铁皮包裹，非常坚固，建成后成为英国商船，往来于东亚海域，曾去过上海。1862 年 3 月，幕府用 34000 银元向英国商人购买了这艘船，主持购买事宜的长崎奉行高桥美作守将其改名为“千岁丸”，寓意“能使用上千年的船”。随后，幕府着手组建了派往中国的使团，包括船长亨利·理查多松在内的 15 名英国船员仍被留下雇用，幕府还雇用了 1 名叫顿波里的荷兰商人，除此之外还有 51 名日本人，其中包括负责外交事务的官员 8 人，翻译 7 人，剩下的是藩士、长崎会所的商人、医生、学者以及仆役等。

据随行的长崎会所汉语翻译蔡善太郎撰写的一份报告书，此行上海最重要的任务是开展调查，所涉及的内容十分广泛，包括了 26 项内容：

1. 中国的金银铜货币的种类；

2. 货币的通用交易场所和兑换比率；

3. 鸦片及烟草输入量；

4. 耶稣教取缔情况及中国政府的态度；

5. 西洋人雇用中国人到外国工作，中国政府如何处置；

6. 西洋人墓地买卖及借贷关系；

7. 西洋人纳中国女性为妾及所生子女，中国政府如何处置对待；

8. 从上海到出海口的江水深浅标数；

9. 西洋人在上海近郊狩猎，政府如何处置，是否取缔；

10. 中国商人输入日本产的铜，需向政府支付的金额；

11. 公用的驿站所能提供的人马数量；

12. 国内的主要港口名称；

13. 西洋军队担负国内警备，中国政府是否依赖于此；

14. 运输所的银价与市中交易银价有差异的理由；

15. 官秤与市中通用秤有差异的理由；

16. 道台与各国领事之间交换文书的格式；

17. 上海城内的户数和人口数；

18. 是否向条约缔结国派遣使臣；

19. 没有签订条约国家的人为了商务进入中国，对此中国有何具体规定；

20. 关于在西洋人的租界里居住，有无规定；

21. 对外国人租赁土地、卖土地有无规定；

22. 除日本、朝鲜、琉球、香港以外，中国船是否还有发送地；

23. 朝鲜、琉球对中国的朝贡关系；

24. 西洋炮术的传习状况；

25. 中国妇人从事的产业；

26. 道台与西洋各国领事的交涉场所及翻译关系。

以上这些内容可以分为三类，一是中国的基本情况，二是欧美国家在中国的情况，三是中国与欧美国家打交道的情况。这些都是日本亟须了解的，有些属于宏观方面，有一些则较为具体，涉及法律制度和管理规定的技术环节。

二 “何其昌盛”：对上海的第一印象

1862年5月27日，在英国人发出的“一阵古怪的起锚声”中“千岁丸”缓缓驶出了长崎港。6天后，“千岁丸”抵达长江入海口，当时是凌晨时分，下起了小雨，天色阴沉，使团成员日比野辉宽在《赘肬录》中记述了当时的情景：

> 五更起来，揉揉眼睛，看到船的左侧有六七处灯光，不知是什么灯火。过了一会儿，一艘西洋船点着灯从船的左侧通过。船长声大如雷地和人交谈，是在问这一带海水的深浅。睡了一觉天明，已离江口不远。

另一位使团成员名仓予何人在《官船千岁丸海外日录》中记述：

> 北岸则烟雨茫茫，不可望及……其江流之大，实足惊人。

这些日本使团成员都是第一次看到中国的土地、河流，与仄促的岛国日本不同，中国的河流异常开阔，尤其长江的入海口更是壮观，引得大家不住惊叹。

“千岁丸”驶入长江，由江口向西航行了约30海里即到了吴淞口，两岸可以看到一些村落，江面上的船只也明显多起来，使团成员们看到的是“帆樯林立”“炮台并列”的场景，多次来过此地行船的英国船长向大家介绍了吴淞口炮台的情况，引起使团成员们的关注。吴淞口是长江与黄浦江的交汇处，地理位置十分险要，第一次鸦片战争期间清政府曾在此修建了炮台，中英双方在此发生过交战，结果炮台被英军占领，170多门大炮尽被英军掳走，此后炮台上便没有了大炮，成为一座空台。

6月3日，“千岁丸”驶入黄浦江，在使团雇用的汽船拖曳下进入上海港，最后停靠在法租界里的荷兰驻沪领事馆附近的江岸。这只船立即引起上海市民的注意和围观，因为在它的上面不仅悬挂着中国人早已熟悉的荷兰旗和英国旗，还悬挂着一面中国人没有见过的旗子：白色背景，中间有一个鲜红的圆圈。这是日本的国旗，日本人称日章旗。日本人自古崇拜太阳神，旗帜中间的红色圆圈象征太阳，所以又俗称太阳旗。当时的中国人可能还想不到，这面旗子上的红色圆圈对于中国人来说将会变得越来越刺眼，无论中国人是否情愿，这面旗子在今后的80多年里将在中国大地上飘来飘去、越飘越多，中国的老百姓厌恶地称其为“膏药旗”。

对于初到上海的日本使团成员们来说，对上海或者说对整个中国的第一印象是新鲜而惊讶的，身处租界里的使团成员看到的景象是繁荣甚至是辉煌，使团成员高杉晋作在《航海日录》中写道：

> 午前渐到上海港，此支那第一繁津港，欧罗波诸邦商船军舰数千艘停泊，樯花林森，欲埋津口。陆上则诸邦商馆粉壁千尺，殆如城阁，其广大严烈，不可以笔纸尽也……黄昏归本船甲板上，极目四方，舟子钦乃之声与军舰发炮之音相应，其景如东武火灾之景，实一愉快之地也。入夜，两岸灯影泳水波，光景如画。

日比野辉宽在《赘肬录》中也写道：

> 各国商馆相连，停泊的船只之多难以形容。南面连樯林立，一望无际。“千岁丸”在各国船间行十里多抛锚。江面上几乎被船只覆盖，陆地房屋鳞次栉比，这是何等昌盛之景！

三　“玩过的附属品”：表层下的衰败与危机

“千岁丸”抵达上海后，使团成员下船住进了荷兰领事馆附近的“宏记馆”旅舍，该旅舍由中国人张叙秀开办。随后，负责外交事务的官员在荷兰驻上海领事的陪同下前往上海道台衙门拜访。当时上海归江苏省管辖，地方最高长官是上海道台，时任道台名叫吴煦，对于日本使团的到来他给予欢迎，下令鸣炮奏乐相迎。

这是数百年来中日双方第一次正式外交接触，在“千岁丸”停驻上海期间双方先后进行过5次会谈，商谈的重点是如何开展中日贸易。在晚清的官场上吴煦声望不佳，此人利用职权损公肥私，在上海任职期间只顾自己置田开铺不管百姓死活，百姓多有怨言，他又勾结洋人，私允其扩大租界，牟取不义之财。在对付太平军方面吴煦也卖尽了力气，著名的华尔洋枪队最早就是他出面联系、雇用的。1860 年 12 月，他积极联络驻沪的英、法领事策划“会同防剿”，致使太平军进军上海失利，事后咸丰皇帝赏赐其二品顶戴，让其监督上海海关。所以，尽管吴煦官声不佳，“告状信”也不少，但此时在官场上的地位还挺稳固，时任江苏巡抚李鸿章对他也多有仰重。

吴煦抓经济挺有一套，他大兴海关，创立银号，主张扩大对外贸易，所以跟日本使团有不少“共同语言”。据黄遵宪所著《日本国志》记载，日方官员向吴煦阐述了中日双方建立正式外交关系、直接发展双边贸易的好处：

> 日本向只与荷兰通商，自英法诸国挟以兵威，逼令立约，利权尽为西商占尽，无如力不能制，未能拒绝。我官民等会商，佥谓若自行贩货，分赴各国贸易，或可稍分西商之势。今既到上海，愿仿照西洋无约各小国之例，不敢请立和约，惟求专来上海一处贸易，并设领事官照料完税诸事。

由于中日间尚无正式外交关系，中日贸易多需要通过洋商“转手”，利润让给了别人，对中日来说都是损失，开展直接贸易对双方都有利。一向熟悉经济事务的吴煦应该对此深表赞同，虽然已看不到当时他是如何回复日本人的，但当年6 月25 日的《上海新报》有一篇报道，可以看出中国官方对与日本开展经贸往来是持积极态度的：

> 日前东洋人来中，系欲通商贸易，间已谒见道台，亦经答拜。但该国来此生意，系无和约之国，现准将带来货物作荷兰国之货销售，此后再来应须订明约，方为正理。查东洋人来此买卖属好事，惟闻东洋国家出示，凡有中国人在东洋者，均须赶回，此诚不公。中国既准东洋人贸易，东洋岂可不准中国人贸易乎？

在中日双方有关官员的会谈中，日本外交官员还详细询问了中国在外交、贸易等方面的情况，包括中国对待外国商人、租界、税收等方面的政策，中国官员分别进行了介绍。除此之外日方外交官员还拜访了荷兰、英国、法国等国驻上海的领事，就关心的问题进行了了解，就贸易方面的一些具体事项进行了商谈。

在负责外交事务的官员密集拜访中国各衙门及欧美外交机构的同时，日本使团的其他成员也没闲着，他们走进上海，以散步、闲逛、购物、访谈或笔谈等形式接触各个阶层的中国人，深入了解中国社会的情况。使团成员在上海期间经常“每至一处，即围观者如堵”，造成这种“轰动局面”的原因，除因“日本武士发髻、服装特异，又腰佩双刀，颇令沪上民众讶异”以外，最重要的是200多年来还没有几个日本人到访过中国。

在日本使团方面，随着成员们了解的深入，他们眼中的上海不再那么光鲜和艳丽，变得越来越暗淡。与繁华时尚的租界相比，使团成员们踏入的上海县城所呈现的则是另外一幅画景，下面是高杉晋作等使团成员们的几条记述：

其一：上海市坊通路之污秽难以言说。小衢间径尤甚，尘粪堆积，无处插足，亦无人清扫。或曰，出市街即为旷野，荒草没路，唯棺椁纵横，或将死尸以草席包裹，四处乱扔。炎暑之时，臭气熏鼻。清国之乱象，由此可知。

其二：上海中，粪芥满路，泥土埋足，臭气冲鼻，其污秽难以言状。

其三：每街门悬街名，酒店茶肆与我邦大同小异，唯恐臭气之甚而已。

日本人一向爱整洁，如此污秽的街市让他们很不适应，使团成员峰洁记述“每年炎暑时节恶病大行，人民死亡甚多”。日比野辉宽曾专门就饮水问题与洋行里的中国人进行过探讨，这是因为饮水在上海是一件大问题，使团里先后有3位仆从、炊夫因为饮水不洁而患病身亡，埋葬在了浦东的烂泥渡。高杉晋作在《游清五录》中记述：

闻同行渡边与八郎从仆昨夜来急病，今朝冥行云。同行者病客甚多，诸子畏缩，有或促归思者。予以为，一步出国死已决矣，然空死无益，唯身自护吾体无他术也。

上海旧城与使团驻地所在的租界完全是两个天地，旧城里街巷狭窄、建筑破旧不说还污秽不堪，尽是残败之相，这让使团成员们很吃惊，在与上海的中国人接触后这种吃惊更加明显了。使团雇用了一个中国引水员，费用80银元，这是一笔很高的收入，但此人却给人一种穷困贫弱之相。使团成员中牟田仓之助跟他交谈起来，问他像这样领航的活一个月能有几次，回答“有时两三次，有时四五次”，那每月的收入就极为可观了。又问他有父母妻儿吗，回答说没有，问他是否沉溺于赌博或女色，回答说不是。中牟田仓之助更奇怪了：“你挣那么多钱，怎么衣着如此不整？”此人答道：“我不好别的，只嗜好吸鸦片。挣的钱虽多，但还不够吸鸦片的呢。”纳富介次郎在《上海杂记》中记述了这位引水员吸食鸦片的情景：

> 过了一会儿，此人来到我们住处，从一个精美的盒子里取出烟具，平卧着抽起来，约半刻钟，大家都凑过来看稀奇。其烟充满了屋内，其味难闻。因此就制止他吸烟，可他根本听不进去，眸神荡漾，如醉如睡。过了一会儿，恐有事故，仓之助大喝一声，把手放到刀把上，脸上露出怒色。见此，那人吃了一惊，匆忙收起烟具走了。

纳富介次郎还听中国人说，清军之所以屡战屡败，原因就是军中都吸鸦片，大敌临头还躺在床上吸，因为吸鸦片有定时性，一到时间，即使是在战场上也得吸，否则就受不了。名仓予何人与中国士人王互甫交谈时，谈及鸦片泛滥的问题，询问有没有戒毒的良方，王互甫叹息说没有。名仓予何人说有，药名是“则徐丸”“化成汤”。在名仓予何人等日本藩士看来，大概只有林则徐、陈化成那样的民族英雄才是戒除鸦片的唯一良药，但让名仓予何人不解的是，王互甫听了他的话不仅没有感慨动容，反而大笑不止。

使团成员在上海的街市上看到最多的竟是青楼妓馆，峰洁在《船中日录》记载了他与尾本公同、岩懒弥四郎、渡边与八郎等人逛妓馆的经历。使团中的日本商人松田屋伴吉也有类似记载，他还乘坐着妓馆的游船在黄浦江游玩，游船内面积很大，有床有桌椅，布置华丽，妓女们都穿着宋代服装，为客人演奏大鼓、笛、胡琴等。据当时英国驻沪领事馆的统计，当时上海有妓馆近700家，妓女4000多人。

在与中国人打交道的过程中，使团成员也经常遇到不愉快的事。日比野辉宽记述，他看到有人把烟袋掉到了水里，有船只过来捞起就走。还有一次，日比野辉宽请一个中国人带路，口渴了，想吃那人的桃子，那人要50文钱。给钱后，那人觉得他答应得太爽快，于是改口要100文钱。日比野辉宽大骂此人奸商狡猾、贪婪，于是“投桃而去”。使团成员在与清朝官员打交道过程中，对他们的印象也不怎么好，认为“猥琐野鄙使人不忍见”。日比野宽辉等人接受中方官员的宴请，退席后看到的一幕被他记录在《赘肬录》中：

我注意地观察官吏们退席，酒后令人叹息。在撤下我们吃剩的点心时，有两三个人在途中把点心偷放到袖兜里，呜呼野哉！卑哉！我想大概是贱魂驱使，所以风俗败坏如此，或是被珍果夺去了心魄。

肮脏、破败，鸦片泛滥、妓馆遍布，民风刁滑、为人猥琐、风俗败坏，这几乎成了使团成员们对上海深入了解后的共同印象，“衰败”“衰弱”“衰微”“衰世”等词汇频频出现在使团成员所撰写的游记里。峰洁在《船中日录》中对此进行了概括性总结：

现在清国的形势就像玩过的附属品，不能自食其力，而指望他人的恩泽。总结上海形势窥一斑而知全豹，名医只察一手之脉就可知其心腹之病。然而清国之病不只在心腹，从面部、从四肢就显现出来，没有一根手指、一寸皮肤不痛的，由上海一处可以推测十八个省的大致情况。

四　洋人横行：让日本人惊叹不已

清初的上海还只是个县城，归江苏省松江府管辖，鸦片战争后中英签订了《南京条约》，规定上海是5个通商口岸之一。

1843年11月，“水怪号”三桅船载着几名英国人来到上海建立领事馆，有个姚姓中国人把自己在县城里的52间房屋租给了他们，以后英国商人源源不断地赶来，房子远远不够。最后经过中英双方协定，划出县城附近的黄浦江边一处泥泞地带作为租借地，一开始面积大约只有800亩。这里东靠黄浦江、北靠苏州河，水陆交通都很方便，英国人很满意。大概觉得自己国家的商船和兵船如果从长江口进入黄浦江，首先就会看到这里，心理上会觉得安全，于是英国人开始在这里建设码头、铺设道路，又加固了江岸，沿江修建了各式各样的欧式豪华建筑。各国的探险家、商人们纷纷来到这里购买或租用土地。外国人喜欢在泥滩上跑马，跑出了一条500米长的小道，上海人把它称为“马路”，英国人则称它为“外滩”（The Bund）。

上海迅速发展是被租界所带动的，一开始上海被誉为“小苏州”，后来一跃超过苏州，成为中国新的贸易中心和远东最大的城市。与破败不堪的上海旧城相比，租界里是另一番景象，峰洁在《船中日录》中对租界进行过描述：

> 此边夷人居住以来，新街区建起，街路纵横分割有序，道幅宽广，随处街面比较清洁。

这些外在景象倒还在其次，中国人和洋人在地位上的巨大差距才更让使团成员们感到震撼，高杉晋作在《游清五记》中记述：

> 支那人尽为外国人之使役，英法之人步行街市，清人皆避旁让道。实上海之地虽属支那，谓英法属地，又可也。

“千岁丸”到访上海两年后，日本幕府又派“健顺丸”来访上海，使团成员山口锡次郎在《黄浦志》中也作过类似的记述：“旅馆有小童，或五六岁，引我等至街头。途遇支那人，小童斥骂，皆纷纷乱跑而去，支那人惧西人如此。”这里的“小童”当指的是洋人的孩子，一个西洋小孩就能把一群成年中国人骂得“纷纷乱跑”，对这些日本藩士们来说，无疑又受到了一次深深的刺激。

关于中国人惧怕洋人的情况，纳富介次郎在《上海杂记》中记录过另一件事：

> 某日，荷兰领事前来理事。渭南见之愕然，脸色如土，颤栗起而拜之。予以为怪而问其故。答曰，彼走过晚于吾，起意恶吾来此与贵邦之

人交谈，长坐恐其生怒，旋起身归去。

这里说的“渭南”是中国人施渭南。纳富介次郎说他在“北京学府皆知其名”，即使这样一个人，竟然也如此惧怕洋人，纳富介次郎对“清国国势之情状，不胜慨叹”。有使团成员还在街上发现一个怪现象，洋人要乘坐人力车，上车一般都“不言去处”，而拉车的人“亦不问”，拉起车就走，这让人纳闷：怎么能准确拉到目的地呢？后来经过细致观察，发现车上的乘客原来是用手杖进行指挥，每到岔路口车夫都会“回头请示”，车上的人则“敲打其额头”进行指挥。这种情形在上海街头十分常见，日本使团成员感慨道：“让人初感惊讶的便是如此人格不被认可之人的存在！”

上海海关是清朝最重要的海关之一，自成立以来却一直被英国人掌管。对海关的情况日本使团成员很感兴趣，纳富介次郎在《上海杂记》中记述：

上海海关由英人执掌，并收缴入泊黄浦船只之税款。问其故，二十年前此港初开，万国客商云集，贸易兴旺。然洋商等欺清人柔弱，动辄不从政令，举不法之行，清人依赖英国人收缴海关之税。

日比野辉宽在《赘肬录》中也记述了上海海关的情况：“清吏与英人杂居，问其人数，英人四十二人，清吏九十九人，共一百四十一人。清国政府派高官一人前来管理，英人最高为司长，司长之年俸为洋银六千。”日比野辉宽大惊，问陪同他的一位中国人，为什么中国的海关要由英国人掌管？这个中国人回答道：

夫天津之战后，条约规定，以一千六百万两银子作为赔偿金，并夺取五个港口四十年之通商权。上海是清国第一大港，仅每日船舶通商税便能收银六百多两，所有通商税数额庞大，然其利为洋夷所夺，实令人慨叹。

除了掌控中国的海关，高杉晋作在《游清五录》中还记述了英国人修桥收“过桥费”的事。在距英国领事馆不远的地方有一座桥，名为“新大桥”，7年前旧桥老化腐朽，即将倒塌，中国人没能力去修，英国人便出钱修建了新桥，建成后对该桥进行管理，中国人每次通过都必须交“过桥费”1元。

与吴淞口炮台“空无一炮”形成鲜明对比的是，在黄浦江内港里到处可以看到西方的军舰，松田屋伴吉还专门数了一下，港口内停泊着各类大型船只117艘，其中军舰就有16艘，这与纳富介次郎记述的情况差不多：“来黄浦停泊的外国船有百余艘，其中军舰约有十四五艘。”

这些军舰都将炮口对准着中国人居住的上海旧城，这意味清政府管辖下的上海旧城对外已经完全不设防。在租界之外的上海旧城里也四处可见洋人的军队，甚至孔庙门口也有持枪的英国士兵站岗，因为这里已经成为英国的一处兵营。日比野辉宽在《赘胧录》中惊叹道：

> 如此神圣的孔子庙竟然成了英国人驻军的地方。学校里应有的学习之声消失了，回荡着的是喇叭兵的操练声。唉，世上的变化真是太大了，李鸿章率领数万大兵在郊外阻挡太平军，这才叫赶走了狐狸养起了虎，简直是太失策了！

使团成员们看到，租界里各国占地建房，“犬牙相接，其分界处以石标，上书汉字，以某国某馆之界题之”，中国人如果要在租界里建房反而要向洋人交地租。为了维护自身权力，英、法、荷兰等国均有士兵分驻各处，甚至上海的城门也交给洋人把守。当时的城门共有7座，分别由英、法两国的士兵守卫，清晨6时开城，傍晚5时就将其关闭。纳富介次郎在《上海杂记》中记述了所看到的一个场景：

> 有次，在城内走了一天，傍晚要回去时城门已关，不能出入。法国人看我是日本人，就打开城门让我通过。当地人也想趁机通过，法国人不允许。这时，一个官人乘轿子从城外要进城，他不听法国人的制止硬要往里进，法国人发怒，用手杖连击数下，终于让他退了回去。呜呼，清国已衰弱到如此地步，令人哀叹！

五 著书立说：改变着日本人的中国观

“千岁丸”在上海前后待了两个月，1862年8月，日本使团成员乘坐

"千岁丸"返国。此次中国行仅从经贸的角度看成果并不显著。据日本学者川岛元次郎的研究，"千岁丸"在上海卖出的日本货物为1513贯，自上海购入的中国货物仅为113贯，加上此行的庞大费用支出，预示着此次中国行是一趟"亏本买卖"。

但"千岁丸"来中国并非以经贸为目的，对照行前多达26项的"调查提纲"，"千岁丸"上的使团成员们还是很好地完成了任务。一回到日本，使团中的许多成员就开始撰写书籍、文章，将他们两个月来的所见所闻详细记录下来，形成了一批"考察报告"，较为知名的有高杉晋作的《游清五录》，峰洁的《船中日录》《清国上海见闻录》，日比野辉宽的《赘肱录》《没鼻语录》，纳富介次郎的《上海杂记》，名仓予何人的《支那见闻录》《海外日录》，松田屋伴吉的《唐国渡海日记》等。这些游记从不同角度详细记述了行团成员们耳闻目睹的上海，并由上海这个窗口窥视到整个中国，不仅为没有来过中国的日本人提供了新鲜的信息，而且也深刻地改变了日本人传统的中国观。

长久以来大部分日本一直都是以"仰视"的姿态看待着中国，并由此产生了一定的"自卑感"，正如美国学者赖肖尔（Edwin O. Reischauer）所说："在历史上日本人对其他国家的态度犹如一个钟摆，晃动于自卑感和优越感之间。从6~9世纪日本长期如饥似渴地向中国学习，这在日本留下了根深蒂固的自卑感。"

其实不仅是6~9世纪，一直到19世纪中期之前——具体也可以说是此次"千岁丸"的上海行之前，大部分日本人对中国和中华文化都持一种崇拜和向往的态度，随同"千岁丸"出使中国的这些成员们，大多数都熟悉中华文化和儒家经典，热爱中国文学，来中国之前他们都有一个共同的传统中国观：地域广阔、经济发达、文化繁荣，处处值得学习。然而，此次中国行颠覆这些观念，现在的中国已经千疮百孔，主权沦丧、洋人横行，到处破败不堪，文化也在衰落之中，人民麻木而猥琐，完全失去了"华夏宗主"的风采。《赘肱录》等书还详细介绍了鸦片战争的经过，对于中国战败后签订的一系列不平等条约进行了介绍，讲述了笼罩在这些屈辱条约下的中国人目前所处的悲惨命运。

离开中国前日比野辉宽曾作诗一首，总结此行：

帆樯林立渺无边，终日来去多少船。
请看街衢人不断，红尘四合与云连。
忆从曾有大沽患，市利网收老拂奸。
休言上海繁华地，多少蕃船捆载还。

诗的前四句说的是上海的繁华，可以看作使团成员们初来上海时的印象与感受，诗的后四句截然相反，道出了盛世下的衰败与危机。在使团成员们撰写的大量文章和书籍中，通过一件件生动、形象的细节描述，呈现了他们对中国的印象以及由这些印象而重新确立的中国观，如果说过去日本人一直在“仰视”着中国，那现在至少也可以“平视”了。这些书籍、文章一时风靡整个日本，深深影响到日本人对中国的认识，由此也拉开了一场重新讨论“对清国策”讨论的活动。

第三章

“对清国策”讨论

一 “华夷之辨”：重新检视与中国的关系

强势的列强，衰弱的清政府，越来越多的图景清晰而深刻地展现在了日本人面前，不仅颠覆了日本人心中的传统中国形象，而且也促使日本人不断地思考自己的现实处境，为避免重蹈中国覆辙而苦苦寻找对策。对此，从日本民间社会到思想界、再到日本政府，产生的各种看法未能完全统一，存在着很大的争论。

相对来说，关于“华夷观”的争论较少，清朝衰落的现实改变了大多数日本人对中国的态度，促使他们对原先的华夷体系进行了重新的思考。

华夷体系是一种延续了2000多年的国际关系秩序，长期存在于亚洲的东部、南部以及东南部等地区，中国是这个体系的中心，即“华”，周边国家和民族是处于从属地位，即“夷”。“华”与“夷”的区别在于文化而非血缘，二者是可以相互转化的，即“诸侯用夷礼则夷之，夷而进于中国则中国之”。早在秦汉时，刚刚建立的中国封建王朝就迅速达到了繁荣时期，汉武帝在位期间，在创造了中国第一个封建王朝盛世的同时，还积极推动陆海两个方向的对外拓展和交流，中华文化向四面传播，各国纷纷遣使“献见”。自那时起华夷体系就成为中国对外交往的原则，这一原则不仅被中国历代王朝所坚持，也被相关从属国所接受，成为一种约定俗成的国际体系框架。

华夷体系思想也是儒家文化的一部分，随着儒家文化的传播，中国周边国家对华夷体系的认同感不断加深，许多国家自觉向中原王朝朝贡，接受中原王朝的册封。深浸于儒家文化之中的日本人对华夷体系曾经也持有广泛的认同，他们称中国为“中华”“中国”，认为自己是“夷”，中国是“华”。那时，在很多日本人的内心里对中国和中华文化都存有倾慕之情，他们视中国为文化故乡，是“四海之师国”，认为日本不如中国，感慨“东海不出圣人”。

随着中国封建王朝逐渐走向衰落，以及以“兰学”为代表的西方文化思想逐渐在日本传播，儒学在日本的影响力也不断下降。清朝在鸦片战争中的惨败，去中国实地考察后得到的大量负面观感，都使日本人对中国产生了新的看法，这种看法集中体现为对传统华夷体系的颠覆。

在此之前，这样的思想已经在少数日本人心里就已产生了，如1674年日本著名儒学家林罗山之子林恕为《华夷变态》作序文时写道：“崇祯登天，弘光陷虏，唐、鲁才保南隅，而鞑虏横行中原，是华变于夷之态也。”按照这个说法，清朝不再是“华”，而是“夷”。当时在日本甚至还有传言，说清朝皇帝是日本人的后裔。

那么，“华”在哪里呢？一部分日本人认为，日本保留的儒教传统最深厚，日本应该成为新的“华”。1669年，日本江户时期的学者山鹿素行在《中朝事实》一书中首次把日本视为“中国”，而把中国视为“外邦”。江户时代的大名、《大日本史》的作者德川光圀认为，日本天皇制一脉相承、万世一系，这种国体优于王朝更替的中国，所以日本更配称“中华”。江户时期的儒学家浅见䌹斋在《靖献遗言讲义》中也呼吁，日本人应该把本国称为“中国”，把中国称为“夷狄”。19世纪初日本著名的布衣学者佐藤信渊《宇内混同秘策》一书的序言中说：

> 我皇大国乃大地上最早成立之国，为世界万国之根本。根本一旦有序，则全世界应悉为郡县，万国之君应皆为臣仆……安抚万国之苍生，自始便是皇国君主之要务。

由“华夷变态”到“华夷颠倒”“再造中心”，由于现实的改变、内外形势的起伏错落，使这一类的思想发展到明治维新前夕在日本社会形成一股热潮，产生了越来越大的影响，由对清朝政府的批评和批判发展到对儒学的反思和批判，再发展为“脱儒”“去儒”，最后发展为否定中华文化、否认传统华夷体系。

二 “支那”：逐渐流行的新称谓

中国不能再叫“中国”，那么该怎么称呼呢？“支那”这个词便越来越多地在日本使用起来，开始是学者，后来深入到民间社会，几乎成为替代“中国”的一个正式叫法。

有人认为“支那”是日本的人发明，这是错误的，其实它也是从外面传到日本的。印度古代史诗《摩诃婆罗多》和《罗摩衍那》中已经出现了“支那”的称呼。古代希伯来人的《以赛亚书》中也有类似的词汇。在早期的外国典籍中，“支那”又称作脂那、至那、斯那、真丹、振旦、震旦、真那、振丹、脂难、旃丹等等。关于它的来源，比较流行的一个说法认为是“秦”的译音，该说法最早是由罗马传教士卫匡国（Martini Martin）在1655年提出的，认为“支那”起源于梵语，是中国古代王朝“秦”（Cina或Chin）的译音。现在国际上通用的China，中间的h或后面的a是葡萄牙人后来才加上去的。除此之外，也有人认为“支那”一词的来源还有其他的说法，比如“丝”“昌南”“荆”“契丹”“震旦”等。

“支那”一词传入日本的时间也很早，学者黄庆法考证最早在唐朝时期这个词语已经出现在日本的典籍里：

> “支那”一词最早见于日本历史文献的是公元835年，空海大师在其诗集《性灵集》中，有“摩竭鹫峰释迦居，支那台狱曼殊庐”之句。成书于1106年的《东大寺要录》扉页上有“印度支那未尝见闻矣”一语。编纂于12世纪初期的《今昔物语》一书中亦有“支那国”一词。在当时，“支那”一词乃是借用于汉籍佛经，旨在显其新意，并无其他特别含义。

也就是说，最早“支那”仅是少数日本人使用的一个词，那时更多的日本人称呼中国仍用“中国”“唐国”等。例如在德川幕府闭关锁国期间的典籍《漂流记》中，记录着部分日本人海上航行时由于遭遇风暴而迷航漂流到朝鲜、中国、俄国等的经历，多是应幕府审查而写的“交代材料”，里面经常提到中国，而称中国为“支那”的则极少。

“中国”有中心之国、天下中心的意思，“华夷变态”思想开始流行后，一部人日本学者再提到中国时不愿意再称“中国”，就故意使用“支那”这个以前极少用到的词。如佐藤信渊在《宇内混同秘策》中凡提及中国一律称“支那”，他认为“支那”很懦弱，“支那人”卑鄙无耻，而日本则是个“神国”，必将入侵满洲进入大陆，并吞“支那”。1862 年“千岁丸”出访上海后所写的那些日记和游记，也大量出现“支那”这个词。在日本政府的官方文书以及各种报刊上，“支那”一词的使用频率也越来越高，“唐国”等词语逐次减少，再往后，学生用的教材里也都开始将中国称为“支那”。

语言是有感情色彩的，正如马克思所说：“语言是思想的直接现实。”在许多语言中，都有一些表达蔑视心态的词汇，有人称之为“蔑视语”。日文里有敬语也有“蔑视语”，只是日本人说得没有那么直白，而是称“蔑视语”为“差别语”或“差别表现”。日本人把朝鲜和朝鲜人称为“鲜”和“鲜人”，这种称呼就是“差别语”，称中国为“支那”，也有这样的含义。

“支那”虽是“旧词”，但逐渐成为日本人对中国的新称谓，慢慢地与贫弱、懒惰、因循守旧、傲慢不逊、无能、不讲卫生等意象联系在了一起，用这个词再称呼中国时，便有了某种贬义与蔑视。关于这一点，一些到日本留学的中国人感受更深，作家郁达夫后来在其散文《雪夜》中就曾写道：

> 这些无邪的少女，这些绝对服从男子的丽质，她们原都是受过父兄的熏陶的，一听到弱国的“支那”两字，哪里还能够维持她们的常态，保留她们的人对人的好感呢？“支那”或“支那人”的这一个名词，在东邻的日本民族，尤其是妙年少女的口里被说出的时候，听取者的脑里心里，会起怎么样的一种被侮辱，绝望，悲愤，隐痛的混合作用，是没有到过日本的中国同胞，绝对地想象不出来的。

需要指出的是，无论是否带有贬义和歧视，“支那”都只是外国人对中国的称呼，中国人自古以来没有以这个词汇自称的。有些日本人至今都坚持认为“支那”一词最早是由中国人自己发明的，这是一派胡言。

三 “纵横清朝论”：征服中国以壮大自己

然而，如何处理日本的对外关系，尤其处理与中国的关系，日本人在这一时期的意见却未能统一，分歧还十分严重。有的认为应该征服清朝、壮大日本，有的认为应该联合清朝、共同对付欧美列强。

在鸦片战争前，一部分日本学者已清楚地洞见到清朝正不断没落的趋向，为此提出了对日本未来发展前途和方向的思考。经历了两次鸦片战争，清朝的衰败已经成为不争的现实，更多的日本人开始思考如何摆脱与清朝相同的命运。

德川幕府末期的布衣学者佐藤信渊（1769－1850）早年专注“兰学”学习，精通荷兰语，后又漫游整个日本，了解日本社会的真实状况。他一生著述300多种，对日本封建时代末期的政治经济以及国际形势等进行了许多深入思考，提出了一系列见解。

在1808年的《防海策》中佐藤信渊对清朝的认识还不足，他提出“大清国既强大又绵密，万一出现狡猾之国君，生兼并之志，其患莫大。恐较俄罗斯为犹甚也”，所以，对处理与清朝的关系他认为：“大清国，即便卑辞厚聘亦当结为友国，互通交易，以取互市之大利，此乃今日之务急也。”

到了1823年，佐藤信渊的看法出现了重大转折，在《宇内混同秘策》一书中他宣称上天赋予日本兼并亚洲各邻国的“使命”，他认为日本是“天地间最初成立之国，为世界万国之根本”，所以全世界都应该“悉课为其郡县，万国之君皆可为其臣仆”，所谓“宇内混同”就是“混同世界，统一万国”；对于中国，佐藤信渊一改15年前的看法，认为应该“征伐支那”。中国满洲与日本的山阴及北陆、奥羽、松前等隔海相对距离只有800多里，顺风举帆一日一夜即可到达，攻占满洲后“支那全国之衰败必当从此始”，到那时“朝鲜、支那次第可图也”，如果不出意外的话，“五至七年彼国必土崩瓦解”。

佐藤信渊还具体规划了征服中国的计划：日本可在熊本、大泊、青森、仙台、东京、关西等较为富裕的地区“富国强兵”，至少可以得到20万“雄兵”，由天皇渡海亲征。中国南北方的中心分别是南京和北京，所以应重点向这两个地区发起进攻。大泊军经琉球占台湾，由台湾出发在浙江沿海登陆，攻占宁波、台州；熊本军进攻中国江南各地，占领南京；青森、仙台等军进占朝鲜、中国的东北地区，之后由山海关攻入北京。将南京作为“临时皇宫之所在”，巩固在中国的统治，之后再图东南亚、印度。

在《宇内混同秘策》中佐藤信渊还提了许多为征服中国、称雄亚洲的具体“见解”，比如他认为“满洲”并不属于中国，“满洲人”与“支那人”也是不同的，双方有比较深的矛盾，而且性格、做事的方式等也有很多不同。比如“满洲人”性子急、没有谋略，而“支那人”怯懦、容易忧虑，可以利用双方的矛盾，用“满洲人”对付“支那人”。

与佐藤信渊对外扩张的思想相似，德川幕府末期的思想家吉田松阴（1830－1859）提出了“得失互偿论”，认为面对欧美列强入侵带来的损失，可以“失之于欧美，补偿于邻国”，而最佳的对象就是积贫积弱的清王朝。他在《幽囚录》中称：“为今之计，不若谨疆域，严条约，以羁縻二虏（指英美两国）。乘间垦虾夷，收琉球，取朝鲜，拉满洲，压支那，临印度，以张进取之势，以固退守之基。”他认为先“占满洲”，再“逼俄国、并朝鲜、窥清国”，之后“取南洲、袭印度”，上述三步之中应该择“易为者而先为之”。他认为对日本来说这是“天下万世、代代相承之大业矣”。1855年日本已被迫开国，签订了若干不平等条约，吉田松阴在给兄长的信中写道：

> 与俄美和亲条约已定，我决然不可破坏而失信于夷狄。只宜严守章程，加深信义。其间，培养国力，降服易取之朝鲜、满洲、中国，将同俄、美交易之损失，以鲜、满土地补偿之。

日本孝明天皇文久（1861－1864）年间，日本各界对朝鲜突然关注起来，西乡隆盛提出“小中华主义的征韩论”，木户孝允主张以“《万国公法》为准则的朝鲜开国论”，檀本武扬提出“战略的朝鲜进出论”。这些主张大同小异，都提出向外积极扩张并把朝鲜作为扩张的通道，与“宇内混同秘策”“得失互偿论”一样，都将矛头实际上对准着中国。这种观点也可以概括为“纵横清朝论”，其前提是认为清朝已虚弱到“人人可欺”的地步，以日本现有的实力将其征服不在话下，所以都认为日本要摆脱即将到来的危机，必须尽快将中国占领。

四　“中日连横论”：联合中国以对抗列强

也有不少日本学者和政治家提出了相反的看法，认为应该联合中国以对抗西方列强。随着欧美列强在中国侵略活动的不断深入，持这种看法的人反而越来越多起来。

早在1825年，日本早期亚洲主义代表人物会泽安（1781－1863）在《新论》中就提出“中日唇齿”的主张，认为“若夫未尝沾染逻马之法者，则神州之外，独有满清。是以与神州相为唇齿者，清也”。这里的“逻马之法”指的是基督世界，“神州”指的是日本。在“黑船事件”发生28年前会泽安就提出了“攘夷”的口号，指出了日本民族所面临的危机，号召有识之士为国家和民族的前途而奋起。

作为征服中国观点的积极倡导者，佐藤信渊晚年又调整了自己的观点。1849年，即佐藤信渊临终前一年，这时中国的形势又发生了新的变化，“西方夷敌”不仅正式来到东方，而且对东方世界的侵略野心和侵略能力都让人吃惊。佐藤信渊大概意识到现阶段谈论吞并中国并称霸亚洲已毫无意义，而联合中国共同对抗列强才是当务之急。在这一年他撰写的《存华挫狄论》中提出希望中国振起，成为日本的“西部屏障”：

> 满清固为夷狄，英国亦夷狄，然愚老（满清）为英国所败……对今世而言，满清为大国，断不似忽必烈之蒙古，无侵略吾国之行径。然近来不再向外行使武力，故英夷船师乘机来侵，数仗均惨败，江南四省亦流血受伤。满清无力防卫对抗，只得支付赔款，割让五市，以乞求和平……计算国益之时，西方夷狄之贪婪终是祸害，或来犯东方，直至吾

> 国。故希满清君主卧薪尝胆，济贫恤亡，上下同劳苦，练兵数年，率义兵复仇，讨伐英国夷狄，将其驱逐出被侵之地，一个不余，以使清朝成为吾国永远之西部屏障。

德川幕府末期旁系大名萨摩藩主岛津齐彬（1809－1858）也提出了“旧清连带论”，他认为清朝的“疾病已经急速地进入到肝肺，对此没有任何可以治疗的方法”，从中国的身上可以清楚地看到来自西方列强的威胁正一步步逼近东方，日本如不进行改革也必将步清朝的后尘，同时也希望清朝通过国内的改革来恢复国力。德川幕府末期思想家桥本左内（1834－1859）也认为，面对列强的强势入侵，日本想独善其身是很困难的，但日本的自身力量很不足，无法与欧美列强交战，日本应该把亚洲看作一个东方的屏障。

德川幕府末期著名财政改革家山田方谷在1859年提出“海外经略论”，认为日本的外交重点应该是中国，因为西洋各国毕竟与日本相距“悬远”，而“清国为近邻”，所以应该联合中国，加强与中国的联系。曾创办神户海军操练所、被称为日本近代“海军第一人”的胜海舟（1823－1899）提出日本、朝鲜、中国应结盟，共同对抗列强。他的这种看法得到了一些日本政治家的认同。在1863年4月27日的日记中，他记述道：

> 今晨，桂小五郎、对马藩主大岛友之允同道而来。议论有关朝鲜的事情。我的想法是，当今的亚洲并不能够抵抗欧洲人的国家，因为各国的规模都很小，缺乏对抗欧洲大国的远大策略。现在，我国应制造船只，向广大的亚洲各国的领袖进行劝说，纵横联合，一起来强大海军，无论如何，只要能够研究学术，就能躲避他们的蹂躏。

1860年英法联军攻陷天津、进逼北京。消息传到日本，日本著名武士横井小楠忧心如焚，他提出“支那与日本为唇齿之国。唇亡齿寒，其覆辙就在眼前。非坐视旁观之秋”。1863年福冈藩士平野国臣撰写《制蛮础策》，主张中日两国应“相与合力，一其志，断然扫夷不予之以寸尺之地，逐诸洋外”。

以上这些联合中国以对抗欧美列强的主张可以概括为“连横中国论”，连横的目的并不是为了中国能真正得以重振，而是出于日本自身的强烈危机感。如果说第一次鸦片战争使日本人感到了震惊，那第二次鸦片战争所带来的就是震痛、震颤了，日本人已无心去幸灾乐祸，因为他们已有真正的感同身受。在现实面前，日本人对中国的看法是复杂而矛盾的，既有看不起、蔑视，也希望中国能振作起来，以抵抗欧美列强。

五　明治维新：日本选择了西方

不过，直到19世纪60年代中期以前，日本对中国政策的争论多停留在知识界和民间，属于“书斋里的争论”，德川幕府在对待中国关系方面没有太大的实质性动作，这与当时日本国内的政局有关。

进入19世纪60年代，日本国内累积的各种问题和矛盾越来越突出，加上外部危机引发的焦虑，使越来越多的人对德川幕府的统治表示不满，变革的呼声此起彼伏，日本处在了一个“风暴的前夜”。首先是一部分学者和武士根据儒家思想提出“尊王敬幕”，他们认为德川幕府不顾天皇的反对擅自与外国签订不平等条约，所以主张“攘夷”，包括“废约、闭港、驱逐外国人”等。1862年底到1863年初，“攘夷派”策动天皇下诏，命德川幕府宣布攘夷。幕府方面开始有些犹豫，刚刚随“千岁丸”访问过上海的高杉晋作率人火烧英国公使馆。1863年6月6日德川幕府被迫答应天皇，决定于当月25日开始实行攘夷。到了6月25日，长州藩炮台先后炮击了通过下关海峡的美、法、荷兰的船只，酿成“下关事件”。美法军舰随后攻打下关，在幕府势力的背后操纵下“攘夷派”全面失败。8月19日“攘夷派”最后一搏，由久坂玄瑞率长州藩兵攻入京都，与幕府操纵的京都守护军激战，久坂玄瑞等兵败自杀。几天后，幕府策动天皇下诏征讨长州藩，英、美、法、荷等四国组成的联合舰队也于9月5日再次进攻下关，“攘夷派”基地长州藩受到内外夹攻，最后失败，高杉晋作等被迫逃亡。

“攘夷派”并非彻底的民族主义者，他们主张赶走洋人更多的是一种政治斗争的策略，是用来挑动人们对德川幕府不满的口号。“攘夷派”既有下层武士和军官，也有一些行政官员和知识分子，他们的目标是从幕府手中夺取权力，但在幕府和欧美列强的共同镇压下，他们的斗争最后失败了，这让一部分“攘夷派”成员改变了主张和战略。1864年高杉晋作起兵又夺取了长州藩的政权，此后长州藩在桂小五郎的主持下进行改革，拉开了倒幕运动的帷幕。

倒幕运动不再提“攘夷”，而是主张“开港讨幕”，目标只是推翻幕府的统治，不排斥列强。这个主张影响到英国的态度，经过利益权衡，英国改变了之前支持幕府一方的策略，转而援助“倒幕派”。1866年7月，幕府军队再次征讨长州藩，“倒幕派”团结各方力量顽强抗击，打败了幕府的进攻，德川幕府的威望大损。1867年孝明天皇去世，明治天皇即位，“倒幕派”联合一些政治势力，并加紧在宫廷的活动，争取到明治天皇的支持，获得“讨幕密诏”。11月9日，幕府将军德川庆喜一面表示将“奉还大政”，一面在大阪集结军队。1868年初双方展开了混战，最后幕府的军队大败，德川庆喜败走江户。此后明治天皇亲自东征，迫使德川庆喜于1868年5月3日交出了江户城。到这一年末，德川幕府的势力基本被消灭，1869年明治天皇由京都迁往东京，开始了一个新的时代。

以明治天皇为领导的日本新政府，同样面临着对内对外政策如何制定的问题，由于积弊太深、危机太严重，普通的改革已无法解决问题，必须来一场“强制性制度变革”。自1869年6月起，明治天皇密集地颁布了一系列重大改革政策，这就是明治维新。

明治维新的政策可以概括为奉还版籍、废藩置县、富国强兵、殖产兴业、文明开化等几个方面：“奉还版籍”就是要求各地藩主奉还版（土地）、籍（人民）给朝廷，加强以天皇为领导的中央政府的力量，结束各地分裂割据的局面；“废藩置县”就是将日本划分为3府72县，建立中央集权式的政治体制，将所有权力集于天皇，从而建立起中央集权的国家，为发展资本主义经济奠定基础；“富国强兵”就是改革军队和警察制度，创办并大力发展军事工业，实行征兵制，不断加强日本的军力；“殖产兴业”就是引进西方的先进技术、设备和管理方法，大力发展资本主义；“文明开化”就是广泛学习西方文化和科学技术，发展现代教育，提高国民知识水平，培养现代化人才。

这些主要改革措施虽然没有直接表明日本新政府对外关系的政策，但从中处处可以看出其外交政策的方向，那就是向西方国家和西方文化接近。比如“殖产兴业”，具体措施包括雇用大批的西方专家和工程技术人员、熟练工人，大力引进西方国家的先进科学技术、经济管理模式、制度和各种现代化机器设备，又模仿西方国家建立国立银行，同时扩大对外贸易，一方面大规模引进，另一方面积极增加出口，这些都意味着日本与欧美列强的融合逐步加深。

在这种情况下，曾经的“攘夷”“闭港”就不合时宜了。通俗地说，如果要问中国与列强之间日本站在哪一方，之前大概还会有一些争论，那么现在这个争论就不存在了。明治维新给出了答案，日本政府选择了列强，尽管这个选择未必心甘情愿，但大多数日本人认为这是大势所趋。此时，福泽谕吉著名的“脱亚论”还没有正式提出，但“脱亚入欧”的思想已逐渐根植于许多日本人的心中。

六　列强的选择：扶持日本制衡中国

对日本明治政府的这种对外态度，欧美列强也立即给予了积极回应。

明治维新发生之前，欧洲刚刚经历了一场克里米亚战争（1853－1856年）。一方是奥斯曼帝国、英国、法国等，一方是新崛起的俄国，此次战争以俄国的失败而告终，但俄国对外扩张的势头并未减弱，只是将矛头转向了远东，目标是中国和西太平洋，而日本的地理位置便于遏制俄国的南下，因而在英、法等国的心目中有着重要的地位。英国本来就支持倒幕运动，所以对明治政府继续给予支持，法国虽然之前支持过幕府，但也接受了明治政府上台的现实，加上它忙于欧洲的战争而自顾不暇，所以对日本也没有再给予干涉。

美国政府方面，虽然它最早打开了日本的国门，但在东亚整体利益格局中它还是后来者，在列强竞争的局面里暂时处于劣势，加上1861～1865年发生的南北战争使美国的国力受到重创，美国干预国际事务的能力在这一时期有所下降。但美国不满足于现状，将日本视为自己在亚洲的跳板，当时的美国驻日公使德龙曾说，要将“台湾及朝鲜放置在一个同情西方的国家之旗帜下”，美国利用日本的态度十分鲜明，对日本自然采取了扶持的态度。

所以，明治维新刚好发生在对日本来说国际关系相对宽松的时期，因而没有遭到强国的反对。除此之外还有一个重要因素，19 世纪中期各殖民国家和地区纷纷爆发了规模浩大的反抗运动，如印度的民族大起义等，打击了殖民主义者的势力，也让他们在类似事件上不得不谨慎对待。在殖民者看来，如果强制反对日本明治维新，将会产生相同的反抗。

就明治政府来说，由于维新之初国力尚且薄弱，对外政策方面也采取了妥协的态度，除了之前签订的“安政五条约”等不平等条约，明治政府又与其他一些西方国家陆续签订新的条约，包括 1868 年 11 月的《日本国瑞典条约》《大日本西班牙条约》以及与瑞典、挪威签署的《贸易规则》，1869 年 2 月和 10 月分别签订的《日本国德意志北部联邦修好通商条约》《日本国奥地利、匈牙利国修好通商航海条约》等。明治政府通过暂时让步，取得了列强们的支持。

列强支持日本还有一个不得不说的原因，这恐怕也是更重要原因：列强是要以日本来制衡中国。

在列强看来日本只是一个岛国，即使变法成功，国力也强不到哪里，顶多是个二流国家，而中国才是东方大国，中国一旦崛起将令欧美国家无法驾驭，中国是他们真正的潜在对手，扶植日本可以更好地制衡中国。所以当日本与瑞典等国签订新的条约时，英、法、美等国的公使纷纷积极参与斡旋，一方面为自己的阵营争取更多的利益，另一方面也适当为明治政府说话，体现对其支持的一面。

第四章

由试探到接触

一　外交遇挫：明治政府急需突破

在对外关系方面，明治政府有着很大的雄心和抱负。1868 年 4 月 6 日，明治政府对外颁布了《五条御誓文》，作为其施政纲领，其中一条是“求知识于世界，大振皇基”。明治天皇同时向国内发布了“宸翰”，宣布“日本是万国之本的国家”，决心“开拓万里波涛，布国威于四方”。

具体的努力方向大致有三个：一是修改与欧美列强之前签订的不平等条约；二是与朝鲜签订条约并借机打开其国门，最终将朝鲜变为其藩属国；三是与中国签订条约，建立外交关系。明治政府在这三个方面都进行了尝试与努力，但前两个方面进展并不顺利。

在修订不平等条约方面，“安政五条约”签订后日本国内始终有“修约”“废约”的呼声。1869 年 2 月日本外务省分别向美国、荷兰公使提出了修约的请求，此后又向其他各缔约国分别发出了同样的请求，但各国均以各种理由进行了回绝，有的表示不予考虑，有的表示要修约过于复杂和困难，让日本放弃修约的打算。在列强面前，日本是脆弱而渺小的，列强拒绝的回复意味着修约的就此中断。不仅不能修订旧约，如前所述，日本还在不情愿的情况下与瑞典等国签订了新的不平等条约。

在开拓对朝关系方面，日本国内从政府到民间都有更大的期待值，日本国内素有一种“征韩论”，认为朝鲜半岛是其向大陆拓展的必不可少的跳板。而明治政府建立伊始“征韩论”即迅速升温，又有着其国内政治的动因，关于这一点，1868 年 12 月《五条御誓文》的起草者之一木户孝允向明治政府副总裁、大纳言岩仓具视的建议中说得较为直白：

> 愿遣使朝鲜，责其无礼，如小服时，则兴师问罪，借以大振神州之威，如斯天下陋习可立即一变，将目标移向海外，则百艺技术等稳步发展，举凡两眼向内，揭人之短，诀人之非，而小躬自省之弊，可一扫釜清矣。

“将目标移向”海外，这对面临着种种棘手问题有待解决的明治政府来说是一举多得的谋划，正如当年丰臣秀吉统一了日本后立即发动朝鲜战争一样，转移国内的问题和矛盾是着眼于当前的考虑，同时又布局长远，迈出其为对外扩张而不得不走出的一步。

明治政府立即接受了木户孝允的这项建议。自丰臣秀吉侵朝后，长期以来日本与朝鲜并无外交关系，双方极少有官方往来。1869 年 1 月，明治政府派日铁四郎为使臣前往釜山，提出“恢复邦交”，在其“国书”中有“我皇即位，重整纲纪，亲理万机，极愿睦邻”等语句。此时的朝鲜在李氏王朝统治之下，与中国保持着密切关系，朝鲜视自己为中国的藩属国，因此对日本方面送来的文书里所出现的“皇”“勒”等字样极为反感，拒绝接受。

这似乎也在木户孝允等人的意料之中，他们认为朝鲜拒绝接受“国书”，正好可以“鸣罪声讨”，“以朝廷之兵力，开拓朝鲜之釜山浦港”，认为“皇国之兴起，在东洋大放光辉，当以此为始”。1870 年 1 月，日本外务省派森山茂等前往釜山调查相关事件，看到朝鲜的军事力量十分薄弱，森山茂等人回来后也建议以武力征服朝鲜。森山茂认为：“于此机会将彼等转移朝鲜半岛，即使行将来临的内乱转向于外，且可构成开拓国利于海外之基础，真乃一举两得之策。”

不过日本外务省经过反复权衡，最终制定了《对朝政策三条》，提出解决朝鲜问题共有三种方案：一是消极方案，在日本自身国力充实之前暂停与朝鲜的谈判；二是积极方案，再派特使赴朝要求订立条约，包括开港、开埠、自由往来等内容，如朝鲜仍拒绝，必要加以兵威或诉诸武力；三是迂回方案，利用清朝与朝鲜的宗属关系，先向清朝派出使节缔结修好条约，如果成功，意味着与清朝成为平等关系，这样朝鲜就没有理由再不接受与日本订约了。

明治政府内部就此进行了激烈的争论，第一种方案自然不符合日本的利益，如果选择第二种方案，意味着立即发动一场战争，新政府刚刚成立就这么冒险，国力是否允许？时机是否得当？显然都没有把握。争论到最后，多数意见集中到第三种方案上，也就是先与清朝建立对等的外交关系，之后再谈朝鲜问题。

二　柳原访华：日本要与中国立约

1870 年 6 月，日本外务省制定《外交急务四条》，其中的“支那问题”一条中提出：“近来宇内形势一变，今非昔比，隔海咫尺之地，无诏使往来，也非经略之远图”，应尽快向中国派遣“皇使”，缔结“万国一般条约，速开通信通商之道”。日本外务省急于与中国建立外交关系，除朝鲜问题外，还考虑到双方人员管理、经济往来等现实问题。由于中日间没有正式外交关系，在日本经商的中国人接受欧美领事的管理，日本的法权无法对中国人行使。

之前，在日本的外国人被限定在特定区域内居住、活动，“安政五国条约”签订后在日本的西方人的活动问题解决了，但华人华商仍是“无约国国民”，一些西方商人便把华人收归其下，“称言附西船贸易者当以西人视之”，这些华人等于接受的是欧美领事的管理。截至 1870 年，在日本各口岸从事经营活动的华人超过 3000 人，这还包括越来越多的赴日游历的华人。从外贸统计看，华商在日本对外贸易中也占据主导地位。据 1870 年《长崎快报》统计，1869 年日本的出口总额为 291. 8 万美元，其中 153. 7 万美元由华商贡献，占比高达 52%，华商之外的其他 18 个国家的商人合计仅占 48%；在进口统计中，进口总额 305. 3 万美元，其中 158. 4 万美元为华商贡献，占比也是 52%。中日之间如不尽快建立正式的外交关系，不仅影响到对在日华人的界定和管理，甚至有可能给日本经济造成风险和隐患。

但要与清政府建立正式外交关系却不是一件容易的事，两年前长崎奉行河津伊豆曾委托英国领事温思达向清政府江南海关道台应宝时转达了一份信函，提出日本有赴华“传习学术或经营商业就便侨寓者，望为照应”。这不是一封普通的问候函，因为河津伊豆还把“照验印章”的式样一并随函送来，“以便查核籍束，以照两国符信”。如果接受并照此办理，等于承认了双方的官方关系，“照验印章”行使的也是领事权力。对此清政府成立不久、专门负责对外事务的总理衙门给予回复，准许日本人在上海经商，但拒绝其呈送什么“照验印章”。这件事还提醒了总理衙门，随后命应宝时详查在日华商贸易章程，“妨其偷漏影射以及作奸犯科等事”。

这次外交试探并不成功，清政府在发展对日关系方面看来有些消极。但无论如何这一步必须迈出。1870 年 7 月，明治政府派外务权大丞柳原前光率外务权少丞花房虎太郎、文书权正郑永宁、外务文书大佑名仓信敦、外务权少录尾里政道等人出使中国，正式协商建立外交关系问题。柳原前光一行首先到达上海，清政府苏松太道首先给他们泼了一盆冷水，劝阻他们放弃打算，但柳原前光不听，一行人直接北上，于当年 9 月到达天津，暂居在旗昌洋行。

10 月 1 日，柳原前光等人与清政府署理三口通商大臣成林会面，提出要向总理衙门提交信函。成林得知其来意后，表示依据惯例日本来使一行人只能在天津等候批准才能进行下一步，柳原前光感到成林的态度并不积极，是准备往下拖的意思，于是强烈要求立即赴北京直接与总理衙门商谈。柳原前光表示津京两地相距不远，自己一定要赴京。见对方态度如此坚决，成林只得允诺立即向总理衙门请示，马上给予回复。次日成林亲自赴旗昌洋行“答拜”，仍要求日使在天津听候消息，指出“通商大臣议约是专责，若舍通商大臣不向与议，越次进京，投揭总理衙门王大臣，势必拒见，与其徒劳往返，易若代为呈递”。

成林的意思是，议约是我这个三口通商大臣的职责，你不跟我谈，非要跑到北京去，那边肯定没人会理你，到头来还得找我谈。听完这些，柳原前光才打消了去北京的念头。

三　“大信不约”：清政府态度暧昧

此时，主持清政府外交事务的是奕䜣，1861年他联合叶赫那拉氏发动宫廷政变，之后担任议政王，并总领清政府的外交机构总理衙门。接到成林的报告，奕䜣向朝廷上了一份奏折说明总理衙门的意见，其中写道：

> 该国之欲与中国通商，自必俯如所请，爰给与该国照会，允其将来可以奏请通商，但彼此相信，不必立约。臣等之意，准其通商，以示怀柔之意；不允立约，可无要挟之强。将来能否阻其立约，原难豫必，目前且以此为词，以杜其要求之渐。

对于日方坚持立约，奕䜣建议“由成林、李鸿章等向该委员等婉为开导。倘势难阻止，应告以底本暂存中国，俟有大臣来华，公同商办”。对于这个意见，御批“依议”。于是，总理衙门给日方使臣一个正式答复，由成林代转：

> 足征中国与贵国旧通和好，交际往来，已非一日。缘贵国系邻近之邦，自必愈加亲厚，贵国既常来上海通商，嗣后仍即照前办理，彼此相信，似不必更立条约，古所谓大信不约也。

《礼记》说：“大德不官，大道不器，大信不约，大时不齐。察于此四者，可以有志于本矣。”所谓“大信不约”，就是真正讲信誉不在于是否订立盟约，但这更多的是强调道德的层面而非法律的层面，与契约精神是两个范畴里的东西。总理衙门搬出这条中国古训回复日本人，其实是想找个体面的借口，既不想立约，又不想把话说得太直白。

总理衙门为什么是这种态度呢？近代著名报人王芸生在《六十年来中国与日本》一书中分析：“总理衙门的王公大臣们办外交，最怕多事，总以为多一事不如少一事。他们对此事采取婉辞谢绝的态度，以‘大信不约’四字，允许照常通商，不必议约。”

这是一个方面的原因，让总理衙门真正顾虑的还是国内反对与日本立约的声音。安徽巡抚英翰曾向朝廷上了一份《隐忧方大敬陈筹备事宜三条折》，认为“日本向来为臣服朝贡之国，非如英、法各国，曾经明定条约者比。今乘我之隙，而忽来尝试，其心实不可问”。英翰的意见也具有一定的代表性，在反对与日本立约的朝臣们看来，英、法列强逼着大清国立约，那是迫不得已，而日本也来效仿就属无理取闹了，因为日本是大清国的藩属国，它与大清国的地位是不对等的，一旦立约，等于自废了大清国的藩属体系。同时，大清国与西洋各国已经签订了不少条约，如果再加上“东洋”，矛盾又增加一重，出现什么样的风险都未可知。

四　“联日制洋”：李鸿章的外交思路

眼看柳原前光等人此次中国之行将无果而终，这时情况又发生了一些变化，带来这个变化的人是直隶总督李鸿章。

1869 年 8 月，李鸿章由湖广总督转任直隶总督，主要原因是要接替曾国藩办理天津教案。奕䜣在处理是否与日本立约问题时，曾通过函件征询李鸿章的意见，李鸿章的意见是：

> 日本距苏、浙仅三日程，精通中华文字，其甲兵较东岛各国差强。
>
> 现以英、法、美诸国，受其欺负，心怀不服，而力难独抗。中国正可联为外援，勿使西人倚为外府，宜先通好，以冀同心协力。

看来李鸿章是倾向于立约的。针对英翰反对立约的奏折，李鸿章立即又上了一份奏折，将自己的观点说得更为详尽：

> 庚申、辛酉后，苏浙糜烂，西人胁迫，日本不于此时乘机内寇，又未乘危要求立约，亦可见其安心向化矣。今彼见泰西各国，业与中国立约通商，该国已与泰西各国立约通商，援例而来，似系情理所有之事。该国向非中土属国，本与朝鲜、琉球、越南臣服者不同。若拒之太甚，势必因泰西各国介绍固请，彼时再准立约，使彼永结党援，在我更为失计。自不如就其那款之时，推诚相待，俯允立约，以示羁縻。前该委员

柳原前光等来谒，每称：西人强逼该国通商，心怀不服，而力难独抗，欲与中国通好，以冀同心协力。

明末利玛窦、庞迪我等西方人刚来中国，自称“大西洋陪臣”，“泰西”即“大西”，清人多将西洋各国称“泰西各国”。李鸿章认为，日本既与西方列强不同，因为它对中国没有侵略性，同时又与朝鲜、琉球等大清国真正的“臣服者”不同，所以应区别对待，通过立约可以“永结党援”“同心协力”。在这份奏折中，李鸿章还阐述了如果拒绝与日本立约将会带来的危害：

若有来无往，听凭该国使臣簸弄胁制，究非长策。近年奉诏，迭次派员往泰西各国通好，也与从前隔阂情形小异。惟华人往西国者绝少，中国暂未便派员久驻。日本近在肘腋，永为中土之患，闻该国自与西人订约，广购机器兵船，仿制枪炮铁路，又派人往西国学习各项技业，其志固欲自强以御侮。究之距中国近而西国远，笼络之或为我用，拒绝之则必为我仇。

在清朝大臣中，李鸿章是较早重视日本问题的人，这与他多年在苏浙一带与太平军作战有关。1864 年时任江苏巡抚兼五口通商大臣的李鸿章就曾上书奕䜣，认为应重视日本，尤其要关注日本的“向背”问题。1865 年在致苏松太道应宝时的信中，李鸿章指出：“日本来中国通商乃意中事，中国已开关纳客，无论远近强弱之客均要接待，无例可以拒阻，然未始不为西洋多树一敌。”从中可以看出，李鸿章一方面认为与日本建立正式外交关系是大势所趋，另一方面，本着“敌人的敌人就是朋友”的想法，李鸿章有联合日本制衡西方列强的想法。作为未来清政府外交政策的决策者之一，李鸿章思想深处的这种想法始终没有消散，在不同的阶段分别影响到李鸿章本人，当然也影响到清政府的外交。

已调任两江总督的曾国藩，也上疏支持李鸿章，他的看法是，日本要求来立约，这与西方强国向中国殖民扩张不同，推测其本意有“联华制洋”的目的。日本与朝鲜、越南等“臣服之国”的确不同，因为历史上中国还未曾对日本实现过军事征服，自明代以来日本反而成为中国的军事威胁，自然不属于藩属国之列，因而可以参照与西方强国的成例进行立约。欧美距中国十分遥远，中国人去那些地方的不多，而日本不同，近在旁侧，立约之后可以向日本派出使节，行使领事裁判权。

最后，李鸿章、曾国藩等洋务派大臣的意见占了上风，朝廷批准与日本立约，“派李鸿章为全权大臣，一切事宜，自应全归该大臣督办”。为了理顺办事程序，朝廷将三口通商大臣裁撤，成林改任工部侍郎，另设北洋大臣，仍归总理衙门，首任北洋大臣由李鸿章兼任。1870 年 10 月 31 日，总理衙门照会日方使臣同意立约，预定次年由日本特派全权大臣来华谈判条约的签订。

五　成案与西例：激烈的立约谈判

1871 年 7 月，明治政府另派大藏卿伊达宗城为正使、柳原前光为副使来华，全权负责与清政府立约事宜。清政府任命李鸿章为办理日本通商条约事务全权大臣，江苏按察使应宝时、署直隶津海道陈钦随同帮办，双方的谈判正式开始。

7 月 26 日，双方的首场会晤在天津山西会馆举行。在去年柳原前光来中国时，曾带来一份 16 条的条约草案，没想到这次会晤的几天后，日本代表又向清朝方面提交了一份条约草稿，与之前草案大为不同。后面这份草案基本仿照中国与西方国家所签订的条约“成案”来订立，其中参照最多的是 1861 年签订的《中德通商条约》，虽然删去了清政府比较关注的公使驻京、条约用宝等事关“体制”的事项，但保留了外国所关注的领事裁判权、“一体均沾”等损害中国实际利益的条款。李鸿章立即表示反对，认为“胪列各款，其条约则抄袭布国（德国，时称“布路斯暨德意志”，即“普鲁士暨德意志”），税则章程则抄袭美国，又将去秋柳原前光等，在津所呈议约底稿，作为废约”。

但日方坚持所谓“成案”，他们辩称此次中日立约有“结盟连横”之意，如果另立新章程而不将日本与西方各国一样对待，就会使西方各国产生怀疑。柳原前光在给应宝时、陈钦的函件中说：

今两国欲于天下人中，特立好看字面之约，何益于事。且其条规章程，断断不可轻重之于西例，欲重之也，西人妒而分之；欲轻之也，西人侮而抵之。况今两国均有西客旁观，出入颇生枝节，两国所议之约，或有参差，非谓不能通行，且谓使者不力，亦何面目归国反命乎？如我两国真诚至好，不重在条规而重在交际，今贵国将条约必欲立异，仅改字面，徒使西人怀疑含妒，恐非两国之福。

从中可以看出日方的精细盘算，他们也知道中国与日本立约的根本目标是“联日制洋”，所以频频拿这一点说事，他们建议中方仍按照已提交的草稿，“改删一二字面”后尽早签订。对此，中国谈判代表予以反驳，应宝时、陈钦在回复柳原前光的函件中讽刺日本方面新提出的草案是“荟萃西约取益各款而择其尤”，在许多地方与去年提交的草案互相矛盾，对于不让“西人怀疑”的说辞，更是予以有力的反驳：

贵国特派大臣前来，原为通两国之好，若以疥类连横，虑招西人之忌，则伊大臣不来中国，痕迹全无，更可周旋西人，岂非上策，何计不出此，乃于到津后，始鳃鳃过虑耶？

双方不得以坐下来认真针对每一项具体条款展开谈判。针对日方提出“成案”的说法，中方也提出“西例”的说法，也就是双方订约应参照西方国家之间订约的惯例，订立条约必须体现双方的平等性，同时具体情况具体对待，而不能强加于人或照抄照搬。争议比较大的是“一体均沾”和日商在中国内地经商等方面。

“一体均沾”也就是所谓最惠国待遇，即一国在通商、航海、税收或公民法律地位等方面给予另一国享受现时或将来所给予任何第三国同样的一切优惠、特权或豁免等待遇。在清政府最初与列强签订的条约里，大概还没弄明白这项规定的严重性，所以许多条约里都有这一条，结果给后来造成了大问题，只要一个国家与中国签订了不平等条约，攫取了某种利益，享受片面最惠国待遇的其他国家均同时拥有该项权益。日本也想效仿西方列强，在中国“一体均沾”，但这时清政府已被这个“一体均沾”害苦了，所以断然予以拒绝。

关于日商在中国内地通商，日方提出仿照中国与西方国家签订的条约，允许日本商人通过内河进入中国内地。这一条日方也格外在意，因为日本国内正在搞明治维新，工商业正在迅速发展，中国庞大的内陆市场正是日方所需要的。但李鸿章对此也坚决反对，他认为“此条为洋人必争之利而实我内地受病之源，是以论从前通商之弊，此为最重”。李鸿章认为在经济方面日本对中国的威胁将来甚至要超过西方国家：“其人贪而多变，诈而鲜信，其国与中土相近，往还便捷，其形貌文字悉与华同，以此攫取我内地之利，浸移我内地之民，操术愈工，滋事害必愈甚，更非西洋比也。”

最终，双方没能在“一体均沾”、日商在中国内地通商等两项关键问题上达成共识，争论的焦点后来转到文本上。比如，日方提出条约的文书使用日语，可附以汉文翻译，“俟后大清国亦有通晓大日本国语理句法者，不配汉文”，中方对此强烈不满，认为这“显系卖弄”，指出“彼能通我文义，我不能识彼文字，故虽国家以满文为重，今只定以汉文为凭。使其欲用该国文字，亦必须副以翻译，以示文字一道，我无待于学彼也”。在中方的一再坚持下，日方不得不让步，最终规定“嗣后两国往来公文，中国用汉文，日本国用日本文”。再比如，草案的开头有“天皇”字样，中方提出异议：“谨查约首日本国书写天皇，殊觉碍目，理应照各国一律书写君主，惟闻该国自开国以来称号如此，相沿已久，谅难遽行贬抑，拟单列国号。”日方草案中凡涉及中国的一律称“大清国”，日本人视“中国”为中心之国、宗主之国，如果按他们的真实想法，最好称“支那”。但中方谈判代表对“大清国”也很不满，经过谈判，最后规定“所有条规开首，浑含其词，及章程内分写两国，仍称中国及日本字样”。

在日方提出的第一份草案中，将双方即将签订的条约称“条约”，但在后面的谈判中“条约”改成了“条规”。从法律层面看，“条规”比“条约”的约束力轻，做出这样的改动是哪一方提出的已无法查知。对此有不同的解释，一种认为是日本方面的考虑，日本与中国缔约背后也有很大压力，担心西方列强的猜忌，所以尽量作淡化处理；一种认为是中国方面的考虑，觉得日本并不可信且较为狡诈，担心签订个正式条约约束不了对方反而会被对方所约束，所以先立个条规。

六 《中日修好条规》：东亚宗藩体系开始瓦解

经过激烈的争论，双方最后形成了《中日修好条规》18条和《中日通商章程》33条。1871年8月25日，李鸿章派应宝时、陈钦前往山西会馆通知伊达宗城和柳原前光，要求“赶缮正本，一字不能再改”。为了不使此行无功而返，日方最终同意签约。9月13日，上述两份文书在天津山西会馆正式签署。

《中日修好条规》是近代以来中国与日本签订的第一份正式条约，结束了两国数百年来没有建立正式官方关系的历史，全文如下。

第一条 嗣后大清国、大日本国倍敦和谊，与天壤无穷。即两国所属邦土，亦各以礼相待，不可稍有侵越，俾获永久安全。

第二条 两国既经通好，自必互相关切。若他国偶有不公及轻藐之事，一经知照，必须彼此相助，或从中善为调处，以敦友谊。

第三条 两国政事禁令，各有异同，其政事应听己国自主，彼此均不得代谋干预，强请开办。其禁令亦应互相为助，各饬商民，不准诱惑土人稍有违犯。

第四条 两国均可派秉权大臣，并携带眷属随员，驻扎京师。或长行居住，或随时往来，经过内地各处，所有费用均系自备。其租赁地基房屋作为大臣等公馆，并行李往来及专差送文等事，均须妥为照料。

第五条 两国官员虽有定品，授职各异。如彼此职掌相等，会晤文移，均用平行之礼。职卑者与上官相见，则行客礼。遇有公务，则照会职掌相等之官转申，无须径达。如相拜会，则各用官位名帖。凡两国派员初到任所，须将印文送验，以杜假冒。

第六条 嗣后两国往来公文，中国用汉文，日本国用日本文，须副以译汉文，或只用汉文，亦从其便。

第七条 两国既经通好，所有沿海各口岸，彼此均应指定处所，准听商民来往贸易，并另立通商章程，以便两国商民永远遵守。

第八条　两国指定各口，彼此均可设理事官，约束己国商民。凡交涉财产词讼案件，皆归审理，各按己国律例核办。两国商民彼此互相控诉，俱用禀呈。理事官应先为劝息，使不成讼。如或不能，则照会地方官会同公平讯断。其窃盗逋欠等案，两国地方官只能查拿追办，不能代偿。

第九条　两国指定各口倘未设理事官，其贸易人民均归地方官约束照管。如犯罪名，准一面查拿，一面将案情知照附近各口理事官，按律科断。

第十条　两国官商在指定各口，均准雇用本地民人服役工作，管理贸易等事，其雇主应随时约束，勿任借端欺人，尤不可偏听私言，致令生事。如有犯案，准由各地方官查拿讯办，雇主不得徇私。

第十一条　两国商民在指定各口，彼此往来，各宜友爱，不得携带刀械，违者议罚，刀械入官，并须各安本分。无论居住久暂，均听己国理事官管辖。不准改换衣冠，入籍考试，致滋冒混。

第十二条　此国人民因犯此国法禁，隐匿彼国公署商船行栈，及潜逃彼国各处者，一经此国官查明照会彼国官，即应设法查拿，不得徇纵。其拿获解送时，沿途给予衣食，不可凌虐。

第十三条　两国人民如有在指定口岸，勾结强徒为盗为匪，或潜入内地，放火杀人抢劫者，其在各口由地方官一面自行严捕，一面将案情飞知理事官，倘敢用凶器拒捕，均准格杀勿论。惟须将致杀情迹，会同理事官查验。如事发内地不及查验者，即由地方官将实在情由照会理事官查照。其拿获到案者，在各口由地方官会同理事官审办。在内地即由地方官自行审办，将案情照会理事官查照。倘此国人民在彼国聚众滋扰，数在十人以外，及诱结通谋彼国人民作害地方情事，应听彼国官径行查拿。其在各口者知照理事官会审，其在内地者，由地方官审实，照会理事官查照，均在刑事地方正法。

第十四条　两国兵船往来指定各口，系为保护己国商民起见。凡沿海未经指定口岸，以及内地河湖支港，概不准驶入，违者截留议罚，惟因遭风避险收口者，不在此例。

第十五条　嗣后两国倘有与别国用兵事情事，应防各口岸，一经布知，便应暂停贸易及船只出入，免致误有伤损，其平时日本人在中国指定口岸及附近洋面，中国人在日本指定口岸及附近洋面，均不准与不和之国互相争斗抢劫。

第十六条　两国理事官均不得兼作贸易，亦不准兼摄无约各国理事。如办事不和众心，确有实据，彼此均可行文知照秉权大臣，查明撤回，免因一人偾事，致伤两国友谊。

第十七条　两国船只旗号，各有定式，倘彼国船只假冒此国旗号，私作不法情事，船货均罚入官，如查系官为发给，即行参撤。至两国书籍，彼此如愿诵习，应准互相采买。

第十八条　两国议定条规，均系预为防范，俾免偶生嫌隙，以尽讲信修好之道。为此两国钦差全权大臣先行画押盖印，用昭凭信，俟两国御笔批准互换后，即刊刻通行各处，使彼此官民咸知遵守，永以为好。

这份条规被认为是中国近代以来对外签订的第一份平等条约，在谈判阶段中方就掌握了主动权，对日方提出的许多无理要求都予以拒绝，从最终签署的文本来看，双方享有的权利和承担的各种义务都是平等的，相较于清政府之前与欧美列强签订的那些不平等条约，《中日修好条规》的确算是一份平等条约。主持这次谈判的中方全权大臣李鸿章对此颇为满意，他后来在回忆条规谈判时曾说："当时伊达与柳原前光为此两款力争旬日，几至罢议，鸿章坚持不改。"这里说的"此两款"，指的是日本方面十分看中的"一体均沾"和日商到中国内地通商两项。

取得这样的结果固然与李鸿章、应宝时、陈钦等中方谈判代表据理力争分不开，但根本的原因还在于日本方面。此时的日本刚刚结束幕府统治，明治维新也才起步，国力十分有限，与欧美列强不可同日而语，与中国相比综合实力也十分逊色，尚不足以将不平等要求强加在中国身上；而明治政府一心想达成签约，以打破外交上的困局，对日本来说，能与中国达成平等条约已经是一种胜利了。尽管日本自古以来与中国的宗藩关系若即若离，但也毕竟有过向中国进贡的历史，《中日修好条规》的签订成为一个标志，说明从法律的层面上日本已结束了与中国不平等的既往关系，日本要打开朝鲜的大门也就有了说辞，所以日本方面才愿意一再退让。

但细观条约原文，虽然最惠国待遇等内容没有写入，领事裁判权、协议关税等相关的侵略性内容却仍然存在。虽然这是一份双方互相的条约，但从日后的发展进程看，日本对中国在这方面的需求远远大于中国对日本的需要，日本获得的利益更多。

尤其重要的是，日本通过该条规取得了与中国“平起平坐”的地位，之后就迅速着手建立以自己为中心的新的“朝贡体系”，朝鲜、琉球等成为其目标，这意味着以中国为中心的传统宗藩体系开始瓦解，也意味着东亚的战略格局即将发生重大变化。

第五章

琉球起冲突

一　“万国津梁”：琉球与中国的渊源

琉球群岛是位于中国台湾岛与日本列岛之间的一系列群岛，呈东北、西南走向，包括大隅群岛、吐噶喇群岛、奄美群岛、冲绳群岛、宫古群岛、八重山群岛等，陆地总面积约4600平方公里，岛屿总数55个，其中最大的岛屿是1204平方公里的冲绳岛和712平方公里的奄美大岛。

琉球群岛面积虽然不大，但因为地理位置十分特殊，使它成为东北亚和东南亚贸易的中转站，自古以来贸易活动就十分发达，号称“万国津梁”。琉球岛上古有山南、中山、山北等3个主要国家，1429年统一为琉球国。

由于地理上的接近，琉球群岛很早便与中国大陆建立了往来。在考古发掘中，琉球曾出土过中国春秋战国时代燕国的明刀钱，中国唐朝的开元通宝以及南宋、元朝的陶器、瓷器等更多次出土。公元6世纪，隋炀帝命羽骑尉朱宽出海寻访海外异俗，曾至奄美大岛、与那国岛等，看到一片珍珠般的岛屿浮在海中，“若虬龙浮在水面”，于是将这片岛屿命名为“流虬”。唐人编纂《隋书》，认为“虬”的意思是小龙，为避帝王龙讳而将其改名为“流求”。《隋书》有《流求传》，有1300多字，开篇讲明琉球的地理位置：“流求国，居海岛之中，当建安郡东，水行五日而至。”之后介绍琉球的风俗文化等。

到明朝初年又改称为“琉球”，意思为琉璃玉和珍珠球，以体现其壮丽奇绝的特点。1372 年明太祖朱元璋派杨载向当时尚未统一的琉球三国发布诏谕，同年 12 月，三国中的中山国王察度遣派弟弟泰期等随杨载入朝贡献方物，正式成为明朝的藩属国。1429 年中山国王尚巴志征服山南国，定都首里城，仍向中国明朝朝贡，中山国王被明朝政府册封为琉球王，此后琉球国一直按照明朝的典章制度进贡，谨守臣节。明朝也多次派人前往琉球，遣琉使臣归国后撰写了不少记录，如汪揖的《使琉球杂录》、周煌的《琉球国志略》、李鼎元《使琉球记》等。

此前琉球人只有名而没有姓，琉球国王的“尚”姓是朝朝政府所赐。1469 年琉球发生内乱，尚德王被杀，伊是名岛出身的内间金丸被群臣推举为新国王，改名为尚圆，以“世子”的身份向明朝政府报告“父丧”。1472 年明朝派使臣册封尚圆为新的琉球国王。

1646 年 9 月，清军攻至福建，消灭了南明政权。之前琉球世子尚贤曾派使臣来南明，庆贺其称帝，使臣见明朝大势已去，于是向清军投降，受到顺治皇帝的优恤，并派礼部通事谢必振为招抚使者前往琉球。此时尚贤去世，尚贤的弟弟尚质即位，尚质率文武百官迎接谢必振及皇帝敕书，随后派使臣护送明谢必振一行回国。1653 年尚质派遣王舅马宗毅率使团前往中国，携带礼物、表文、奏疏及之前明朝颁给的敕印，尚质在奏疏中请求顺治皇帝重新颁发敕印。

1654 年顺治皇帝下旨正式册封尚质为琉球王，赐诏书、敕谕各一道以及镀金驼钮银印一枚。琉球成为清朝的藩属国后，一律使用清朝年号，向清朝纳贡，历任琉球新王即位时都要遣使请封。据赖正维在《“球案”与近代中日关系》统计，中国明清两代共册封琉球国王 23 次，向琉球派遣正副使 43 名。

二　重义轻利：中国接受琉球朝贡

从中国第一历史档案馆保存的清朝档案中，可以看到琉球向清朝朝贡的详细情景。《清会典事例》等记载“琉球贡期二年一次”，中间也曾改过四年一次，但“间年一贡”“两年一贡”是基本形式，这是常贡，遇庆贺、谢恩等事项，还有不定期的“谢恩贡”。

琉球常贡的贡品也有定制，据《清会典事例》其贡品主要是三种：“煎熟硫黄一万二千六百斤、红铜三千斤、炼熟白刚锡一千斤。”

琉球的主要物产有苏铁、番薯、硫黄、铜、锡、芭蕉、茶等，其中硫黄、红铜和锡对中国大陆来讲较有价值，所以选择了这三样。贡使携贡品登陆后，硫黄交福建地方的藩库收贮，调用时需有工部批文才行，其余贡物则运往北京。

正式进贡的规模通常很大也很正式，有正使、副使等，以“国王舅或耳目官及正议大夫、紫金大夫”充任，分乘“头号贡船”“二号贡船”，另有“接应贡船”，一般为三船，每船约有100人，整个进贡的队伍就有300来人，浩浩荡荡。琉球贡船一般每年农历九月中旬出发，福建巡抚派人先在沿海一带“迎探接护”，贡船通常会在福建闽安镇境内登陆，之后沿驿道北上进京。按清档所记，此行共4825里，经驿站71处。

贡品并非琉球贡船携带的主要物资，他们还带来大批的土特产，数量十分庞大，这些都是到中国进行贸易的。对于这些物资，清政府一律“查照向例批令免其输纳应征税银”。

琉球群岛距中国大陆并不遥远，但当时的航海条件有限，琉球的贡船为木质帆船，碰上台风必然受损，遇到这种情况清政府都会予以专门抚恤。1803年琉球“二号贡船”在海上遭台风，漂至台湾，船被击碎，清政府命台湾地方组织救援，并颁布谕令：

> 外藩寻常贸易船只遭风漂收至内洋尚当量加抚恤，此次琉球国在洋冲礁击碎船只系属遣使入贡装载贡品之船，尤应加意优恤，其捞救得生之官伴水梢人等著照常加倍赏给。嗣后遇有外藩贡船遭风漂失之事，均著照此办理。

1810年，琉球的两只贡船同时在海上遇到台风，先后漂向广东海域，广东地方实施救援，将贡船留在广东维修，贡物、贡使“由陆路先后护送到闽，一妥为安顿”，留在广东的贡使团成员，每人每天都给予补贴，“夷官每员给米三升、蔬薪银五分一厘，跟伴水梢每名给米一升、盐菜银一分，回国之日另给粮一个月”。

琉球贡使每次进京，都由福建督抚指派“文武员弁”全程陪同，文官多由知府、通判充任，武官多由副将、参将充任，“沿途经过地方文武官派兵役小心照料护送”。贡使抵京后一般被安置在前门附近的会馆居住，所需事件均由“内务府照例办理”，在礼部经办下进行验贡、收贡等例行程序，清朝皇帝只阅览一下贡品清单。在此期间，如果遇到万寿节、元旦、冬至、朝贺等大型庆典活动琉球贡使也会参加，清朝皇帝也会在圆明园正大光明殿接见贡使，赐茶、赐食。收贡后清政府就要给琉球赏赐了，一般有例赏、加赏和特赏等名目，一般多为丝绸、锦缎、布匹等，如1832年道光皇帝赏给琉球国的例赏如下：

> 赏国主，锦八匹、织金缎八匹、织金纱八匹、织金罗八匹、纱十二匹、缎十二匹、罗十二匹。赏正副使二员，织金罗各三匹、缎各八匹、罗各五匹、绢各五匹、里绸各二匹、布各一匹。赏都通事一员，缎五匹、罗五匹、绢三匹。赏从人十七名，绢各三匹、布各八匹。赏伴送官三员、土通事一名、留边通事一名、留边从人十五名，彭缎袍各一件。

除了这些纺织品，赏赐的物品还有玉器、瓷器、琉璃器等。朝贡结束离京前，礼部还要宴请贡使团两次，返程途中用到的车马、夫役、船只等都由朝廷安排，在旱路上还拨给30名抬夫，过各地都由地方官派兵护送。琉球使团自带的物资也完成了贸易，进出口税项全部免收。琉球贡船回国，福建地方派专人护送出关。从入关到出关，每次朝贡大约需要6个月之久，300多人所需的费用，全部由清政府负担。清政府为接待、照应使团一行，更需要投入2000人左右，所需费用也十分惊人，中间如遇台风或者使团成员生病、死亡等情况，还需要额外抚恤，花费也不小。

只从经济上看，接受琉球朝贡是一件“赔钱”的生意，但清政府着眼的并非这个。清政府以“天朝”自居，“万邦来仪”是天朝大国的标志，在外交方面坚持“重义轻利”，不仅对琉球，对朝鲜、安南等藩属国也都轻贡品而重赏赐，是站在政治的角度看待中国与这些地方的关系。

三 “并国入县”：日本展露觊觎之心

从地理位置上看，琉球与日本也比较近，自然也与日本发生着联系。1591 年丰臣秀吉向朝鲜用兵，曾派萨摩藩主岛津义久派人到琉球，要求其为日本提供铜精，也就是铜矿石，以供战争之用，琉球国王拒绝。后来岛津义久又致书琉球王尚宁，称丰臣秀吉命令萨摩藩和琉球共同出兵 15000 人，兵员由萨摩藩承担，但琉球要为自己运送供 7000 人吃一年的军粮，仍被琉球国拒绝，琉球国王还将其消息密报明朝政府，萨摩藩自此深恨琉球。

1609 年萨摩藩岛津家久出兵侵犯琉球，经过 40 多天的激战琉球国战败。王都首里被占后，日本兵在此大劫 7 天，一切能搬运的财物全部装箱运走。日本史书《南聘纪考》记载：“我兵纵火烧夷屋舍。四月朔，时方农民多耘麦田，睹者股栗，莫不惶缩。我师发铳追击，纵火村舍。”国王尚宁及王子、王妃、大臣等 100 多人被掳往日本鹿儿岛，尚宁被迫与萨摩藩签订《掟十五条》，包括“无萨摩命令，禁止与中国进行朝贡贸易”等内容。尚宁同时将喜界岛、德之岛、奄美大岛、冲永良部岛、与论岛等“奄美五岛”划归萨摩藩直辖，这才得以被释放。但此时明朝依然很强大，德川幕府不敢直接得罪明朝，同时对萨摩藩的不断坐大而保持警惕，所以对琉球与萨摩藩签订的所谓协约加以干预。德川幕府支持琉球国王自治，同时允许琉球国继续向中国明朝朝贡，接受中国的册封。

近代以来，琉球周边的环境发生急遽变化，1835 年英国东印度公司的船只到琉球进行侦探活动，1837 年美国“马礼逊号”商船在琉球停泊，1843 年英国海军的一艘测量舰来琉球开展测量活动，1844 年法国远东舰队来琉球，强行将传教士留在琉球传教并提出贸易要求。当时的英国《旁观者》杂志在一篇社论中指出：“必须把琉球作为第二个新加坡，如是则上海就将处在英国的军事控制之下。”对于这些情况，琉球政府曾以《法英情状》的形式向中国清朝政府汇报，同时提出援助请求，但正被国内事务忙得焦头烂额的清政府根本无暇顾及琉球的请求。

日本明治维新后，对琉球的认识也有了新的变化，日本学者真荣平房昭在《鸦片战争前后的东亚国际关系和琉球》一书中指出："以往幕府把琉球置于'外国地位'来看待，对于琉球的所属问题采取了暧昧的态度，但是由于担心列强的侵犯，领有意识也逐渐发生了变化，对琉球认识渐渐转为日本国内的一部分的方向。"在随后的"废藩置县"中，明治政府撤萨摩藩设鹿儿岛县。1871 年 7 月，鹿儿岛县向明治政府呈报了一份经过精心炮制的所谓"日琉关系调查报告"，内中声称：

> 该国自上古以来称作冲绳岛，在南海十二岛之内。为皇国属岛之事，古史亦有载之。文治二年岛津家祖丰后守忠久，受封萨摩、大隅、日向之际，补任南海十二岛之地头以来，世袭旧封，置为附庸。但因兵乱，治理难及海外之地。明洪武五年、我应安五年该国服从于彼，接受王号，衣冠等等变为明制，且改国号为琉球，但亦并未与我中断。应永年间一年，足利将军时代，有遣送使节，书翰往复等事。嘉吉元年九代陆奥守忠国，领受将军恩赏，再加封琉球国。其后该国遣送使节贡船，至永正、天正年间，无复中断来聘。但因征伐朝鲜之役，虽就贡纳缓急之事，通聘相劝，但该国不从。庆长十四年，十八代中纳言加久，遣兵征讨，遂谢罪降服。继之，国内诸岛悉行检地，计入藩内领有数额，相传领有。至嘉永年间，无复中绝。该国对旧幕入贡，虽是成规，但因其为贫弱小国，即使名义不当，若不谓皇国、中国为父母之国，成为两属，则难以存利。因其不得已之国情，故而依照旧例处置。然而，正保年间，清国革命之际，或将传令剃发、更换衣冠，届时如何处理，是亦难测。明历元年十九大隅守光久，就此向幕府咨询，老中传令曰若遣送使节，应彼之意，虽非难事，但内国事务，大隅守可据谋处置。庆长降服以来，以至于今，鹿儿岛公开派遣士官从事政务，琉球也在鹿儿岛建有馆舍，派遣官员，交替滞留，且每年送

纳租税，对中国则是隔年派遣贡船，特此呈报。

这份报告所讲的日本与琉球正式关系“古已有之”，其实是捏造的不实之词，根本经不起推敲。琉球与中国的来往甚至可以推及中国春秋战国时代，琉球向中国公开而正式的朝贡往来已持续数百年，丰臣秀吉强迫琉球向其朝贡当即遭到拒绝，这都是无法抹去的事实。这份报告用了很大篇幅强调琉球为中国与日本“两属”，这个说法也站不住脚，先不说萨摩藩出兵琉球烧杀抢掠是不义之举，即便站在国际关系的角度看，琉球也未与日本真正形成所谓宗藩关系。

当年德川幕府慑于明朝的强大，不敢与明朝公开去争琉球，所以允许琉球仍向明朝进贡，从这个意义上说，德川幕府已经在事实上推翻了萨摩藩强迫琉球签订的《掟十五条》的核心内容，琉球与日本的关系其实只限定在琉球与萨摩藩岛津家族之间。《掟十五条》除禁止琉球向明朝朝贡外，还规定：“禁止琉球向日本的其他藩派遣贸易船；未经萨摩许可，不得与日本其他藩商人进行贸易；不可将琉球人贩卖到其他藩。”可见萨摩藩其实有着自己的打算，其着眼点是本藩在琉球的实际利益，是相互“通融”即经济上的往来而非琉球与日本之间的正式外交关系，而这种私下里的经济关系既瞒着中国的明、清两朝中央政府，也不为国际社会所知晓和承认。1853年佩里率“黑船舰队”打开日本国门，在签订相关条约时曾提出琉球的那霸港口，日本方面立即表示琉球是主权国家，日本无权决定其港口是否开放。

为了强调日本与琉球关系更为“紧密”，这份报告说琉球对日本“每年送纳租税”，而“对中国则是隔年派遣贡船”，这仍然是狡辩之说。琉球隔年进贡是明、清政府所定，目的是减轻琉球方面的负担，琉球曾多次提出增加朝贡频次，因为这对他们是有利的，可以借此增加对中国的贸易，琉球方面进贡的物品仅琉黄等土特产而已，明、清政府赏赐的物品价值远在其上。但明、清政府均不同意，还一度规定四年才进贡一次。而琉球向日方“送纳”本身就不是出于自愿，一年一次，甚至一年数次，只要日方强逼，琉球也只得去做，这根本说明不了什么。

但这份“日琉关系调查报告”正迎合了明治政府对外扩张的野心，所以倾向于在废藩设县中将琉球直接划入鹿儿岛。1872 年 2 月，明治政府先派了奈良原幸五郎和伊地知贞馨等两位官员出使琉球，就将琉球并入鹿儿岛进行摸底。

四　“琉球藩”：处心积虑的设置

两名日本官员到达琉球后向琉球的 3 位摄政官递交了鹿儿岛县参事大山纲良的一封信，信中提出了将琉球纳入鹿儿岛县管辖的计划，承诺“时值变革之今日，朝廷对琉球的待遇，不会比以前差，反而会受到更好的抚育”，又说“琉球原属鹿儿岛管辖，即使有什么差错，也可放心”，说什么“时势之变迁，如同人之新陈代谢，人力完全无法控制，只能随之”，同时威胁如“仍然墨守旧习，如岛津家世代对琉球的指挥难以再渗透，琉球发生违背朝廷之意，恐将来会酿成大灾”。

对于琉球与中国的关系大山纲良在信中也进行了挑拨：“中国之人所称皇帝，毕竟也是满洲人种，这也是孔孟之道所不能允许之事情。尤其，最近西方各国纷纷进入其国内，他们与英国等国家也发生了纠纷，以后出现怎样之格局，不得而知。现在世界处于变迁之时期，请好好斟酌。”据日本学者下村富士男所编《明治文化资料丛书》记载，对此“琉官当时狐疑甚至感到恐怖”。奈良原幸五郎和伊地知贞馨回到日本后，建议执行将琉球并入鹿儿岛的计划。1872 年 5 月，日本大藏大辅井上馨向正院正式提出了该项建议书。

明治维新后日本创立了正院、左院、右院，合称“三院”，其中正院为最高行政机构，左院为负责制定和修正法规、起草宪法草案等的最高立法咨询机构，右院为太政官所属各省的咨询机构（该院成立不久即被撤销）。井上馨的意见书先报到正院，正院综合该意见书提出了吞并琉球的正式方案报左院审议，这份方案的最后写道：

琉球从来附属于萨摩藩，谨修觐礼，恭献币帛，但其又奉支那为正朔，受其封册，其循数百年之久，故我方未问携贰之罪，今方之时，明确其归属，弛张我纲纪，使其结束此种暧昧关系，如何运作处理，请求审议。

相对于正院，日本左院的态度更为谨慎，方案报来后左院进行了详尽的审理，最后得出结论，认为直接将琉球并入日本版图不妥。

左院认为，琉球国是日本与中国的共同属国，情况较为复杂，琉球国从明朝开始直至清朝一直接受中国的册封，奉其为正朔，但又被萨摩藩岛津氏世代支配，所以其服从中国是名义上的，实际上归从于日本。然而现在匡正名义，使其归属日本，必将与清国发生冲突，即使不发生战争，手续也将十分复杂。左院认为琉球接受清国的册封、奉清国正朔，这些都是“虚文之名义”，向其派遣士官、镇抚其国才是“要务之实”，“我得其要务之实，而予清以虚文名义，故可不必纠正之”。

当时日本外务省还提出，可以把琉球王册封为藩王并列入华族，对于这个方案左院也认为不妥。左院认为，列入华族与日本国内人类族群沿革不符，如果将其列入华族，就必须将其视为国内的同种人种，实不相宜。当时日本国内“废藩置县”，册封琉球藩王等于又成立了一个“琉球藩”，“就名义而言，与前令不符”，而且琉球兵力有限，也难以承担“皇国之藩屏”的职责。左院提出的方案是，仍册封琉球王，但考虑到琉球与中国的关系，也可准其接受中国的册封，“视之为两属”，这其实仍维持了现状。

左院仅是立法咨询机构，不是真正的议会，左院的意见只作为明治政府的参考而未被完全采纳，明治政府最后采用的是设立“琉球藩”的方案。据外务省外务卿副岛种臣拟定的《琉球国藩属体制建议》，该方案有以下要点：

1. 琉球藩从来就与清国有着关系，现在也与福州府商民来往，另外也曾接待外国人的来航，属边陲要地，故本省官员必须驻勤；

2. 我政治制度渐次宣布，合适与否根据将来的目的而定，为体察该藩租税、民族及一般风俗，财务省官员要与本省官员一同前往驻在；

3. 赐琉球王一等官衔；

4. 将尚泰列为华族，其待遇要丰厚，但其归向之志坚定，重要的是，在东京府下，赐给豪宅庭院；

5. 赐给琉球藩王相应衣冠装束及用品。

这份建议书中还有“此次代琉球使臣尚泰谨领册封诏书”的话，暴露了其行为是在强迫和非法的程序下进行的。1872 年 10 月 16 日，琉球国正使王子尚健来日本觐见天皇，明治天皇宣布了已被外务省“代领”的诏书，“册封”琉球国王尚泰为藩王并列入华族。日本政府突然颁布诏书，宣布册封琉球国王为“藩王”，尚健等人毫无思想准备，听到这一消息吃惊异常。随后明治政府就抓紧落实各项控制琉球的措施，又发布命令将琉球与各国缔结条约及对外交涉事务收归日本外务省管辖。

“藩”是日本德川幕府时代对将军直属领地以外大名领国的非正式称呼，源于日本古代的封建体系，类似于中国春秋战国时代的“诸侯国”，各藩主在辖区内实行世袭和自治，中央政权对其控制力很弱。与琉球来往最多的萨摩藩，控制区域在日本九州岛的西南部，长期由岛津氏所统治。明治政府“废藩置县”，就是要打破各地世袭与自治的体制，将权力收归中央政府。萨摩藩已改为鹿儿岛县，明治政府虽然放弃了直接将琉球国划入鹿儿岛县的打算，但也不肯仅维持现状，设置“琉球藩”成为“废藩置县”中的唯一例外，可谓处心积虑。

“华族”是明治维新以后日本出现的一个族群阶层，1869 年日本各地方诸侯实行“版籍奉还”，原来的公家、大名等地方贵族名号也不能使用了，于是将其统称为华族。1871 年日本正式取消了旧的身份制度，将国民分为皇族、华族、士族、平民等 4 个等级，华族是仅次于皇族的贵族阶层，享有很多政治、经济特权。

不过，从日本左院的审慎态度可以看出，明治政府内部对于中国与琉球之间数百年来的特殊关系是心知肚明，对于公然吞并琉球会引起与中国方面的冲突也是有顾虑的，所以对此次“册封”事件明治政府采取了极其保密的办法，既不通知清朝政府也不对外公开，琉球按惯例将于次年向清政府的献贡也照常进行。明治政府的着眼点在于加强对琉球的实际控制，不断出台一些强化控制的措施，为完成对琉球的最终占有累积事实。

第六章

初次交兵

一 “牡丹社事件”：日本借机发难

在日本设“琉球藩”的同时生了一件“牡丹社事件”，将琉球和中国都牵涉到其中，又为日本进一步吞并琉球提供了契机。

1871 年 10 月，一艘琉球宫古岛民的船只在回那霸时遭遇了台风，漂流到台湾南端，船上 69 名乘客中溺死 3 人，其余 66 人登岸。他们闯入牡丹社台湾原住民住地，被台湾原住民杀害 54 人，剩下的 12 人则在当地汉人营救下前往台南府城，然后被送往福州乘船回到琉球，这件事就是“牡丹社事件”。

关于这件事，1872 年 2 月 25 日，清政府福州将军兼署闽浙总督文煜曾根据船主难夷岛袋的讲述写成奏折向北京进行过汇报，具体情况是：

据难夷岛袋供：同船上下六十九人，伊是船主，琉球国太平山岛人，伊等坐驾小海船一只，装载方物，往中山府交纳，事竣，于十年十月二十九日由该处开行。是夜陡遇飓风，漂出大洋，船只倾覆，淹毙同伴三人。伊等六十六人凫水登山，十一月初七日，误入牡丹社生番乡内。初八日，生番将伊等身上衣物剥去，伊等惊避保力庄地方，生番探知，率众围住，上下被杀五十四人，只剩伊等十二人，因躲在土民杨友旺家，始得保全。二十一日，将伊等送至凤山县衙门，转送台湾县安顿，均蒙给有衣食，由台护送来省，现在馆驿等供，由布政使潘蔚造册，详情具奏。声明：牡丹社生番，围杀球夷，应由台湾文武前往查办等情前来。

“牡丹社事件”发生后，北京的报纸进行了刊载，日本外务少丞柳原前光刚好在中国，这是他第3次来北京，原因是日本国内有人对刚签订不久的《中日修好条规》中的个别地方有意见，他是为修订这个条规而来的。看到报纸上的报道，柳原前光迅速向日本外务省作了汇报。当时鹿儿岛县官员奈良幸五郎、伊地知贞馨刚好在琉球，获悉此事后也立即报告了本县参事大山纲良。大山纲良向明治政府提出兴兵台湾“问罪”，但这不是一件小事，明治政府内部“议论纷纭”，争论的核心是台湾“生番”居住的地区属不属于清政府的版图，这件事没弄清楚出兵就有风险，所以必须先搞清这个问题。

而机会马上就来了。1873年3月，明治政府外务卿副岛种臣访华，公开的任务是去中国交换《中国修好条规》的正式文书，之前签订的文书仅有双方代表的签字，按惯例两国还分别要由中国皇帝和日本天皇御笔签字、用玺，但副岛种臣此行并非“换约”这么简单，处理“牡丹社事件”才是他的目的。

二 “番地无主”：一个荒谬论调

关于“牡丹社事件”交涉的策略，明治天皇亲自下达“敕语”明确原则，大致有三条：一是清朝政府如果认为台湾全岛都是其所属之地，接受日方为解决该问题提出的谈判，就“责其为遭到残杀者采取充分伸冤处置”，包括“应给犯人以相当处置，对遭到残死者的遗族应付予若干扶助金”，而且今后清政府对其地“应予以管束，坚决保证尔后不再发生此类暴逆事件”；二是清政府如果表示“生番”居住的地区“政权之不及，不以其为所属之地”，那就无须再谈判，如何解决“任从朕作处置”；三是清政府如果既认为台湾全岛为其属地，又“左右推托其事，不接受有关谈判”，就“辩明清政府失政情况，且论责生番无道暴逆之罪”，如果清政府“不服”，那么此后的处置“当依任朕意”。可见日本方面对此事作了精心准备，把各种情况都想到了，“依朕意”就是出兵，副岛种臣此行的目的就是为出兵台湾找借口。

1873年4月20日，副岛种臣一行到达天津，之后与在中国的柳原前光等会合。在与清政府总理衙门交涉前，副岛种臣先在北京拜会了一些西方公使，在拜会英国驻华公使时副岛种臣声称："清国未向生番之地派过官吏，地图上也未点载生番地名，前年美国人与生番交战，也未曾告诸清国，清国不知生番与美国人缔结条约之事，清国何能谓之为属地耶?"在拜会美国驻华公使时副岛种臣声称："台湾虽归支那管辖，但其政令不通，犹如水上漂浮之物，谁取之，谁有之。"

从这些话中可以看出，日本方面有意将台湾分成两个部分，即清政府的领土和所谓"生番之地"，想在国际造成事实，并拉来美国作大旗。如果这个目的达到，那日本就可以明目张胆进兵台湾的所谓"生番之地"了。

"番地无主"是日本人受美国驻厦门领事李仙得（Le Gendre）的启发而炮制的谬论。1867 年 3 月，美国商船"罗妹号"在台湾南部凤山县七星岩触礁沉没，船主夫妇及 14 名水手坐着舢板逃生，在琅峤尾的龟鼻山登岸。当时琅峤共有 18 个所谓"番社"，是台湾原住民生活的地区，称"琅峤十八社"。"罗妹号"上的幸存者与当地原住民发生了冲突，最后仅有一人逃生，后被送至英国领事馆。美国驻厦门领事李仙得得知后，立即要求闽浙总督和福建巡抚迅速查办，严惩凶手，但迟迟不见回应。美国人便派三艘军舰侵台，英国一艘军舰也来助阵，没想到的是，美英"联合舰队"却吃了败仗。

1867 年 10 月，李仙得未经清政府允许，私自带领汉人翻译及闽粤头人来到琅峤，与十八社推举出的大头目卓杞笃谈判，以解决后续问题。由于这次经历，李仙得被人称为"台湾番界通"，他在 1869 年撰写了一份报告，声称"盖彼之所行，自合彼地律法及交界之土人律法，惟不合中国律法耳，缘不归中国管辖也"。

李仙得的这个说法完全歪曲了事实，顶多算是个人观点，台湾及其附属岛屿自古以来就是中国的领土，李仙得的说法完全忽视了长期以来中国对台湾一直在实行有效行政管理的事实。远的不说，就说清朝，清政府在台湾设有台湾府，属福建省管辖，下辖台湾、凤山、诸罗等 3 个县，范围覆盖台湾全岛，清初台湾岛上的汉人约为 10 万人，此时已增长到 300 多万人。

李仙得的谬论不值一驳，在中国国内以及国际都没有太大的影响，但急于对外扩张的日本人看到后却如获至宝，日本外务省马上把李仙得聘为外交顾问。

三　外交交锋：日方步步设圈套

6月21日，柳原前光及外务少丞郑永宁等前往总理衙门，与清政府官员总理衙门大臣毛昶熙、董恂等进行交涉。毛昶熙是御史出身，曾任礼部侍郎、工部尚书等职，董恂是道光年间的进士，近代诗文家，曾任户部尚书。他们二人奉旨在总理衙门“行走”，对于日本人如此大阵势地交涉一桩琉球人被杀事件，他们似乎还没有太多的思想准备。郑永宁为明朝遗臣之后，以后归化为日本人，他后来曾任日本驻华公使，他的长子郑永昌曾任天津领事，次子郑永邦也是一名外交官，可谓外交世家。他后来对此次谈判进行了详尽记载。

据郑永宁的记载，柳原前光首先声称：“台湾之地，昔被我国及荷兰人占据，继而被郑成功占据，今归贵朝版图，而贵国仅治半边，其东部土番之地，全未施及政权，番人自张独立之势。前年冬，我国人民漂泊彼地，被掠夺杀害。故而，我政府将出使而问其罪，惟是番域与贵国府治，犬牙接壤。我大臣以为，尚未告诸贵国而兴此役，万一稍有波及贵国所辖，无端受到猜疑，将由此而伤两国之和。是有忧虑，故而预先说明。”

毛、董二位大臣说：“本大臣等只闻生番掠杀琉球国民，未知与贵国人有何干系。不过，琉球国乃是我之藩属，琉民从生番逃出者，当时悉由我国官吏救恤，并送还本国。”

柳原前光又称：“我朝抚慰琉球尤久，中叶以后，附庸萨摩。何况，现今大政日新，一民莫非其臣，是以务当抚恤。见一野番害我王臣，不得不以我君保民之权，专伸其冤。而谓琉人为我国人，又有何妨？且问，贵国既云官吏救恤琉民，不知将如何处置实行暴杀之生番？”

毛、董二位大臣说：“此岛之番民，有生熟两种。从前服我王化者为熟番，设府县而治之，其不服者为生番，置之化外，未甚治理。”

柳原前光又称：“贵朝之初，彼番数次掠杀他国漂流之民，但贵国未曾处置，番人益加横暴，故而今若被他国征伐，则岂只番地，当是府县或也不为贵国所有。今后若因杀人之故，而由外国占据此岛，有如安南、广东及黑龙江和我国之北虾夷，则将在我国南海之中滋一祸患，以致危及诸岛。故而，我政府谋划前往征讨之。然我大臣为保重两国友谊，姑且压制众人诤言，就此奉使之便，明告贵国政府，以避免猜疑。尔后治理化外之地，全与贵国无涉，当无侵越之忧。此事我政府本来不欲相告，唯我大臣肩负外务重任，若因惩办此一小丑，而失邻国之和，何以对天下焉。而且，我国胆略勇敢之士，闻琉民遭害之事者，皆为之切齿，愤懑添胸。策动政府问罪，若不消散此气，势必激乱而不能防，越境为寇而不待日。是亦两国无端伤和之源，万一至斯，则我皇帝今日遣我大臣，前来聘问贵国皇帝，并换约缔好，终有何用？是我大臣出以公心，一团好意也。敬乞谅察。”

以上都是郑永宁的记载，按照这个记载中方官员就一步步掉进了日本人预设的圈套：让你自己去承认“生番”是不在你的控制区内。但郑永年的记载也有疑问之处，因为如此重要的会谈中方当然也会有记录。

按照中方的记录郑永宁恰恰有意无意地略去了中方官员说过的关键的一段话：“二岛俱我属土，属土之人相杀，裁决之权固在于我。我抚恤琉人，自有措施，事与贵国无关，何需烦为过问。”针对日方在“生番”“熟番”问题上的反复纠缠，中方官员其实也说过：“杀人者皆属生番，姑且置之化外，未便穷治。日本之虾夷、美国之红番，皆不服王化，此亦万国之所时有。”这个说法是有说服力的，台湾确实有所谓“生番”，但这跟日本的虾夷、美国的红番没有两样，你能说北海道不归日本的版图？你能说印第安人不是美国人？

郑永宁是外交人员，他的记录不是私人日记，如果以他的记录作参考进行决策，那就可能被误导。

四 出兵台湾：其实另有所图

遗憾的是明治政府内部的确被误导了，副岛种臣给明治政府太政大臣王条实美写信，报告说：“关于台湾‘生番’处理事件，本月二十月遣柳原大丞至总理各国事务衙口谈判。清朝大臣答称‘土蕃之地，为政教禁令所不及，为化外之民’。彼此再无异词，顺利结束。”

据此，明治政府内部主张对台湾出兵的意见立即占了上风。1874 年 1 月，太政大臣三条实美、右大臣岩仓具视等都认为应对台湾出兵，明治政府责成内务卿大久保利通、大藏卿大隈重信等进行研究，提出方案。次月，大久保利通等就拿出了一份《台湾番地处分要略》九条，第一条就说："台湾番地为清国政府政权不逮之地。其证据载于以往清国刊行之书籍；前参议副岛种臣去年使清之际，清朝官员之回答，尤可据以判其为无主之地。"这份计划书声称："报复我藩属琉球人民被杀，乃日本政府之义务，而征番之公理，亦于兹获得主要依据。"

这份计划书提出"由我帝国完全控制琉球之实权，且使之中止遣使纳贡之非礼，乃是台湾处分后之目的"，显然出兵台湾只是虚晃一枪，而真实的目的是以此向清政府施压，从而解决琉球问题。关于琉球，这份计划书讲得更为详细：

> 清国官吏若问及琉球之所属与否，当准照去年出使之辞，言明琉球自古为我帝国所属，且言明现今累沐皇恩之实；
>
> 清国官吏若以琉球向本国遣使纳贡为由，主张两属之说，当不予理睬，以不应其议论为佳。无论如何，由我帝国完全控制琉球之实权，且使之中止遣使纳贡之非礼，乃是台湾处分后之目的，不可与清国政府空为辩论；
>
> 清国政府若论及台湾处分，当确守去年之议，收集其政权判然不逮番地之证据，不为所动。

大久保利通等人提出应先派情报人员进入台湾探察土地形势，收集各种情报，做好征台的各项准备，明治政府对此全部予以批准。4 月，日本明治政府任命陆军大辅西乡从道为陆军中将兼"台湾番地事务都督"，任命陆军少将谷干城、海军少将赤松则良为参军，同时设置"台湾番地事务局"，任命大隈重信为"事务局长官"。明治政府在给西乡从道颁布的委任状中声称：

> 就台湾番地处分之事，命汝从道为事务都督，凡陆海军务以至赏罚诸事，皆委以全权，当遵奉委任条款，黾勉从事，克奏成功。可问暴杀

我国人之罪，行相当之处分；彼若不服其罪，可临机以兵力讨之；应确立尔后我国之人至彼地时，防止不再蒙受土人残害之方法。

日本此时毕竟国力、军力均有限，为此不得不寻求美国的帮助。在已担任日本外务省外交顾问的美国驻厦门领事李仙得的牵线下，日本租借到美国“纽约号”邮船，帮助运送日军。

这些虽都是在极度秘密的情况下进行的，但英国驻华公使威妥玛（Thomas Wade）却得知了此事，出于不愿意看到美国在东亚势力扩大的考虑，他代表英国政府向美、日两国提出抗议。意大利、俄国和西班牙等国公使也先后向日本外务省提出质询。在此情况下美国只得退出，改持中立态度，日本“朝野为之动摇，决定暂且停止出师台湾，先与中国政府交涉”。太政大臣三条实美派人赶赴长崎，命令西乡从道等人暂缓出兵，但西乡从道态度坚决，非出兵不可，声言“纵使太政大臣自来传谕，也不敢奉之”。

1874年4月27日，日舰“有功丸”先行出发，5月2日“日进号”等4艘军舰出发，总兵力约3000人。5月22日，日舰抵达台湾社寮港，随即向牡丹社发起进攻，20余人被杀死。6月2日，日军兵分三路继续进攻牡丹社。

五　军事失利：日本被迫坐下谈判

清政府对日本突然攻台毫无预判，这个消息还是在英国公使威妥玛致电总理衙门询问情况时才知道，但那时侵台的日军已经上路了，战争已不可避免。

清政府赶紧进行两手准备，一方面由总理衙门照会日本外务省进行质问，另一方面着手布置台湾防务，做最坏的打算。

《中日修好条规》签订后，柳原前光被派为日本驻华公使。到北京后，主持总理衙门的恭亲王奕䜣就日军侵台一事向他提出抗议，北洋大臣李鸿章也约他进行谈判，要求日本撤军。柳原前光又老调重弹，咬定日军入侵的不是中国领土而是“无主番地”，双方僵持不下。

谈判桌上没法解决，只能在战场上对话了。日军登陆台湾岛后进展十分顺利，清朝在台湾的武备十分松弛，对于这场战争又毫无准备，所以让日军连连得手。情急之下，清政府不得不采取特殊应对之策，以举国之力驰援台湾。

清政府任命福建船政大臣沈葆桢为钦差大臣兼理各国事务大臣赴台，谕令“所有福建镇道等官均归节制”，与闽浙总督李鹤年、福州将军文煜组成台湾防务领导机构，“统筹全局，妥为布置”。同时，清政府紧急调派兵运台，署理福建水师提督罗大春、淮军名将唐定奎、前南澳镇总兵吴光亮等先后率部前往台湾。其中唐定奎所率的淮军属战斗力较强的“铭字营”，有6500人，由李鸿章推荐入台参战。为保障该部尽快入台，清政府命两江总督李宗羲、江苏巡抚张树声调上海轮船局的轮船运送，船只不够，又雇佣招商局轮船。这支部队到达台湾后驻扎在凤山，立即“择险分屯”。沈葆桢还招募台湾岛上的渔人、乡勇以及“生番”加以训练，组成了一支“安抚军”，也投入到抗击日军的行动中，这些都令不可一世的日军气焰顿挫。

沈葆桢就任钦差大臣后，除可以指挥福建境内的船只外，清政府还允许其调征“江苏、广东沿海各口轮船”。沈葆桢认为要战胜日军还必须有铁甲舰，清政府批准，一开始计划向欧洲公司购买，但由于列强的干预，购买铁甲舰困难重重，清政府谕令：“铁甲船购买未成，仍著沈葆桢等妥速筹办，以资得力。”

清政府如此重视台湾问题，除守土之责外，还与在此前后所掀起的围绕“海防”与“塞防”的争论有关。李鸿章一向主张“海防”优先。早在1867年12月，李鸿章在湖广总督的任上就提出了在北洋、中洋和南洋各建一支近代海军的主张，日军此次侵台无形中成为李鸿章“海防论”的一个有力注脚，让更多的人认识到清政府面临的海洋危机和海防的重要性。就在日军侵台的这一年，总理衙门提出了《海防亟宜切筹武备必求实际疏》，进一步强调了筹备海防的必要性和紧迫性。江苏前巡抚丁日昌提出了《海军水师章程》，而李鸿章也上了一份《筹议海防折》，他们都认为中国当时的形势已与古代有所不同，古代的边疆危机多发生在北方，尤其是西北，但自从列强打开中国大门后，中国的边患已经转移到了沿海地区，尤其是东南沿南。

这一次清政府总算应对及时，日军进攻受挫。但此时清政府面临的危机远不止台湾一处，1871 年俄国入侵伊犁，中国西北边疆地区也面临严重危机，其他欧美列强也都挖空心思不断扩大在华利益。举全国之力固然有把握打败日本，至少将入侵台湾的这些敌人予以歼灭，但为此也将付出巨大代价，清政府谕令沈葆桢“务当与之极力理论，断不可任其妄为。倘该国悍然不顾，亦当示以兵威，不得稍涉迁就，致误事机”，从这些话里可以看出和谈之意。已经打不动了的日本人信心已经明显不足，加上士兵来台后水土不服，军中疫病流行，数百人病死，士气十分低落，陷入进退维谷境地，也希望和谈。

谈判分别在台湾和北京举行，双方进行了一系列交涉。6 月 21 日，福建布政使潘蔚、台湾道夏献纶等在台湾琅峤与日军侵台的总指挥陆军中将西乡从道论辩。《清实录》记载：“反复辩论，逐条穷诘。西乡从道理屈辞穷，旋以所用兵费无著为言，复经潘蔚据理驳斥，彼请一面致书柳原前光，一面寄信该国暂不添兵前来。”7 月初，“柳原前光在都经总理各国事务衙门王大臣与之剖切辩论，该使臣语意支唔，尚未就绪”。

六 《北京专条》：日本埋了一个大坑

这次出兵台湾，是日本第一次侵犯中国本土，尽管出兵前信心十足，但不得不接受军事失利的事实，而且其所一再坚持的“生番是无主之地”的谬论，也并未在国际上得到什么回应，军事、外交两个方面都受到了挫折。

由李鸿章一手创办的淮军精锐入台参战，显示了李鸿章等实力派决心不惜与日本决战到底的信心，这个消息让日本国内受到了极大震动，但以海军大辅川村纯义等为代表的一批强硬分子仍声称“不惜一战”。据日本学者安冈昭男《明治前期日中关系史研究》一书转载，川村纯义曾狂妄叫嚣：“若日清之纠纷全无解决之希望，则立即夺取停泊于彼国各港之军舰，悉归我有；击破其大沽、天津等地之炮台，长驱直入北京，岂有闲暇问罪于台湾一孤岛耳？”但明治政府一摸家底，发现“兵员少得可怜，仅有二万人左右”，现在就发动一场全面对华战争无异于痴人说梦。

在这种情况下，1874 年 9 月，明治政府不得不派参议兼内务卿大久保利通作为全权代表来中国展开正式谈判。据日本东亚同文会所编的《对华回忆录》，大久保利通先到上海，在那里听说中国正在加速造舰，福建方面也在加紧布设电线，李鸿章主张速战速决，不愿与日本谈判。这些消息都让大久保利通“万分紧张”。但到北京后，大久保利通对外仍示强，一再坚持日军此次进攻的台湾东部地区不是中国的领土，遭到中方的驳斥。双方在这个问题上相持不下，谈判无法进行。清政府总理衙门请各国驻华公使“公评是非之处”，英国驻华公使威妥玛最为积极，主动在两边“撮合”。

威妥玛首先致函总理衙门：“公评是非之处”是否就是“公断”的意思？如果是“公断”中国将提出什么样的议题？如果有必要，中国是否准备接受日本的条件？如果日本不想“公断”，中国将采取什么样的方法？上面这些问题令总理衙门无法回答，以沉默对待。但在外交上很老练的威妥玛认为，其实清政府对“公断”及答应日本人一些条件等是一种默认的态度。

有了这个把握，威妥玛就去找大久保利通，提出“如果清政府答应若干条件，日本可否同意把军队撤出台湾”。威妥玛同时表示，英国在华有巨大的利益，如果中日战争全面爆发，英国在华的既得利益将受影响，言下之意是英国不能不管。同时威妥玛还告诉大久保利通，如果日本有什么条件尽管说，他愿尽力劝告清政府接受。

10 月 3 日，总理衙门大臣董恂等人拜访了威妥玛，威妥玛仍用威胁的方法试图迫使清政府赔款，被董恂拒绝，但董恂表示如果日本尽早退军，中国可对此次日军侵占本国领土的非法行为“不作怨言”，另外对被害的琉球国难民家属给予一定的抚恤金。10 月 8 日，大久保利通也表明了日本的立场，据清政府《筹办夷务始末》转述其大致如下：

> 日本初意，本以生番为无主野蛮，要一意办到底。因中国指为属地，欲行自办，日本若照前办去，非和好之道，拟将本国兵撤回，由中国自行办理，惟日本国民心兵心，难以压服，必须得有明目，方可退兵。该国于此事费尽财力，欲台番偿给。台番无此力量，中国如何令日本兵不致空手而回？

这里面有几层意思：一是日本此次出兵台湾并非向中国开战，因为要讨伐的是“无主野蛮”；二是出于现实的考虑，日本同意撤兵，追究“牡丹社事件”的责任由中国“自行办理”，这等于承认了台湾所谓“无主野蛮”也是中国的领地；三是日本出兵并没有错，琉球国难民需要抚恤，这个钱“台番”出不起，只能清政府出。表面看来日本作出了让步，至少不再一口咬定台湾有什么“生番”“熟番”之分，但这里面也有不易为人察觉的阴险之处，那就是琉球国难民即使在台湾遇害，这又与日本有何干？站在清政府的立场看，琉球自古是中国的藩属国，他们的人民在中国的领土上遇害，自有中国政府负责处理，你日本为何借此兴兵呢？

但后面这个问题并没有引起清政府的太多关注，当时双方争论的焦点始终关注在是否赔偿以及赔偿多少的问题上。大久保利通提出至少200万两，遭到中方的拒绝。中方提出不会作战争赔偿，但可以支付琉球难民遗属抚恤金10万两，另外考虑到日军进占台湾若干地区后修建了一些道路和房屋，这些东西未来“留为中国之用”，可以另“给银四十万两”。双方差距巨大，大久保利通扬言只给中方5天时间考虑，并以回国相威胁，这时威妥玛又出面两边“说合”，在此过程中对日方也进行了一定的施压，大久保利通也不敢那么强硬了。

英国为什么对台湾问题如此关心呢？自然，出于扩大在华的影响力、借调停向清政府施压都是重要的方面，还有保护英国在华经济利益的考虑，但最直接的一点也许在于，一旦中日战争规模扩大，谁胜谁负姑且不管，但清政府为此必然将耗费大笔军费，这才是英国最关心的。威妥玛曾说这一点“对于我们是很重要的，因为战争每年要费去中国300万镑，这笔钱要出自加重外国贸易的厘金”。其实这还不仅是增加进口关税的问题，还涉及清政府财政收支，两次鸦片战争期间清政府与欧美列强签订了一系列不平等条约，有些涉及战争赔款，清政府的家底列强都清楚，如果钱都拿去打仗了，清政府欠的各种债就更难偿还了。今后英国还想从清政府身上搜刮更多的利益，一个太穷的清政府显然不是英国所想要的。

就这样，又经过了一番讨价还价以及措辞上的反复修改，最终中日双方达成了一份《北京专条》，由中方代表奕䜣与日方代表大久利通于1874年10月31日在北京签署，主要内容有三条：

1. 日本国此次所办，原为保民义举起见，中国不指以为不是。

2. 前次所有遇害难民之家，中国定给抚恤银两，日本所有在该处修道、建房等件，中国愿留自用，先行议定筹补银两，别有议办之据。

3. 所有此事两国一切往来公文，彼此撤回注销，永为罢论。至于该处生番，中国自宜设法妥为约束，以期永保航客不能再受凶害。

《北京专条》另外附有《会议凭单》，规定中国先付抚恤银10万两，日军于12月20日全部退出，之后中国再付日本在台修路建房等费用40万两。

在《北京专条》的“约首”部分还有一段话，其中写道：“兹以台湾生番曾将日本国属民等妄为加害，日本国本意为该番是问，遂遣兵往彼，向该生番等诘责。”这段话与大久保利通之前的表述一样，都设下一个陷阱：日本是为“日本国属民”出兵的，中方既已签字，等于认可了被害的琉球居民就是“日本国属民”，那琉球国也就是日本的“属国”了！

这才是日本所需要的，表面看来它大举兴兵，动用多艘军舰，战死者不论，仅病死的就有数百人。据日本学者井上清《日本军国主义》所载，此次侵台军费预算原来仅为50万日元，但最后实际花费高达771万日元，而战争赔款却一分未得，仅得到区区40万两的“修路建房补偿”，是一笔极不划算的生意。但日本在琉球问题上却取得了巨大收获，仅“日本国属民”这几个字对日本来说就是无价之宝。

第七章

“琉球”变“冲绳”

一　“琉球处分”：日本独霸琉球

对于日本人在《北京专条》中将琉球称作自己属国这个预设的阴谋，清政府官员们难道毫无察觉吗？

也不是，其实这件事包括李鸿章在内的清政府官员们都看到了，《北京专条》签订后李鸿章给沈葆桢写过一封信，信中说“弟初尚拟议，番所害者琉球人，非日本人”，说明他对此是认识到的，思路也是清楚的，但最后他却向日本人妥协了。对于个中原委，李鸿章向沈葆桢解释道：

> 今乃抚恤代兵费，未免稍损国体，渐长寇志，或谓若启兵端，无论胜负，沿海沿江靡费，奚啻数千万，以此区区收回番地，再留其有余，陆续筹备海防，忍小忿而图远略，抑亦当事诸公之用心欤？

从李鸿章的这番话里可以看出，他向日本的退让是不得已，是为了能继续更好地“筹备海防”的委曲求全之举，是“小不忍则乱大谋”。如果整个事件就此打住，李鸿章的说法或许有道理，但精于算计的日本人肯定不会善罢甘休，如果他们利用《北京专条》大做文章，到那时哪个“大”哪个“小”就不好说了。

果然，明治政府马上就做起了文章。1874 年 12 月 15 日，刚刚在中国签完《北京专条》回到日本国内，大久保利通就向太政大臣三条实美提出了一份“琉球处分”建议，其中说“征番之举，出自保护琉球难民不得已之义务，费金巨万，藩主等人理当深表感激，从速进京谢恩”。大久保利通建议：“倘若此时唤之琉官进京则应谕示：肃清与中国之关系，在那霸港内设置镇台分营，其余刑法教育等等，顺次改革。至其与美国、法国、荷兰缔结条约之事，难以搁置，政府应从速实施交替手续。”1875 年 3 月，明治政府命令琉球有关官员到东京，向他们宣布中日台湾事件及“善后事宜”，提出结束所谓琉球的“两属形式”，在琉球设置“镇台分营”。日方文献《岩仓公实记》记载如下：

> 政府所行义举，原本为了琉球人民。维新以来，与外国交涉之事，悉依万国公法，而琉球藩尚为两属形式，今日若不改革，则将受到中国干涉，且有他日滋蔓纠葛之患。我政府有此忧虑，意在那霸设置镇台分营，以保护琉球人民。又因琉球舟楫之利薄弱，特赐给汽船，亦可支给粟米若干，以救恤难民，宜体此意，再谕藩王入朝。

这算是先打个招呼，让琉球国内上下有个思想准备。7 月 2 日，明治政府所任命的“琉球处分官”松田道之携带三条实美的命令书从鹿儿岛出发前往琉球。7 月 14 日，松田道之在首里城琉球王宫城的正殿下达“训令”。据日本学者新屋敷幸繁所著《新讲冲绳一千年史》归纳，这些“训令”包括：

1. 禁止琉球对中国之进贡、皇帝即位时之庆贺使派遣及接受中国之册封；
2. 废止朝贡贸易据点之福州琉球馆；
3. 改用明治年号，节庆礼仪一律遵照布告指示；
4. 为确实刑法定律的施行选派二三人上京；
5. 藩王需上京为日本之台湾出兵谢恩；
6. 设置镇台分营。

这意味着，琉球不仅断绝了与中国的宗藩关系，而且也失去了独立性，“镇台分营”的设置意味着日本在琉球正式驻军，今后琉球政权无论以什么样的形式存在，都将牢牢控制在日本人的手中。

二　救亡图存：三司官赴东京斡旋

对于明治政府的“训令”，琉球国内一片震惶，琉球王尚泰等更是据理力争，试图让明治政府收回成命。

尚泰对松田道之说，过去琉球“从属皇国与中国，承蒙两国指导，渐成政体”，“皇国与中国之厚恩，整竹难书，两国实为父母之国，举藩上下，莫不仰奉”，如果以后不能向中国进贡，不能派遣庆贺使节以及不再向中国请求册封，必然“弃绝父子之道，忘却中国累世之厚恩，失却信义，实乃心痛”。尚泰请求今后仍允许向中国进贡、派遣庆贺使节、接受中国册封等“一如既往”。

关于历法，尚泰也恳请“对皇国使用皇历，对中国使用中国立法，年中礼仪按照两国格式”，祝贺新年、纪元节、天长节等“当按布告实施”，其他均“一如既往”。

关于职官，尚泰认为“现今政府虽直接管辖，但谓国体、政体永久不变”，这件事“藩内一同闻知”，所以这些年才有“难得之安宁”，如果“藩制改革，则小邦人心迷乱，每事不周”，所以也请求将琉球与日本国内的其他地方区别对待，各项安排请求“一如既往”。

尚泰一连说了这么多“一如既往”，就是不想让日本改变琉球的现状。对此松田道之用刚刚签订的《北京专条》予以回应，他称日本此次出兵台湾被清政府“视为义举”，清政府还“向我政府支付尔藩遇难遗族金额”。松田道之诡辩说：“若是清国可向世界公开表明琉球为自身管辖，何不自行处置牡丹社，保护尔藩人民？又为何向我政府支付尔藩遇难遗族金额，而不自行向尔藩支付？”松田道之告诉尚泰“琉球不受清国管辖之条理，历历在目”，挑拨说“清国与尔藩之情意、名分早已废绝，尔藩言清国之情意，乃一己之私情耳”。

松田道之这番话让尚泰无法反驳。不得不说，这就是清政府在《北京专条》妥协退让所留下的祸根，如果知道它所结出的恶果这么早就会到来，估计李鸿章等人也不敢再“委曲求全”了。但尚泰及琉球官员们仍不愿接受

“训令”，松田道之便以战争相威胁。据在尚泰身边任御侧仕的向廷翼在《琉球见闻录》所载，松田道之态度极为蛮横嚣张：“怒声喝斥，极度苛责，宛如对待三尺儿童。众官吏因被松田斥责，夜不能寝，昼不能息。每日从早到晚进行协议，心急如火，肝胆皆裂，食不能咽。”

1875 年 11 月，琉球三司官之一的池城亲方前往东京，向明治政府递交请愿书，请求不要阻断琉球与中国的往来，也不要强迫琉球改变国体、政体。三司官是琉球的最高行政机构，一般由 3 位有不同执掌的官员组成，他们是琉球最高行政官员。对琉球方面的这个请求，明治政府断然予以回绝。池城亲方当面向大久保利通请求：“琉球藩久荷中国恩谊，今不能无故背弃。天朝若与中国交涉，如得中国承认，则当奉命。”大保久利通置之不理。明治政府随即派外务省官员偕同警察前往琉球，强制实施所谓“海外护照”制度，规定琉球人民渡海去中国的必须申请日本护照。

随后，琉球三司官中的另外两位毛凤来和马兼才也前往东京，他们不再寄希望于明治政府，而是分别向荷兰、美国、法国等驻日公使呈递求援书，该求援书写道：

> 窃琉球小国，自明洪武五年入贡中国，永乐二年，我前王武宁，受册封为中山王，相承至今，向列外藩。遵用中国年号、历朔、文字，惟国内政令，许小国自治。大清以来，定例进贡土物，二年一次。奉大清国大皇帝登极，专遣陪臣，行庆贺之礼。敝国国王嗣位，请膺封典，大清帝国大皇帝遣使，册封嗣王为中山王。又时召陪臣子弟，入北京国子监读书。遇有飘船遭风难民，大清国务省督抚，皆优加抚恤，给粮修船，妥善遣送回国。自列中国外藩以来，至今五百余年不改。
>
> 此前咸丰九年，大荷兰国钦奉全权公使大臣加白良，来小国互市，会蒙许立条约七款，条约即用汉文及大清国年号。谅贵公使有案可以查考。大合众国、大法兰西国亦会与敝国立约。
>
> 敝国自与日本，旧与萨摩藩往来。同治十一年，日本废萨摩藩，逼令敝国改隶东京，册封我国主为藩王，列入华族，事与外务省交涉。同治十二年，日本勒令将敝国与大荷兰国、大合众国、大法兰西国所立条

约原书送交外务省。同治十三年九月，又强以琉球事务改附内务省。至光绪元年，日本太政官告诸琉球国曰：琉球进贡清国及受清国册封，自今即行停止。又曰：藩中宜用明治年号及日本法律，藩中职官宜行改革。敝国屡次上书，遣使泣求日本，无奈国小力弱，日本决不允从。切念敝国虽小，自为一国，遵用大清年号，大清天恩高厚，许敝国自治，今日本国逼令改革。

查敝国与大荷兰国立约，系用大清国年号、文字，今若大清国封贡之事，不能照旧举行，则前约几同废纸，小国无以自存，即恐得罪大国，且无以面对大清国，实深惶恐。小国弹丸之地，当时大荷兰国不行拒弃，待为列国，允与立约，至今感荷厚情。

现今事处危急，唯有仰仗大国劝谕日本，使琉球国一切照旧。阖国臣民，戴德无极。除别备文禀，求大清国钦差大臣及大法兰西国全权公使、大合众国全权公使，相应具禀，求请恩准施行。

这份求援书可以视为一份重要文献，绝境中的琉球说出了自己的一些心里话，千百年来琉球与中国有着深厚渊源，中国对琉球“天恩高厚”，这份情谊是日本无法相比的，日本一再逼迫琉球就范，其强权与威压在文字间也昭然若揭。

琉球向这些西方国家提出，自己是一个主权国家，之前与一些国家也签订有相关协议，如果琉球国不存在了，各国的利益势必也将受到影响，所以呼吁各国一起向日本政府施压，令其收回成命。但列强对此均无反应，因为日本外务省已表示，琉球之前与各国签订的协议均继续有效，到时候只需要重新变更一下签约主体就行。对于中日之间围绕琉球展开的博弈，英、美等列强都知道还没到自己要出手的时候。

三　密使偷渡：琉球向清政府乞援

所幸的是，此时日本国内随后陷入了一场内乱，这就是1877年发生的西南战争。明治政府为统一中央集权而用力过猛，导致与旧贵族阶层矛盾大爆发。这一年的 2 月，旧萨摩藩士族推举西乡隆盛为首领发动反政府武装叛乱。叛军最后虽然失败，西乡隆盛的首级被砍下，但政府军方面累计伤亡将近 2 万人，也损失惨重。这场战争放缓了明治政府进一步侵占琉球的步伐，为琉球各界救亡图存也多少争取到一些时间。

在派三司官去日本斡旋的同时，1876 年琉球国王尚泰也派人前往中国求援。这时要去中国必须申请日本护照，尚泰于是决定秘密行动，他让王族成员向德宏等先假装赴伊平屋岛祈祷去，等船只驶离琉球那霸港后，径直改航中国福建。

向德宏是尚泰的姐夫，精通汉语，曾随三司官赴日斡旋，与他同行的人有都通事蔡大鼎、陈情通事林世功、评定所笔者向有源和向文度等 19 人，其中蔡大鼎、林世功都是琉球有名的知识分子。此行一开始就很不顺利，向德宏等人是 1876 年 12 月 10 日出发的，他们在海上遇到了台风，船只险些触礁沉没，历尽艰险，最后于 1877 年 4 月 12 日才到达福州。

向德宏将琉球王尚泰的密信转交给清政府闽浙总督何璟，何璟将此事上奏朝廷。其间居然又耗费了近两个月时间，直到 6 月下旬朝廷才看到尚泰的密信，也才知道琉球发生的一切。清政府让向德宏等人先回国，向德宏等不愿回去。向德宏后来绕过福建方面带着几个人改装北上，于当年 10 月 24 日潜至北京，向清政府礼部陈情。他们长跪哀号、泣血吁请，希望清政府“宣扬天威，迅赐救存”。向德宏等还设法见到了李鸿章，他当面请愿，称“于日国地图语言文字，诸颇详悉，甘愿效力军前，如得兴师问罪，即以敝国为向导，愿充先锋”。

如何处理琉球事件，清政府内部此时并没有成熟的方案。翰林院侍讲何如璋经李鸿章的推荐，正好要去日本担任首任驻日公使，何璟以及福建巡抚丁日昌共同向朝廷建议，趁何如璋赴任的机会与日本方面交涉，质问其阻挠琉球向中国进贡之事；同时在日本“邀集泰西驻倭诸使，按照万国公法与评曲直”。朝廷批准，让何如璋“到日本后，相机妥筹办理”。

1877 年 11 月，何如璋到达东京。在东京的琉球官员听说他来了，多次求见，当面陈述琉球危急的情况。何如璋对琉球的实际情况有了全面了解，他倾向于与日本力争，但与日本当局“论理数月”没有任何进展。日本方面

“一味恃蛮，置之不答”。何如璋认为不能退让，因为日本的贪欲没有尽头，“隐忍迁就，阻贡不已，必灭琉球，琉球既灭，必掠朝鲜”。为此何如璋提出了三条对策：

> 上者，一面抗议，一面出兵舰责贡于球，以示日人，我之必争，彼将气慑，而球可全；其次，约球抗日，日若攻球，我出师相助，日将力屈，而球可全；又次，则援公法，请求各国公使评判，自古无许灭人国之公法，日孤理屈，球亦可全。

何如璋认为“三者择一而行，其效果虽然不同，决不至无效，即使无效，亦不过弃一琉球，决不至开边衅；即使寻衅，亦可罢斥使臣”，所以千万不能“先自示弱”。何如璋给李鸿章写信，竭力劝说不能退让，因为此时退让一步，“他时日本一强，资以船炮，扰我边陲，台澎之间，将求一夕之安不可得”。何如璋认为，即使为台湾考虑现在也必须一争到底，不然就是将来的大患。虽然何如璋提出了三条对策，但更希望朝廷接受前两策。

但李鸿章的态度似乎不那么积极，在给何如璋的回信中李鸿章认为“琉球以黑子弹丸之地，孤悬海外，远于中国而迩于日本”，历年以来“中国受琉球朝贡，本无大利”。李鸿章甚至认为“若受其贡而不能保其国，固为诸国所轻”，“若再以威力相角，争小国区区之贡，务虚名而勤远略，非惟不暇，亦且无谓”。对于何如璋提出的三条对策，李鸿章倾向于最后一策，而在他的影响下，总理衙门也接受了这条对策。

四　“琉案外交”：李鸿章的误判

李鸿章对琉球问题的消极态度与此时中国的局势有很大关系。1871 年俄国入侵伊犁，这件事至此还仍未得到解决，牵制了清政府的力量。

西北和东南沿海同时面临危机，使清政府不得不就“塞防”与“海防”哪个更优先的问题做出决断。奕䜣、李鸿章等人倾向于“海防”优先，但西北边疆的安全也的确很重要。左宗棠等人痛陈不收复新疆危害严重，除俄国入侵外，新疆还面临阿古柏建立割据政权等严重问题。西北的危机和东南沿海的危机表面上看都是危机，但急缓程度不同，西北的危机更迫在眼前，琉球日后固然可能引发出台湾问题、朝鲜问题，但那都是将来的事，而若不管西北，新疆马上就得丢了。争论到最后，清政府决定眼前还是以“塞防”为优先选项，左宗棠奉命进疆平叛，为此清政府不得不集中全国的人才与财力进行支持。

选择以外交手段解决琉球问题，其实就是选择了妥协退让。对李鸿章来说这固然也是一种无奈之举，但在他的内心深处可能也抱有某种幻想，认为欧美列强或许在这个问题上会帮中国一把。与只强调宗藩体系的传统官员不同，李鸿章还重视《万国公法》等西方国家处理国与国关系时普遍使用的惯例。清政府资助美国传教士丁韪良（William Martin）翻译了《万国公法》，李鸿章对该法进行了认真学习，他认为日本如果要吞并琉球，显然不符合该国际法，各国将对日本进行反对，在强大的国际压力面前日本也许会知难而退。李鸿章的这个看法也影响到总理衙门，奕䜣在给朝廷的奏疏中也持这样的观点：

> 再四思维，自以据理诘问为正办，因复与北洋大臣李鸿章往返函商，意见亦复相同。现拟由出使大臣径据琉球陪臣面述情事，先为发端，使日本不致迁怒寻仇，别生枝节。

这种“据理诘问”的外交策略成为清政府处理琉球专案的基本思维。1878年9月3日，何如璋前往日本外务省，向外务卿寺岛宗则提出“诘问”，后又正式照会日本外务省，提出了琉球长期以来为中国藩属的一系列证据，除了自古以来的许多记载，还包括：

> 琉球国于我咸丰年间，曾与美利坚合众国、法兰西、荷兰国立约，约中皆用我年号、历朔、文字，是琉球为服属我朝之国，欧美各国无不知之。今忽闻贵国禁止琉球进贡我国，我政府闻之，以为日本堂堂大国，谅不肯背邻交、欺弱国，为此不信不义无情无理之事。

日本外务省对此无法反驳，实在不知如何应答，干脆声称“背邻交、欺弱国”等为“暴言”，是“失礼之言”，不合外交礼仪，要求何如璋“书面道歉”，令人哭笑不得。

日本的态度也在意料之中，而欧美各国的态度则让李鸿章以及总理衙门有些失望，虽然日本吞并琉球的行为明显有违国际法，却没有哪个国家站出来“仗义执言”，欧美国家选择了沉默。

五　撤藩置县：琉球惨遭吞并

明治政府设置“琉球藩”后，在东京设立了琉球藩驻东京藩邸，琉球官员得以方便地来往琉球与日本之间。1878 年 12 月间，明治政府派内务大书记官松田道之访问琉球，宣布取消琉球藩驻东京藩邸，宣布琉球官员今后前往日本，必须上报内务省外办处，获得内务大臣的许可后方可成行。

1879 年 2 月，松田道之从琉球返回日本，他立即向太政大臣三条实美提出建议，认为琉球上下并不真心接受之前颁布的“训令”，为避免夜长梦多必须加快将琉球正式并入日本版图的计划。3 月 8 日，明治政府正式下令，将“琉球藩”改为“冲绳县”，同时任命松田道之为处分执行官，在警部巡查和步兵大队的武力保护下再次前往琉球，落实“废藩置县”的各项内容。

3 月 27 日，松田道之在琉球王室所在地首里城传达了日本天皇的诏书，诏书命令琉球王尚泰交出首里城，琉球改称冲绳县，锅岛直彬为首任县令，正在生病的尚泰必须马上离开琉球移居东京。两天后尚泰被迫搬出了首里城，该城遂被日本人接收。

冲绳设县后，为防止琉球人的抗争，明治政府专门实施了一些怀柔政策，宣布不改变王国时代的土地制度、租税制度以及地方制度，同时继续支付俸禄给有禄士族，对王族势力也刻意安抚，但这并没有赢得琉球人的支持。锅岛直彬就任县令后，下令旧王府以及那霸、久米等地的各级官员原职留任、照常工作，但旧王府的官员们都没有出勤，各级官署也大门紧闭，有些官员还在各地共订誓约，开展“不服从、不协助运动”。日本随后派兵进行了镇压，在严刑和追捕下，大部分人被迫屈服。还有一些坚定的反抗者则偷渡到中国，在中国继续开展琉球复国运动。

4 月，明治政府派穴户玑为新驻华公使，到任后，总理衙门立即照会该公使，指出国际均承认琉球为一国，日本“无端灭人之国，绝人祭嗣，是即蔑视中国及各国”，同时还指出“琉球为一弱小之邦，故而屈从，其国与贵国最密迩，贵国应如何竭力保护，今乃无故灭绝之，此乃于贵国之声名无益，于各国之舆论亦不合”。

照会发出后，日本方面迟迟未予回复，直到7月中旬才复照总理衙门。这时日本既不再提琉球为中日“两属”之国，也不再承认琉球为一个国家，而坚称处置琉球问题是日本的“内政”，任何国家都不许干预。李鸿章等人此时还在幻想着通过外交手段解决琉球问题，在郭嵩焘等人的建议下，李鸿章提出了让琉球“自主”的方案，即琉球解除与中国的朝贡关系，中国“派遣使臣会同各国公使保护琉球听其自主”。李鸿章在给总理衙门的信中提出：“宽免入贡一节，即使琉球侥幸图存，恐朝贡有不得不免之势，但令球国终能自主免贡出自朝命，似尚无伤国体。”

这当然只是一厢情愿，而日本方面也提出了一个方案，可以称为“分岛改约”。该方案由明治政府于1880年8月提出，日本方面答应割让琉球南方的宫古、八重山给中国，中国则须同意修改之前签订的《中日修好条规》的部分条款。1871年签订的《中日修好条规》到1883年到期，日本方面此前已多次提出修改其中部分条款，都遭到清政府的拒绝。明治政府认为《中日修好条规》中有许多规定对日本不利，如不允许日本人在中国内地通商等。精打细算的明治政府希望在琉球问题上做出一些“让步”，换取在其他方面的更大利益。

琉球复国人士听到消息，通过各种形式向总理衙门以及李鸿章等反映，他们坚决不同意这个分裂琉球的方案，而且宫古、八重山都是贫瘠、偏远的地方，在那里也无法“复国”，所以日本提出的这个方案也很难获得中国以及琉球方面的认可。曾任日本驻朝鲜公使的竹添进一郎为“分岛改约”对李鸿章进行过试探，李鸿章对他说：“中国之争琉球，原为兴灭继绝，护持弱小起见，毫无利人土地之心，乃贵国居之不疑，并分南岛与中国，中国必不敢受。”

六　“总统调停”：全是一厢情愿

在此前后，美国前总统格兰特（Simpson Grant）携夫人周游世界，将来中国和日本。格兰特曾在美国南北战争期间任联邦军总司令，1869～1877年间连任两届美国总统，此次他风尘仆仆地环游世界，除观光游览外主要是想自我宣传，他还想东山再起，参加1880年的总统选举。

格兰特也算是当时国际上有分量的政治家，这让李鸿章等人萌生出一个想法，想请他在中日之间就琉球问题进行调停。1879年5月28日，格兰特到达天津，李鸿章在此跟他进行了会谈，之后格兰特又赴北京，与奕䜣进行了会谈，正式接受了清政府提出的居间调停的请求。

当年的7月4日，格兰特到达东京受到日本方面的热情接待，但他似乎更在意自己的环球旅行，而对中国政府拜托的事并不特别上心。据日本东亚同文会编辑的《对华回忆录》，在与日本方面的接触中，格兰特只是偶尔涉及琉球问题，但同时表白自己只是个旅行者，“绝无干预他国之事的意图，如幸而能于中日两国间之争端，作出某种调处，便觉无上光荣”。

见此，日本方面当然就好应对了，他们搬出了一堆有利于自己的说法，自然把这个对琉球问题并无多少研究的美国人糊弄了过去。当然格兰特还没忘记中国人所拜托的事，他从日本给李鸿章写了封信，介绍有关情况，其中写道：

> 我到日本以后，将恭亲王与李中堂所托琉球之事妥商设法，使中日两国不至失和。看日人议论琉球事，与在北京、天津所闻，情节微有不符。虽然不甚符合，日本确无要与中国失和之意。在日人自谓琉球事系其应办，并非无理；但若中国肯让日人，日本亦愿退让中国。足见其本心不愿与中国失和。从前两国商办此事，有一件文书，措语太重，使其不能转弯，日人心颇不平。如此文不肯撤销，以后恐难商议；如肯先行撤回，则日人悦服。

信中所说“一件文书”，指的是何如璋向日本外务省递交的那份照会，其中的一些措辞被日本人称为“暴言”。这其实是无关紧要的事，撤与不撤都无关当前双方面临的巨大分歧，日本人借格兰特之口再提这件事，就是在大方向上进行干扰，反映出日本对这一类的调停活动不感兴趣。

但总理衙门还真把这个当回事了，奕䜣还专门以正式外交照会致日本外务卿井上馨一：“关于琉球事件，曾几次三番接获贵外务省问答，本王大臣经逐次详阅，本当逐一辩论。但此事既经美国前任大总统居中调停，本王大臣认为从前所论，可概置无论，依照前任美国大总统来书办理。”也就是说，奕䜣同意将何如璋的那份照会撤回，这让日本人进一步看到了清政府的软弱与妥协，在后面的交涉中自然更加强硬。

折腾了好几个月的这场外交调停其实毫无作用，奕䜣、李鸿章等人所幻想的“国际公法”其实并不存在，这一点外国人看得更清楚，此时正担任清政府海关总税务司的英国人赫德（Robert Hart）就评论说：“我不信单靠正义可以成事，正像我相信单拿一只筷子不能吃饭一样，我们必须要有第二只筷子——实力，但是中国人却以为自己有充分的正义，并且希望能够以它来制服日本的铁拳，这想法未免太天真了。”

七　分歧仍在：琉球成为悬案

就在中日交涉琉球问题的同时，中国与俄国就伊犁问题的交涉也进入到白热化阶段，这为琉球问题增加了新的变数。

1871 年 7 月，俄国出兵中国的伊犁地区，清政府虽然与之多次交涉，但俄国拒不撤兵。经过一番激烈的争论，清政府下决心解决伊犁问题，于 1875 年任命陕甘总督左宗棠为钦差大臣督办新疆军务。1876 年 4 月，左宗棠率军进入新疆，击溃了阿古柏等叛军，收复了除伊犁以外其他地方。俄国企图利用地方分裂势力将新疆从中国分裂出去变成其殖民地的图谋破产。

1878 年 6 月，清政府任命崇厚为钦差大臣去俄国谈判，目标是收复伊犁地区。1879 年 10 月，崇厚在未经清政府同意之下，与俄国草率签署了《交收伊犁条约》等，规定俄国归还伊犁地区，中国则将霍尔果斯河以西和特克斯河流域一带割让给俄国，俄国商人可以在中国蒙古地方和新疆免税贸易，还规定中国赔偿俄国军费等 280 万两白银。这些内容传至国内，一时舆论大哗，纷纷指责崇厚是卖国贼。

清政府也不认可这些草约，拒绝批准，将崇厚革职治罪。俄国一边表示抗议，一边在西部边疆集结兵力，试图以武力相威胁达到自己的目的。中俄冲突升级，让日本嗅到了机会，他们马上与俄国接触，对外扬言将与俄国结成同盟共同对付中国，其实是以此逼迫清政府在琉球问题上让步。

在这种情况下，日本提出的“分岛改约”再次被提出，清政府总理衙门奏称：“虽两岛地方荒瘠，要可借为存球根本。况揆诸现在事势，中国若拒日本太甚，必结俄日深。此举既可存球，并以防俄，未始非计。”1880 年 4 月 17 日，日本内阁会议也正式做出了“分岛改约”的相关决定，派内阁大书记官井上毅专程来华，将决定传达给日本驻华公使穴户玑，任命穴户玑为全权办理委员，与清政府展开谈判。清政府则派总理衙门大臣沈桂芬、景廉、王文韶等与穴户玑会谈。经过 3 个多月的谈判，双方于 10 月 28 日草签了《琉球条约》和《酌加条款》。

《琉球条约》和《酌加条款》的基本规定来自日本的“分岛改约”方案，比如规定了“除冲绳岛以北属大日本国管理外，其宫古、八重山二岛属大清国管辖，以清两国疆界，各听自治，彼此永远不相干预”，还规定“两国所有与各通商国已定条约内载予通商人民便益各事，两国人民亦莫不同获其美；嗣后两国与各国如有别项利益之处，两国人民亦均沾其惠，不得较各国有彼厚此薄之偏”。后面这项规定就是日本一直念念不忘的“一体均沾”。在《酌加条款》中专门有一条，规定之前双方签订的“《修好条规》有《通商章程》各条款，与此次增加条项有相碍者，当照此次增加条项施行”。

总理衙门这次与日本方面的交涉可能事先未与李鸿章商议，李鸿章认为对日妥协太多，不同意这么做。李鸿章认为：“日人多所要求，允之则大受其损，拒之则多树一敌，惟有用延宕之一法最为相宜。”还有不少官员对此也表示反对，纷纷上疏，两广总督张树声在上疏中反对把“琉球专案”与通商问题挂钩处理，他指出：“琉球一案，与中日通商如风马牛之不相及，彼既虏球君、县球土，因中国责言，始以无足轻重之两小岛来相搪塞。中国何负于倭？倭何德于中国？顾欲责偿于中国之改约耶？彼则鲸吞蚕食之不已，复欲乘我之危机；我则兴灭继绝之未能，转又予彼以利益，五洲万国盖不经见。此球案改约二事断不能牵连并议，其理又易明也。”驻日公使何如璋也写给国内写信，“力陈利益均沾及内地通商之弊，语多切实”。何如璋还说，他曾拜访琉球王尚泰，尚泰认为不同意在“宫古、八重山小岛另立王子”，“不止王家不愿，阖国臣民亦断断不服”。

在众声反对之下，总理衙门改变了态度，决定不批准该草约，按照李鸿章说的办法，把相关草约先搁置起来。而在此时，中俄关于伊犁问题的交涉也有缓和的迹象，双方定于1881年初签订新的条约，以解决分歧，这就是1881年2月24日中俄签订的《伊犁条约》。日本想利用中俄冲突而坐收渔利的想法破产了。

中日琉球问题谈判就此无限期搁置了，宍户玑大为不满，向总理衙门宣称“为中国自弃前议，今后琉球一案，理当永远无复异议”，又威胁说自己奉命回国，如果中国政府不尽快作出决定，谈判的机会都没有了。但清政府谈判的迫切程度已大为降低，对其不予理会，宍户玑只得失望地离开了中国。

就此，琉球问题的交涉暂告一段落。对于日本强行吞并琉球的行为，中国政府一直强烈反对，从未表示过认可，倒是日本政府对此十分着急。1882年竹添进一郎出任日本驻天津领事，在拜会李鸿章时他主动提出要“重议琉球问题”，李鸿章未予回应。直到1887年，时任总理衙门大臣的曾纪泽还明告日本驻华公使盐田三郎，指出中国政府认为琉球问题仍未了结。

第八章

军事竞争

一 “大办海军”：日本的扩军计划

台湾和琉球问题上的两次交手，让中国人对日本有了全新的认识。

在此之前，中国人对日本的了解较为有限，大多数人的认识还停留在“倭国”“藩属”的层面上，以为日本是个弹丸之国，发展水平远不如中国，同时也被欧美列强所欺凌，与大清国同病相怜。但这两次交手让人在震惊之余也不得不重新审视这个国家。

日本的崛起源自刚刚开始的明治维新，明治维新不仅是一场经济改革，更是政治、文化制度的革新，而且，由于一开始就确定了不断向外拓展的目标，明治维新又是一场建军、强军的改革。经过明治维新的锤炼，日本的军事力量也实现了脱胎换骨式的成长，日军敢于出兵台湾，又敢于去“接管”琉球，完全不把中国放在眼里，依仗的就是悄悄崛起的军力。随同松田道之前往琉球宣布撤藩改设“冲绳县”的是一支铁甲舰队，该舰队以“扶桑号”为中坚，还有“金刚号”“比睿号”等军舰，它们都是刚刚从英国购买的军舰，性能先进，战力超强，不要说琉球，就连中国当时都没有这样的军舰。

明治政府掌权后就竭力强化军事建设，据日本学者内田丈一郎所编《海军辞典》，明治政府对扩充军事力量显得十分急迫、恳切，强调“当今国防第一要务，务必从速建立基础”，尤其对海军力量的建设，更作为重中之重。

早在德川幕府后期，日本就已经为近代海军建设打下了一定基础。1853年10月，幕府就向荷兰订购了先进的蒸汽军舰，这就是“咸临丸”“朝阳丸”和“开阳丸”，荷兰还赠送给日本一艘“观光丸”。除此之外，日本还向俄、美等国订购了“富士山丸”“回天丸”和“东丸”，这些军舰都较为先进，其中“开阳丸”的排水量有3000多吨，成为幕府海军的旗舰。

除了购买，德川幕府还自建造船厂，于1853年建成了石川岛造船厂，于次年就建造出一艘双桅欧式帆船“凤凰丸”，萨摩藩造船厂也同时建造出一艘“昌平丸”。1861年，德川幕府建成了具有近代化水平的长崎造船所，建造出“千代田丸”等蒸汽军舰。相比而言，清政府购舰、造舰的步伐要慢得多，1862年为对付太平军曾委托一名英国退役上校到欧洲购买军舰，结果被骗，花巨资组建的“阿思本舰队”最后被迫解散。洋务运动开始后，清政府在安庆军械所用最原始的方法才造出中国第一台蒸汽机，后来凭借这样的蒸汽机试制成一艘小火轮，技术较为先进的马尾造船厂在1866年底才开始动工。

1855年德川幕府在长崎开办了海军传习所，1857年又在筑地开办军舰教授所。长崎传习所的学生毕业后大部分转至筑地继续深造，开启近代化海军军事人才的培养，这也比中国早很多。中国第一所正规的海军学校是与马尾造船厂同时组建的福建船政学堂，建设于1866年。

明治维新后日本海军建设又大大加速，1868年设立了海陆军务课，后改为军务官，1869年7月实行“二官六省制”，军务官改为兵部省。1870年日本兵部提出“大办海军”计划，认为“海军和陆军的情况迥然不同，其官员不可兼任，须将两种军职分开”。1872年明治政府撤销了兵部省，分置陆军省和海军省，海军的地位大为提高，建设速度进一步加快。据日本学者胜海舟所著《海军历史》，日本海军省成立时所统辖的舰只已有17艘，排水量共13832吨，明治政府仍觉得不够，又向英国订购了3艘技术先进的军舰，即后来的“扶桑号”“金刚号”和“比睿号”，同时在国内建造了另外3艘军舰。

明治政府提出“造船培才，万不可缓”。1869年9月，恢复了幕府时期设在筑地的海军操练所，之后改名为海军兵学寮，大量招收海军学员，又聘请外籍教官授课，同时选派优秀学员赴欧美留学或在西方海军实习。日本海军兵学寮后来又更名为海军兵学校，以此为基础，又分建出海军轮机学校、海军军医学校、海军经理学校、水雷学校、航海学校、海军大学等，形成了完备的海军军事人才培养体系。1870 年 8 月，兵部少辅山县有朋等人赴欧美考察军制，回国后建议在日本推行征兵制和志愿兵制。1871 年 2 月，明治政府布告全国："由地方官从 18～25 岁的身体健壮的沿海男性志愿渔民中选拔海军士兵。"1873 年 1 月，又发布了征兵令，实行全民兵役制，强化了日本军队建设的兵源基础。

二 "三洋海军"：一个迟来的建议

日本胆敢出兵台湾，继而又吞并琉球，这极大地刺激了中国人，建设一支强大的中国海军成为清政府上上下下的共识。

日本出兵台湾的次年，即 1875 年，清政府意识到海防空虚的巨大危险，便决定建设海军。当年 7 月，总理衙门与户部联合上奏，认为"以一小国之不训，而备御已苦于无策，西洋各国之观变而动，患之濒见而未见者也；倘遇一朝之猝发，而弭救更何所凭"，提出了六项建设海军措施，包括练兵、简器、造船、筹饷、用人、持久等，具体到建军计划，建议从各地水师以及各营的洋枪队中挑选精壮、经过战阵的兵勇"另立海军"，规模为 12500 人，分为"五军"。

就此方案，光绪皇帝颁上谕"著李鸿章等十五位大员限一月内筹议具奏"。广东巡抚张兆栋认为前江苏巡抚丁日昌所提出的《海洋水师章程六条》最为可取，这项计划的要点是建设"三洋海军"，即设立北洋、东洋和南洋等 3 个提督：

> 以山东益直隶，而建阃于天津，为北洋提督；
> 以浙江益江苏，而建阃于吴淞，为东洋提督；
> 以广东益福建，而建阃于南澳，为南洋提督。

光绪皇帝将总理衙门与户部提出的建议以及丁日昌提出建议"三洋海军"的方案下分各省，让大家共同筹议。总理衙门汇总众议，于是提出了最后的方案，原则上同意建设"三洋海军"，但由于经费有限，先重点建设北洋、南洋海军。1875年4月26日，清政府任命直隶总督李鸿章兼任北洋大臣，任命林则徐的女婿、两江总督沈葆祯为南洋大臣，分别负责筹建北洋和南洋水师，北洋水师负责山东及以北的黄海水域，南洋水师负责山东以南及长江以外的东海水域。但沈葆祯提出“外海水师以先尽北洋创办为宜，分之则难免实力薄而成功缓”，于是朝廷又决定先创建北洋水师，待其实力雄厚时“以一化三，变为三洋水师”。

然而，建设强大海军只有理想不行，只有人才以及先进的理念也不行，最根本的还得有钱。两江总督曾国藩在奏折中指出：“是欲军威，非练水师不可；欲练水师，非购铁甲筹船不可；欲购铁甲筹船，非广筹经费不可；欲广筹经费，非绝注五省之财，通力合作不可。”而钱一直是清政府最苦恼的事，鸦片战争以后清政府的财政状况就一天比一天糟糕，不说山穷水尽，也到了入不敷出的地步。

鸦片战争前，清政府财政状况总体维持在收支大体平衡的水平。据《清实录》等史料的记载，顺治九年（1652年）朝廷岁入2428万两，康熙二十四年（1685年）岁入3123万两，雍正三年（1725年）岁入3585万两，乾隆十八年（1753年）岁入4069万两，嘉庆十七年（1812年）岁入4013万两，而各年的支出也大体如此，康乾盛世期间节余稍多一些，其余年份收基本相抵，从清朝建国到鸦片战争前夕，近200年间大体维持在一个水平上。

这是典型的传统农业国家的财政状况，没有大起也没有大落，收入主要以地丁、盐课、关税为主，其中与土地相关的税收一般会占到2/3以上，土地的面积是相对稳定的，保证了这项收入的相对稳定。从好处说，税收稳定，有利于政权的稳定；从坏处说，税收也难以得到较快增长，财政运用的余地很有限。中国封建社会各朝代已习惯于过这样的日子了，大体固定的收入，对应着基本不变的支出，包括兵费、官俸、皇室支出、赈济等，分割到每一项都有大体固定的比例和数目。说到兵费一般也指军饷，也就是“人头费”，购置舰船这样的事一般都无法纳入日常支出里考虑，而必须做出专门的安排。这样的日子，日复一日、年复一年，汉朝如此，唐、宋、元、明也如此，到了清朝仍未改变。

但外部的世界已经变了，对手也变了，以前顶多是内部爆发一些农民起义，调用常备军去解决，现在发生的是外部战争，对手开着坚船、使着利炮，战事一开军费就像流水一样哗哗淌走了，仗打败了还要赔款，原本收支相抵的财政一下子就无法维持了。不仅如此，太平天国等农民起义也加剧了清政府的财政困局，到筹建海军时，清政府的财政已经拿不出钱来了。

为了赔偿战争款，咸丰皇帝曾印过纸钞，但这种为筹钱而印钱的办法肯定无法维持，最后以失败告终。为镇压太平军，朝廷在各省推行厘金制度，也就是在正常税收之外再搞乱摊派，成为百姓的经济负担，也破坏了工商业的发展。原来这只是一项“战时政策”，但太平军被镇压后该办法仍继续实行着，因为离开这笔收入清政府更难运行下去了。就是这样钱还是不够花，于是开始借外债。由于利息高、风险低，又可以顺带提出一些额外条件，所以欧美列强也愿意借钱给清政府。这一类借款通常条件苛刻，还规定“专款专用”，又拿关税、盐税等进行抵押，通过这种“寅吃卯粮”的办法，清政府总算没有马上破产。

三　东拼西凑：大清海军艰难起步

两广总督张之洞算过一笔账，他认为如果在全国建设 4 支舰队，每个舰队下辖 3 个编队，每个编队至少拥有“巨型铁甲一艘，铁甲雷船两艘”的话，整个海军的初期建设费用就高达 1600 万两，相当于道光年间全国一年财政收入的一半。但这还仅是造舰船的费用，不包括人员费、训练费等等，各种费用加在一起更为惊人。即使能一次性拿出这笔钱，以后每年还要投入大量的维持费和补充新舰船的费用。

南洋和北洋大臣都归总理衙门节制，筹集海军经费的事就落在了首席总理衙门大臣奕䜣的身上。奕䜣深知这是件苦差事，在给朝廷的奏折中奕䜣诉苦说：“开办海防以筹饷为第一要事，实以筹饷为第一难事。”但再难也得办，否则争论得再热闹也毫无意义。奕䜣能筹到的第一笔钱仅有 200 万两，在 1875 年奕䜣所上的有关奏折中，提出了这笔钱的来源：

> 拟请于江苏厘金项下每年酌提银四十万两，浙江厘金项下每年酌提

银四十万两，江西厘金项下每年酌提银三十万两，福建厘金项下每年酌提银三十万两，湖北厘金项下每年酌提银三十万两，广东厘金项下每年酌提银三十万两，每省各分解督办南北洋海防大臣李鸿章、沈葆祯兑收应用。

厘金是“乱收费”，这笔每年200万两的海军军费其实靠各地向老百姓增加收费、乱摊派而取得的，但这与巨大的需求相比无异于杯水车薪。于是奕䜣又想到了关税，于是又提出：

粤海、潮州、闽海、浙海、山海等五关并沪尾、打狗二口，应提四成洋税及江海关四成内二成洋税，应令按结分解督办南北洋海防大臣李鸿章、沈葆祯兑收应用，不准迟延短欠。

中国被打开国门后，关税倒是持续增长，1861年为503.6万两，1870年达到970万两，1880年增长到1434.6万两。按说这是清政府财政收入中最有潜力的地方，但清政府把这个重要的经济领域却拱手让给了外国人进行管理。在1858年被迫与英、法、俄、美等国签订的《天津条约》中另附“海关税则”，规定中国关税征收须“邀请”外国人“帮办”。1862年总理衙门成立，下设的海关总税务司成为全国关税最高征收机构，然而从其第一任总税务司开始，一直到1927年该机构撤销，历任总税务司都由英国人担任。以后清政府再有战争赔款或者有外债需要抵押，第一个作为担保的就是关税，中国的海关收入往往到不了自己的账上就被外国人划跑了。奕䜣此次通过提高税率的办法从多地海关筹集款项，费了九牛二虎之力，也不过每年筹来200多万两，这已经挖掘了海关最大的潜力。

朝廷让各省督抚们出主意，看看如何能筹到钱，各省督抚纷纷“献计献策”。比如，张之洞提出开采矿山，用增加的收入建设海军；李元度提出发行钞票，在兑换中“搭车收费”，发生2000万元，通过“进出皆搭三成”的办法可筹款数百万元；吴大澂提出“裁汰各省陆军以防饷拨归水师”，具体办法是“裁八留二”，每年可省出军费700多万两。这些办法听起来挺不错，但都不具备可操作性，有的远水解不了近渴，有的风险太大，无异于饮鸩止渴，有的则要打破多年来形成的利益格局，根本无法推行，所以大家也只是议论一下而已，真正得到落实的，只有奕䜣排除重重阻力、东拼西凑所筹划来的每年那400万两。

但这些钱还是有水分的，因为往往无法全数收到，主要是各省、各海关因种种理由而无法全数解付，有些归集到中央的钱又被临时拿去用在了更急的事情上。用于海军发展的经费每年约不超过300万两，而这其中也只有一部分能用在北洋海军的建设上。据学者姜鸣《龙旗飘扬的舰队》一书研究，从1875年到1894年的20年间，用于北洋海防方面的经费约2302万两左右，平均每年只有100万两左右。

四 “蚊炮船”：一笔昂贵的学费

建设海军，首要的问题是有军舰，获取的途径既可以自造，也可以购买，采取哪一种方式呢？清政府内部对此有过激烈争论。

一种主张是买船，以内阁学士宋晋等人为代表，他们认为造船费用太贵，周期太长，所以“造不如买”；另一种主张是造船，以马尾造船厂的创办人左宗棠等为代表，认为只有自己有造船的能力才更放心，所以“买不如造”。在这个问题上，北洋水师的当家人李鸿章一直摇摆不定，一开始他不主张买船，曾提出“不得自外洋购船”。不买就得造，但后来发现造船并不容易，造普通的船还好办，造当时最先进的铁甲船、蒸汽船，中国则没有这个技术能力，所以后来他又提出以买船为主，认为“造船之银，倍于外洋购船之价，今急欲成军，须在外国定造为省便”。

在李鸿章等人的筹划下，清政府自1875年开始大量从欧美国家开始购买军舰。李鸿章先是委托总税务司赫德从英国造船厂购舰，从1875年到1879年先后在英国阿姆斯特朗兵工厂定购了“龙骧号”“虎威号”“飞霆号”以及“镇东号”“镇西号”等8艘军舰，1879年又定购了“超勇号”和“扬威号”。但这些都属于所谓“蚊炮船”，说简单点儿就是在较小的船体上搭载上重炮，也被称为“水炮台”，在海上与大型铁甲船对抗毫无优势。它们不仅排水量有限，如“龙骧号”的排水量只有320吨，“虎威号”的排水量只有

440 吨，而且由于“老牛拉重车”，其航行速度也不高，但这种船受到一部分清朝官员的青睐，原因是它的“性价比”比较高，虽然算不上“坚船”，但却可以称得上“利炮”。有人认为用这种军舰“驻扼口隘其力能拒甲舰”，所以一开始是中国海军购买的主力舰型。

买这种船还与赫德的主张有关，这位清政府的红人、被奕䜣称为“我们的赫德”的英国人，对中国的很多事情都抱有浓厚兴趣。听说中国要建设海军，赫德也积极“献计献策”，购买“蚊炮船”就是他竭力推荐的。他认为中国的海防重在防守，别看这种船小，但船上的大炮威力很大，中国近海防御有这种船就够了。李鸿章对赫德也有好感，认为他的能力很强，同时不像其他西方人充满了优越感，而是处处替大清国着想，所以采纳了他的建议。

赫德还提出了一份宏大的海军发展规划，他建议清政府成立一个“总海防司署”，他改任总海防司，总税务司一职交给他的弟弟赫政。这个野心勃勃的计划似乎受到了清政府内部某些人的支持，还没等“总海防司署”挂牌，赫德已经安排亲信跑到英国那边物色“各类海军人才”了。幸好薛福成、沈葆桢等大臣识破了赫德的野心，他们劝李鸿章必须警惕此人。薛福成在李鸿章写的信里说，如果赫德的计划付诸实施，赫德兄弟就掌握了大清的海军和海关，“则中国兵权饷权皆入赫德一人之手”。

这些引起了李鸿章的警惕，赫德插手中国海军事务也触动了李鸿章的利益，李鸿章于是联合南洋大臣沈葆桢共同上书，提出赫德不能既管钱又管兵，而且赫德对军事又不熟悉，不能把大清国的海军真的交给这个外国人。在这种情况下，赫德掌管中国海军的梦想就破灭了。

这时再看赫德推荐的那些“蚊炮船”，李鸿章也有些后悔了。这种船充其量就是一些小炮艇，排水量不足，上面安装的大炮固然威力挺大，但开炮时的后坐力也很大，都有令舰艇倾覆的危险。这种船外面虽有铁皮，但是太薄，防护性能不足，加上航速低，机动性差，真的在大洋上动起手来，纯粹就是大型铁甲舰的炮靶子。而且外国船厂造这些船也并不上心，据传其船身都是用一些破钢片拼镶而成的，服役后每年至少还要大修两次，否则就有沉没的危险。

在这种情况下，李鸿章决定另寻出路，考察欧洲其他国家的船只。1879

年福建船政监督李凤苞奉命出使欧洲，李鸿章让其负责具体考察工作。经过考察，李凤苞提出德国的造船技术更胜一筹，建议向德国购买大型铁甲舰。赫德听到消息后，指示中国海关驻伦敦代表金登干（James Duncan）转告李凤苞，言辞激烈地指出“所托之事非由本税司交与金登干者不得承办”，对李凤苞试图绕开英国另外寻找购船渠道加以阻挠。

但这时，日本出兵台湾、琉球被日本吞并，使清政府对建设一支强大海军的计划更加急迫。就在李凤苞等人在欧洲考察购舰事宜时，1879 年 6 月，江苏巡抚丁日昌上奏，陈述必须尽快拥有自己的铁甲船的紧迫现实：

> 日本倾国之力构造数号铁甲船，技痒欲试。即使日本能受羁縻，而二三年内不南犯台湾，必将北图高丽。我若不亟谋自强将一波未平而一波又起，实属应接不暇。虽兵衅未可轻开，而横逆属难哑受。惟有设法筹款项，速购铁甲、水雷以及一切有用军火，并预筹驶船之将，用器之人。

福州将军庆春等人也上奏，认为日本的野心显然不仅仅是琉球，必须提早防范。1879 年 7 月，清政府颁布上谕，指出：“现在各国恃有铁甲船，狡焉思启，则自强之策自以练兵购器为先。著李鸿章、沈葆桢妥速筹购合用铁甲船、水雷以及一切有用军火，用备缓急，不得徒托空言。”上谕下达后，李鸿章感到压力不小，之前的“蚊炮船”只能算是“交学费”了。李鸿章马上致信李凤苞，说明“中国须亟购铁甲数船伐谋制敌”，让他尽快落实“须购用何项铁甲与中国海口相宜能制日本之敌”。李鸿章这时已坚定了“非定购铁甲不可”的信念，在 1880 年 3 月上朝廷的一份奏疏中，他奏称：“近来日本有铁甲三艘，遽敢藐视中国，耀武海滨，至有台湾之役，琉球之废，彼既挟所有以相凌侮，吾亦当觅所无以求自强。”

然而这时距离当初决定建设海军已经将近过去了 5 年时间，回顾这 5 年，除进行了“买舰还是造舰”的争论，就是买了 10 来艘不堪大用的“蚊炮船”，时间和金钱都被浪费了。

五　北洋舰队：号称“亚洲第一”

坚定了目标，同时更为形势所迫，购买先进铁甲舰的计划才得以快速推进。在李鸿章的大力推动下，清政府分别于1880年和1881年向德国伏尔铿造船厂定造了“定远号”和“镇远号”两艘铁甲舰。

“定远号”造价620万马克，约合140万两白银，1881年开工，同年12月下水。次年与其同级的“镇远号”下水，“镇远号”花费约142万两。

“定远号”和“镇远号”的主要性能指标相似，舰长94.5米，宽18米，吃水6米，正常排水量7300多吨，满载排水量7670吨，动力为两部三汽缸往复式蒸汽机，有8座燃煤锅炉，功率超过6000马力，航速14.5节，船上配有3台发电机，可提供70千瓦的电力，装甲总重1461吨，铁甲厚12～14英寸，最大载煤量1000吨，编制330～360人。这些指标在当时的世界上都是较为先进的，在亚洲更是遥遥领先，被称为“亚洲第一巨舰”。与日本主力军舰相比，这两艘舰也有明显的优势。日本主力舰“比睿号”排水量只有2200吨，“扶桑号”只有3700吨。这种指标上的优势甚至一直保持到了后来的黄海大战，当时参战的日本舰队中吨位最高的“桥立号”和“严岛号”也不过4200多吨。

从技术指标上压倒日本，大概是急于购舰的清政府官员们此时内心里最迫切的想法，他们认为这样一来海军实力就能超过日本，就不会再发生台湾被侵略、琉球被吞并的屈辱事件了，用李鸿章的话说就是“日本闻我有利器，当亦稍戢狡谋”。此后，清政府又向德国造船厂定购了“致远号”“经远号”“来远号”“靖远号”等防护巡洋舰，排水量都在2000吨以上。至1887年，清政府在外定购的军舰均已建成回国，1888年清政府颁布了《北洋水师章程》，标志着北洋舰队正式组建完成。

此时北洋舰队拥有大小军舰25艘、辅助军舰50艘以及运输船30艘，总吨位超过4万吨，官兵4000多人。从舰船规模上看，北洋舰队拥有的各类军舰不可谓不多，但其中型号、性能却差别很大，25艘军舰是舰队的核心，大致可以分为三类：一类是“定远号”和“镇远号”这样的大型铁甲船，按现代海军建制可以视为重巡洋舰，甲板、船壳均为钢质及铁质，排水量较大；第二类是“致远号”“靖远号”这样铁甲较薄、排水量较小的舰船，相当于轻巡洋舰；第三类是“镇南号”“镇北号”那样的“蚊炮船”，排水量不足500吨，难以称为舰，可以视为炮艇。

在25艘军舰中，有4艘是国内制造，包括3艘训练船和1艘运兵船，分别由福州船政局和江南制造总局制造。这几艘船的“一切钢铁料件，皆由西洋订购”，建造水平较差。从国外购进的21艘军舰中，只有“定远号”“镇远号”等9艘“可以驰骋大洋”。但即使如此，无论是总体数量还是主力舰的吨位，这支舰队都是亚洲首屈一指的，被认为是“亚洲第一舰队”。据当时出版的《万国公报》的排名，这支舰队可以排在世界海军舰队中的第9位，而日本的舰队排在了10名以外。李鸿章自信地称北洋舰队“声势已壮”，“入可以驻守辽渤，出可以援应他处，辅以各炮台陆军驻守，良足拱卫京畿”。

六　旅顺口：在争议中上马

北洋舰队在组建中接受的是英式训练，军港和炮台建设是由德国人给予指导。舰队的指挥机构虽然设在威海卫，但旅顺口才是最大的军港，也是整个舰队维修的基地。

李鸿章最早曾想在天津塘沽建一个海军基地，并于1881年在塘沽修筑了一个船坞，但该地条件并非最佳，所修船坞较小，无法容纳大型军舰，陆续回国的一些较大军舰还得到香港去维修保养，李鸿章决定另觅其他良港。1881年，李鸿章亲自乘坐刚回国的“超勇号”和“扬威号”军舰为军港选址，首先来到了大连湾，发现旅顺口是个好地方，想在此建军港。李鸿章在给朝廷的奏折中说：

> 旅顺岛在奉天金州海口，距山东登州、烟台对岸二百余里，洋面至此一束，东接太平洋，西扼渤海咽喉，为奉直两省第一重门，即为北洋最要关键……旅顺口有黄金、鸡冠等山为之屏蔽，内有东西两澳，四山

围拱，沙水横亘，形势天然。

但这个方案提出后遭到了不少人的反对，驻法、德等国公使许景澄、陕西道监察御史朱一新等都上疏指出北洋舰队的军港不宜建在旅顺口。朱一新在所上的《敬陈海军事宜疏》中提出了旅顺建港的种种弊端：海口处过窄，容易被敌人封堵；海口外岸陡水深，没有浅滩，不利于布防；海口内“浅沙胶滞，战舰难以成列”，如果要疏浚，花费巨大；军港三面悬海，守护困难；没有内河通腹地，“转运甚艰”，陆军也难以大规模集结。朱一新得出结论：“旅顺非战守之善地。”朱一新提出可将军港建在胶州湾，理由是胶州湾处在南、北洋之间，可“上顾旅顺，下趋江浙”，更便于联络，而且胶州湾海口较宽，“内有大澳可容群舰，口外地形盘亘，岛屿林立，号为天险”，如果在此建港，“则敌舰畏我截其后路，必不敢轻犯北洋”。

就连外国人也认为旅顺口建军港的条件相对逊色。英国驻华代办格维纳（Thomas Grosveno）就指出，旅顺口现有的作为军港的空间较有限，不适合停泊大型军舰，如果要加以疏浚，就要花费巨大财力，而且在陆路方面旅顺口也有不利之处，由于周边狭窄、腹地有限，无法大量屯兵，如果敌舰配有相当数量的陆军实施远滩登陆，势必对军港的防御工事造成巨大威胁。李鸿章所聘的北洋海军总查英国人琅威理（Lang William）也认为应把军港建在胶州湾，因为这里“地势和平，口外东边山势崔巍，无沙石之险，大小船只可以离岸百码行驶无虞”，而口内“比之欧洲最盛之水师两军之船均可容泊”，这里“无论潮之涨落，吃水最深之船，可以随时出进，实为海军之地利，南北洋水师总汇之区”。

对于这些反对意见，李鸿章均不以为然，他甚至亲自上折进行了反驳。对朱一新的反对意见，李鸿章提出“自来设防之法，先近后远。旅顺与大沽犄角对峙，形胜所在，必须先行下手，俟旅顺防务就绪，如有余力方可议办距直千三百余里之胶州”。对格维纳等人的反对意见，李鸿章搬出当时国际上关于建立海军基地的通行的几项条件进行反驳，认为“水深不冻，往来无间”“山列屏樟，以避飓风”“路连腹地，便运糗粮”“土无厚淤，可浚坞澳”“口接大洋，以勤操作”“地出海中，控制要害”等六项是大家公认的军港建设标准，这些条件旅顺口都具备，符合国际上的通行标准。李鸿章不同意把军港设在胶州湾，他认为胶州湾“若为海军屯埠，如修船坞，设炮台，所费不赀，转运煤粮军需各物，道远则耗费尤重。又地处偏僻，距黑水洋船路尚三百余里，并不能扼断敌来路，似目前尚难筹办”。

在李鸿章的一再坚持下，清政府最后批准了在旅顺口建军港的方案，北洋舰队的船只将入旅顺口维修保养，同时也在胶东半岛的威海卫建设另一个基地，设鱼雷局、机器厂和屯煤所等。为了平衡反对声音，李鸿章建议把北洋舰队的指挥机构提督府设在威海卫的刘公岛上。

应该说，旅顺口不失为建设军港的一处理想所在，各种条件也基本具备，但要做选择的话，胶州湾比旅顺口的条件的确更优越。李鸿章本人并不是没有认识到这一点，但他仍然坚持要把北洋舰队最重要的军港建在旅顺口。表面上看，他考虑的是该地扼守渤海湾的独特战略位置，辽东半岛和胶东半岛像伸开的双臂拱卫着京津，第二次鸦片战争期间英法联军北犯大沽口，他们也先要出兵将旅顺口一带占领，否则就会觉得侧翼不那么安全。但这只是表面，李鸿章重点建设旅顺口其实有自己的考虑，他是想更便于自己控制这支舰队。李鸿章以直隶总督、北洋大臣的身份坐镇于天津，旅顺距此不远，而又远离山东、江浙和上海，放在这里自己更容易控制，而别人更不容易插手。

老于世故的李鸿章深知，自己之所以受到朝廷的重用和优待，根本的原因还是当年由自己一手创建了一支能征惯战的淮军，这支军队目前仍为大清国所不可或缺。“兵为私有”让李鸿章尝到了甜头，既然由自己来筹办大清国的海军，不继续这么做岂不是犯傻吗？

七　“水兵事件”：日本人的羡慕与嫉妒

旅顺口港是在德国专家的指导下进行设计的，但最后承包给了法国人进行建设，该港口于1890年基本建成。

在此之前，已经陆续回国的军舰需要维修和保养一般有两个选择，一个是香港，另一个是日本长崎。1886年7月，北洋水师提督丁汝昌奉命率“定远号”“镇远号”“济远号”“威远号”“超勇号”以及“扬威号”等6艘军舰在朝鲜半岛以东的海面上进行操练，操练结束后又奉命前往海参崴去接参加中俄关于吉林东界勘定谈判的代表吴大澂，到达后，留下“超勇号”和“扬威号”在海参崴待命，其他军舰返航。

铁甲舰在海上每次经过一段时间的长途航行都需要上油、保养，去香港还是长崎？李鸿章决定去长崎，一方面路途较近，另一方面也有向日本展示军力的意思。当时朝鲜半岛的形势已十分紧张，日本对朝鲜的野心正一步步展露，北洋舰队的主力舰在朝鲜半岛以东海面演练本身就与此有关。

1886年8月1日，丁汝昌率“定远号”“镇远号”“济远号”和“威远号”等4艘主力军舰到达长崎。近代以来长崎一直是日本的开放门户，外国军舰到达这里早已司空见惯，但中国军舰的第一次到来还是引起了巨大轰动，尤其看到“定远号”和“镇远号”这两艘吨位超过日本最大军舰1倍的庞然大物，不少日本人还是很吃惊。码头上挤满了看热闹的人群，有人惊叹，有人羡慕，也有人嫉妒，日本的舆论界对中国舰队的到来也普遍存有猜疑之心。当时出版的《朝野新闻》曾发表一篇社论，其中写道：

> 坊间盛传流言一种，曰中国政府虽早有夺琉球之欲望，只因国家正值多事之秋，未能得此机会……今丁汝昌来至长崎，实向我邦以示威武，势必令人揣测。

当时出版的日本《每日新闻》也说“中国军舰此次来我港湾，共四艘舰船，不知是否别有用心”。显然，不少日本人对中国军舰的到来保持了警惕，而偏偏在这时，又发生了一场意外事件，让日本人的情绪更加复杂。

8月13日，有一些中国水兵上岸购物，其中有几个人跑到日本的妓院去嫖娼，与当地警察发生了冲突，有1名日本警察受了重伤，1名中国水兵受了轻伤。当时的《长崎快报》对此事进行了报道。这件事倒也没有引起太大风波，李鸿章接到报告也未引起足够警惕，反而认为“武人好色，乃其天性，但能贪慕功名，自然就我绳尺”，对此采取了宽容的态度。

但此时一些日本人由对中国舰队的警惕、嫉妒已发展到敌意，总想伺机制造出什么事端来。8月15日，舰队放假，有几百名中国水兵上岸观光。有鉴于前天发生的冲突，丁汝昌严令水兵们不许带械上岸、不许滋事。中国水兵约束了自己的言行，但是在广马场外租界和华侨居住区一带他们遭到了大批日本警察的预谋性袭击，有数百名日本警察堵住街口，对手无寸铁的中国水兵挥刀便砍，一些住户也在警察煽动下从楼上往下浇开水、掷石块，中国水兵猝不及防，结果当场被打死5人，重伤6人、轻伤38人，还有5人失踪，日本警察也被打死1人，伤30人。

此事引起了轰动，日本各大报纸都进行了报道。《每日新闻》在8月19日的评论中说："倘若如此则此次暴行必欲为寻衅之事授我等以口实。"事情发生后，中日双方通过外交、司法途径进行了交涉，经过几个月的谈判，双方互不示弱，一度到了要断交的程度。1887年2月，在英、德等国公使的调停下双方达成解决的协议，对外都称此次冲突是由于语言不通而造成的误会，所以都不再追究对方的责任，只对死伤者给予抚恤：死亡的中国海军军官和日本警官每人6000元、中国水兵和日本警察每人4500元，因伤残废的每人2500元，各方人员由对方进行抚恤，日方共付抚恤款52500元，中方共付抚恤款15500元，医护费2700元由日方支付。

八　"打败定远"：日本新的造舰计划

除了此次访日，北洋舰队之后还有过一次日本之行，那是在1891年6～8月进行的。丁汝昌提出，为提升北洋舰队海上作战能力要进行一次远洋巡航训练，想借机再访日本，目的是修缮一下与日本的关系。李鸿章开始有些犹豫，后来日本方面已经发出了邀请，于是就批准了。

丁汝昌率"定远号""镇远号""致远号"等6艘军舰先后访问了神户、横滨、东京、宫岛、长崎等地，除了参观、考察日本的军港、造船所之外，还与日本政府要员、各地官员以及皇族成员都行了交流。日本的各大报纸对中国舰队的第二次访日也都进行了广泛报道：

> 以船龄、性能、容量、速度、船长，我国之舰船皆不及清国。（1891年7月14日《每日新闻》）

合六舰舶瞻相望，于横滨之中心旋泊，亦足以壮清国之威。（1891年7月15日《朝野新闻》）

舰队之构造，无论武器排列以及士兵之面貌皆称赞之声不绝于耳……引起联想我国海军扩充一事种种。（1891年7月18日《朝野新闻》）

见其舰队之坚牢与内部整顿，甚为惊叹，尽显嚣嚣。（1891年8月12日《每日新闻》）

北洋舰队这两次访日，在很大程度上刺激了日本人，许多日本人不由得将中日海军进行了对比。《每日新闻》在社论中说："盖谈及我国军舰之数量、航速疾迟、舰体坚否，不满之情足如切齿扼腕，自嘲我军舰之老朽、叹我海军之不振。"有的认为"应在一年之内尽快造出十余艘军舰以为当今之急"，有的认为"应在时势允许之范围，考虑扩充海军。而今日所云是否应立即着手海军扩充事宜，必然是毫无迟疑、竭尽所能，即刻进行"。

这种情绪都渗透到了日本的少年儿童中，有关北洋舰队的内容写进了日本的教科书，以警醒日本青少年不要忘记中国的"威胁"，"打败定远"成为那个时候日本人中间流行的一句话。小孩子们玩游戏，也会分成两拨，一拨被冠以"北洋舰队"的名字，之后被另一拨的孩子打败。

从天皇到一般百姓，日本朝野上下逐渐形成了共识，那就是要举全国之力大力发展海军。在北洋舰队第一次访问日本的当年，即1886年，明治政府就通过了一项1700万日元的海军专项公债发行方案，该笔款项全部用来扩充海军，日本海军大臣西乡从道提出了一个54艘舰船的造舰计划，总吨位达到66300吨。为了对付北洋舰队的"定远号"和"镇远号"这两艘"超级军舰"，西乡从道专门请法国专家设计了"严岛号""松岛号""桥立号"等舰船，其吨位虽然只有4200号左右，但船上装备了320毫米的巨炮，超过了"定远号"上的305毫米主炮。

1888年2月，西乡从道又提出一份海军扩充计划，提出用5年时间再造45艘军舰，但因为预算太高没被内阁会议通过。之后海桦山资纪继任海军大臣，提出海军舰船总吨位不能低于12万吨，当时已建成了5万吨，未来还需再建7万吨。日本内阁会议研究后对该计划有所压缩，但仍批准加快造舰的步伐。日本抓紧建造了“吉野号”“须磨号”“龙田号”等军舰以及一批鱼雷艇。

“吉野号”由英国阿姆斯特朗兵工厂制造，1892 年 1 月开工，同年 12 月下水，1893 年 9 月 30 日建成，由英国著名舰船设计师瓦茨（Phillip Watts）设计，此人也是北洋舰队主力舰之一“致远号”的设计师。为了对付中国最强的军舰，“吉野号”采用了不少“黑科技”，虽然它的排水量只有 4150 吨，但舰长达到了 109.73 米，长度超过了当时中国体形最大的军舰“定远号”。它的动力系统尤其强劲，采用了 2 台立式 4 汽缸往复式蒸汽机，配有 12 座高式燃煤锅炉，可以获得 15000 匹马力的动力，是“定远号”和“镇远号”的 2 倍多，建成后又采用了强压通风技术，动力进一步提升，达到了惊人的 23031 匹马力，使它的航速可达 23 节，是当时世界上速度最快的军舰，而“定远号”和“镇远号”的航速只有 14.5 节。

为了加快造舰步伐，日本举国上下都动员了起来。明治天皇从 1893 年以后的 6 年间每年从内库拨出 30 万日元资助造舰，这笔钱超过了皇室年度经费的 10%，日本国会议员也把薪俸的 1/4 捐献出来，普通国民则积极捐钱、购买公债。1893 年 10 月，新任海军大臣仁礼景范又提出了一个海军扩充计划，打算造 4 艘铁甲舰和 4 艘一等巡洋舰，同时另造其他舰船 11 艘。该计划被内阁会议通过，“富士号”“八岛号”“明石号”“宫古号”等军舰先后投入建造。

经过几次扩充，日本海军力量空前提升。到甲午战争前，日本海军拥有各类大型军舰 31 艘，鱼雷艇 24 艘，还有正在建造的大型军舰 6 艘，鱼雷艇 2 艘，建成以及即将建成的军舰吨位接近 10 万吨，仅大型军舰和鱼雷艇的吨位，就是北洋舰队各类舰船总吨位的 2 倍多。当时中国除北洋舰队外还有一支南洋舰队，也有一些舰船，总吨位接近 2 万吨，再加上广东水师的 1 万多吨和福建水师的约 9000 吨，清政府海军的总体力量也就在 8 万吨上下，仍无法与日本相比。日本海军虽然没有“定远号”“镇远号”那样 7000 吨以上的大舰，但无论是总体数量还是技术水平，日本海军都已经悄悄地完成了对中国海军的超越。

九　“堵”与“突”：两种海权战略

对于日本加快造舰的情况，清政府驻日本的外交官员也曾向将此情况电告国内，以期引起关注，但李鸿章却认为“倭人治海军，筑台垒，或以欧西将有变局，预为巡防”，未能予以重视。

而在此时期清政府内部的政治变局又为海军建设增添了新的变数，一向在政治上给李鸿章以大力支持的辅政王奕䜣在1884年“甲申易枢”中被逐出权力核心，慈禧太后大权独揽，朝政由醇亲王奕譞掌管，奕譞同时兼任海军事务衙门大臣，李鸿章为“会办大臣”。奕譞此人政治抱负和能力均逊色于奕䜣，他主政长达10多年，有人说他其实只办了两件事，一件是“修园求宠”，花巨资为慈禧太后修了一座颐和园，另一件是“加饷固本”，为八旗兵谋利益，给他们加饷，以巩固自身权力。对于海军建设奕譞并没有多少兴趣，也没有多少主张，主要事情都由李鸿章去做，但支持的力度大不如前。奕譞主持海军衙门期间，北洋舰队没有添置过一艘军舰。

对于海军的建设，清政府内部又掀起了一场争论。北洋舰队组建以来似乎真的产生了一定的“威慑力”，中国周边消停了一段时间，有人便认为海军的规模已经足够了，不必再这么“烧钱”下去。户部尚书翁同龢等明确提出北洋舰队以后不仅不再添置军舰，连火炮等重要的军备采购都暂停。这使北洋舰队连日常经费都经常出现困难，李鸿章虽经常为之奔走呼吁，但他深知政治得失，有些问题并不敢过多坚持。

奕譞对办海军没兴趣，但对花海军衙门的钱却很感兴趣。他刚主持海军衙门3个月，便奉慈禧太后之命将海军衙门的经费40万两借给内务府，供建设“三海工程”，此工程指修建北海、中海、南海的宫苑，都是奢华的皇家园林。后来慈禧太后想修颐和园，苦于没有经费，再明目张胆地从海军衙门“借”也不合适，奕譞便想出了一个“好办法”。奕譞上了一份《奏请复昆明湖水操旧制折》，提出要在北京西北郊的昆明湖上建一所“海军军官学校”。昆明湖原来在长安，是当年汉武帝为去南伐滇池的昆明国而特意修的一座人工湖，为在里面操练水军之用，乾隆皇帝在位时根据此典故将位于北京城西北方的原瓮山泊改扩为“昆明湖”，曾在湖上举行了水上操练。奕谖在奏折中提出：“查健锐营、外火器营本有昆明湖水操之例，后经裁撤。相应请旨仍复旧制，改隶神机营，海军衙门会同经理。”

这份奏折当天就被慈禧太后以懿旨批准，1887 年 1 月，清政府的皇家海军学校——水师内学堂正式挂牌成立，因坐落在昆明湖周边，所以又称“昆明湖水师学堂”。该学堂隶属于神机营，设总办 1 人、提调 1 人，教师只有 5 名，其中洋文教师 3 名、中文教师 2 名，只设驾驶 1 个专业，学生全由八旗子弟组成的健锐营和外火器营中挑选，不许汉人入学，每届录取 40 人。该学堂成立以来仅培养出 1 届毕业生，除 3 名毕业生到海军服役，剩下的人都以各种借口离开了海军。

培养人才并不是办这所学校的初衷，为了“办学”就要修“校舍”，慈禧太后就要来看“水操”，就要修行宫。奕谖于是上奏折：“因见沿湖一带殿宇亭台半就颓圮，若不稍加修葺，诚恐恭备阅操时难昭敬谨。”他提出“拟将万寿山及广润灵雨祠旧有殿宇台榭并沿湖各桥座、牌楼酌加保护修补，以供临幸”。慈禧太后对此全部予以批准，至于经费，当然从海军衙门里出了。海军衙门原有经费不足，奕谖就另想办法为其增加，名义上是用于海军建设，其实是用于修园。比如，奕谖曾以海军军费困难为由奏请每年添拨洋药厘税 100 万两作为海军衙门的常年经费，这些钱当然都用到造园子上了。再如，在奕谖鼓动下清政府曾下旨各地要求搞“海防捐”。据户部的统计，该捐搞了 3 年，京外各省的“捐款”超过 1000 万两，这些钱都由奕谖支配，去向可想而知。奕谖等人究竟从海军军费里挪去了多少用于修建颐和园？关于这个问题始终存在争论。学者邹兆琦、徐彻等认为至少应在 1200 万～1400 万两之间，而“定远号”的造价是 140 万两，用这些钱可以买 10 艘“定远号”了。

面对海上危机，清政府上上下下似乎都很乐观，认为以现有的海军实力足以应对所有危机，这种盲目和自信与其海权战略有关。在海防建设上，清政府定位于防守，面对入侵之敌采取的是“堵”的策略，认为只要御敌于国门之外就算胜利。李鸿章曾在一份奏折中说：“我之造船本无驰骋域外之意，不过以守疆土，保和局而已。”这种战略思想有历史的根源，明朝以来的

“片板不得下海”政策就是着眼于防范和封堵。近代以来魏源算是较早具备海权思想的中国知识分子，美国军事家阿尔弗雷德·马汉（Alfred Mahan）的《海权论》刚一发表就被魏源介绍到了国内，但魏源的海权思想也是“以守为战，而后外夷服我调度，是谓以夷攻夷；以守为款，而后外夷范我驰驱，是谓以夷款夷”。

这种战略思想的确立更有现实的原因，自鸦片战争以来，中国饱受列强的欺凌，对外每战必败，清政府早已失去了与强国争胜的信心和勇气，能守住家门已经算是不小的成就了。受到内外追捧的北洋舰队成为清政府内心里的一支安慰剂，同时这一时期外部局势相对平缓，又给人造成了一种错觉，认为北洋舰队确实发挥了强大的威力，维持住这种好不容易才得来的“成果”恐怕已成为清政府最高层的内心想法。

反观日本，其海权战略就是一个“突”字，突破、突防，处处体现进攻的特点。日本一再扩军，尤其是扩建它的海军，站在防守的角度似乎并无必要，因为无论欧美列强还是中国对其领土都没有占有的欲望，列强不想，中国既不想也不能。但日本仍然加速建设自己的海军，就是因为明治维新以来它所制定的基本国策就是对外扩张。为实现扩张，它的内心便始终存在一个假想敌，这个敌人最早是欧美列强，后来也考虑过俄国，但最终锁定的是中国。它发现要向周边扩张，无论台湾还是琉球、朝鲜，都不得不正面与中国打交道，超越中国、战胜中国成为其战略目标，体现了海权战略上就是进攻再进攻、超越再超越。

“堵”与“突”，单从战略的角度看其高下可立判，它影响到对形势的判断，影响到彼此的心态，更影响到对自身力量建设的规划和布局，从而决定了在这场竞争中谁会跑在前面。

第九章

下一个目标是朝鲜

一　白江口之战：中日朝鲜半岛第一战

李鸿章将北洋舰队最重要的基地放在旅顺，除了一己之私外，有一个因素也不得不说，那就是朝鲜。几乎与台湾危机、琉球危机发生的同时，朝鲜半岛也呈现出剑拔弩张之势，日本侵吞朝鲜的意图也越来越明显。

地理概念上的朝鲜是指朝鲜半岛及其周围的3300多个大小岛屿，其中半岛占全境总面积的97%。朝鲜半岛由于地理上更便利，他们与中国大陆的交往要早于日本。汉朝曾在半岛设置郡县直接管辖，到隋朝时半岛上的高句丽政权壮大，与隋朝形成对峙，导致隋炀帝三征高句丽，隋军由于战略失误、后勤保障困难等原因而失败。唐朝时朝鲜半岛上呈现高句丽、新罗、百济3个政权鼎立的局面，它们都主动向唐朝遣使进贡，承认自己是唐朝的藩属国。

但后来高句丽国内发生了政变，唐太宗贞观十六年（642）10月高句丽东部大人泉盖苏文杀死国王高建武，立傀儡国王，自己掌握大权。泉盖苏文掌权后积极联络百济和当时还被称为倭国的日本，一边对付亲唐的新罗，一边对唐朝积极备战。新罗善德女王向唐朝求援。贞观十八年（644）唐太宗下达征高句丽的诏令，次年3月又亲率大军出征，虽然突破了高句丽设置的多道防线，取得了多次胜利，但由于后勤补给困难、气候恶劣等原因，此战没有取得最终的胜利。

唐太宗驾崩后高句丽加快了对新罗的侵夺，新罗再次向唐朝求援，即位的唐高宗先后5次派兵出击，使高句丽受到了一定挫败。当时的态势是，半岛的北部是高句丽，南部分为东西两半，西边是百济，东边是新罗。过去征高句丽都是由辽东直接发起进攻，唐高宗显庆五年（660），唐军改变了这个传统，采取迂回战术先出兵攻打百济。

这一年的7月，唐军将领苏定方率军从山东半岛的成山渡海，在百济登陆，之后迅速将其占领。唐朝在此设立了熊津、马韩、东明等5个都督府进行管理，但百济王室不甘失败，在周留城建立了复国中心。此前为联络日本，百济已将王子扶余丰等送往日本作人质，百济王室向日本求援，请求送回扶余丰王子并协助他们复国。

这时日本在位的是一位女天皇，即齐明天皇，经过一番争论，齐明天皇决定接受百济的请求出兵朝鲜半岛。唐高宗龙朔元年（661），齐明天皇亲自到前线劳军，途中因病而死，天智天皇即位，继续帮助百济复国。9月，日本派5000名士兵护送扶余丰回国即百济王位，又派出27000余人攻打新罗。唐朝与新罗联军为一方，百济、高句丽、日本联军为另一方，在朝鲜半岛南部展开了多次较量，双方互有胜负。

龙朔三年（663）8月，唐朝水师主力与日本水师主力在白江口附近遭遇，此地即今韩国锦江的入海口，双方爆发了一场激烈海战，最终以唐朝水师的大胜而结束。白江口之战是中日两军的第一场大战，此战日军大败，《旧唐书》记载“焚其舟四百艘，烟焰涨天，海水皆赤，贼众大溃”。战后日本军队全部退出了朝鲜半岛，唐军彻底灭掉了百济，之后又灭了高句丽。

白江口之战改变了东亚格局，也重塑了中日关系。日本在此战中蒙受巨大损失，举国上下沉浸在悲观、恐惧之中。日本学者仓本一宏在《白江口之战》中指出：“从天智朝到天武朝绝不是战后时期，而是不知何时才会结束的战争状态。”当时日本国内弥漫着一种氛围，认为唐朝在解决朝鲜半岛问题之后下一个目标必然是日本，所以举国上下都很紧张。但这时唐朝却做出了一个让日本人惊讶的举动，派人3次出使日本。按照日本史书的记载，唐使来时带有礼物，回程时日本天皇也奉赠了礼物，双方因白江口之战而破裂的关系得到一定恢复。之后，日本向唐朝派遣了大批遣唐使，全面向唐朝学习，中日关系进入到一段相对融洽的历史时期。

此后朝鲜半岛上的政权一直是中国的藩属国，先后经历了辽、金、元等时期。在元朝，每任高丽国王都要接受元朝皇帝的册封，每年都奉表入贡、受赐历书。元末，高丽王室与元朝关系一度破裂，遂派人渡海与当时正跟元朝争天下的朱元璋建立联系，表示愿意成为明朝的藩属国。

明朝夺取天下后，朱元璋即遣使赴高丽国册封其国王，赐金印、诰文，颁《大统历》，象征藩属关系的延续。自洪武三年（1370）7 月起高丽正式使用“洪武”的年号。洪武二十五年（1392），高丽国发生重大变化，李成桂自立为王，遣使来明朝要求给予承认，朱元璋准许，为李成桂赐名李旦。李成桂还请求朱元璋赐国号，并拟了“朝鲜”“和宁”两号请予裁定，前一个是朝鲜半岛上曾建立过的一个古国的名字，后一个是李成桂诞生的地方，朱元璋亲自“圈定”其国号为“朝鲜”。

二 “亚洲大帝国”：丰臣秀吉的扩张梦

1585 年，出身于下层武士的丰臣秀吉就任日本关白，消灭了各地的割据势力，逐步统一了日本。

丰臣秀吉出身于“草根”，崛起于乱世，喜欢中国三国历史的日本人往往把他称为日本的刘备。在丰臣秀吉的身上的确有枭雄的一面，他靠武力起家，所以崇信武力，是一个强人。在统一日本后他产生了一个更大的想法，要用武力继续扩张势力范围，目标已不限于日本国内，而是朝鲜和西边大陆上的中国。

这是一个痴狂的念头，但丰臣秀吉毫不掩饰地提出并实施起来。据日本江户时代的学者堀正意所著《朝鲜征伐记》记载，在就任关白那一年的 9 月，丰臣秀吉在给家臣一柳末安的信中表示，他不仅要统一日本，还要征服唐国，所谓“唐国”也就是中国明朝。第二年，丰臣秀吉在会见耶稣会副管区长加斯帕时公开表示，待日本国内基本完成统一后就会出兵明朝和朝鲜，以使自己“威名传至后世”。为此丰臣秀吉还拜托这位西方传教士帮自己购买两艘兵船。

丰臣秀吉认为要征服中国必须先征服朝鲜，使朝鲜成为进攻中国的跳板。1589 年丰臣秀吉派使者到朝鲜，要求朝鲜李氏政权派代表来日本“祝贺丰臣秀吉出任日本国王”。朝鲜李氏政权一向亲近明朝，对日本较为冷淡，但顾忌邻国关系，还是于次年派黄允吉为特使来到日本京都。丰臣秀吉让黄允吉带回一封国书给朝鲜国王李昖，让朝鲜与日本共同出兵征伐明朝，日本要在朝鲜“假道入明”，朝鲜要做日本的“征明向导”。李昖对丰臣秀吉的无理要求断然拒绝，同时把这一情况紧急通报了明朝政府。

丰臣秀吉决定武力征服朝鲜，出兵前他先展开了一连串外交活动，分别给吕宋的葡萄牙总督、印度的葡萄牙总督、琉球国王等发出公函，要他们支持自己讨伐朝鲜。丰臣秀吉还以亚洲新霸主的姿态要求琉球等向他称臣进贡，接到公函这些人估计没有几个会认为丰臣秀吉有这个胆量和能力去跟大明朝叫板，只有离日本最近的琉球国王不这么看，琉球国王悄悄把相关信息报告给了明朝政府。

丰臣秀吉显然不掩饰自己征服中国的野心，对出兵朝鲜的计划也不打算保密。他如此高调地叫嚷着要攻打朝鲜和中国，在当时的许多人看来的确是疯了，在后人看来也颇觉难以理解。因为此时的日本整体国力不仅与中国悬殊，而且又刚刚经历了30多年的混战，可谓百业凋敝、满目疮痍，而明朝已建国已200多年，虽然渐呈疲态，但200多年来国家总体上没有大的战乱，军力尚且强大、皇权尚且稳固，怎么看双方都不在一个等量级上。

有人从丰臣秀吉“枭雄”的个性上找原因，认为统一日本后的丰臣秀吉陷入了认识上的误区，“自我神话”本来是说给别人听的，可能说着说着自己也信了，真以为自己是“天照大神”的化身，从而导致盲目冲动，不自量力地马上要去挑战中国的权威。还有人从中日贸易上找根源，认为明朝的“海禁”和“勘合贸易”让急于扩大对中国贸易的日本感到不满。倭寇之所以一度盛行，其实也是日本政府默许甚至是支持的，正常的贸易途径难以满足需要，只好用军事手段去解决。这一点有些像鸦片战争时期的欧洲列强，其军事行动的背后总有经济方面的原因。

然而这些似乎还都不具有说服力，丰臣秀吉是武夫和强人，但他绝不是政治上的白痴，也不会目光短浅到对外部世界一无所知，他对外扩张的野心并非一时的冲动，这从他多年以来的精心筹划中就可以看出来。而在贸易方面，明朝中期以后已逐步解除了“海禁”，至少到隆庆皇帝时明朝已经搞起了“对外开放”，不存在因为贸易不畅而迫使日本铤而走险的可能。丰臣秀吉对外扩张思想产生的原因，个性和成长经历固然是一部分，但现实的考虑才是最重要的。由一名下级武士一步步登上权力的顶峰，丰臣秀吉深知左右日本政权的终极力量是什么，那就是武力。依靠新的大名和无数武士的拥戴，丰臣秀吉消灭了一个个对手，但大名和武士们的利益他也必须维护，而这也是他的短板，战乱结束了，获得和平的同时也意味着大批的武士要失业了，如果安置他们？如何满足他们所期待的回报？这些恐怕更让丰臣秀吉头痛，日本的资源本来就有限，贵族势力又向来强大，丰臣秀吉难以给大家更多的东西。情急之下丰臣秀吉也许会认为发动对外战争、攫取更大的海外利益才是出路，是稳定时局的最好手段。

此前不久欧洲发生的一件事又给了丰臣秀吉一个启发，1588 年欧洲发生了一场阿尔马达海战，刚刚完成宗教改革脱离罗马教廷的英国战胜了欧洲老牌强国西班牙，西班牙著名的无敌舰队在此战中遭受惨败。这场海战让人大感意外，因为当无敌舰队在世界各大洋到处炫耀它的先进战舰和最先进的火炮时，英国海军只有东拼西凑来的一些舰船，但即使这样英国海军也打败了西班牙海军，无敌舰队几乎全军覆没，西班牙就此结束了在大西洋的霸权，英国的国际地位一跃而起。丰臣秀吉大概会想：同样是岛国，英国人能完成的伟业日本人为什么不能呢？

1592 年丰臣秀吉突然率兵 20 万进攻朝鲜。这一仗经过了精心准备，势在必得，侵朝日军还包括 9000 多名水军和 700 多艘战船，部分士兵还装备了先进的葡萄牙火枪鸟铳。4 月，日军在朝鲜釜山、庆州一线登陆，之后攻势凶猛、势如破竹，很快占领了朝鲜的王京汉城和陪都平壤，接近了明朝的边境。

军事上的胜利进一步刺激了丰臣秀吉的野心。5 月，丰臣秀吉在汉城开会研究下一步行动，他狂妄地提出要占领明朝的首都北京，之后把北京作为日本的“国都”，将明朝原有国土划为“大唐”，交由其外甥兼养子丰臣秀次统治，将朝鲜交由其另一个养子羽柴秀胜统治。

丰臣秀吉“亚洲大帝国”的美梦并未成真。在李朝的请求下明神宗派辽东总兵李如松为提督、兵部右侍郎宋应昌为经略，于 1592 年 12 月率 4 万多人跨过鸭绿江，开展了一场“抗日援朝”战争。在明军和朝鲜名将李舜臣等联手反击下日军攻势受挫，于1593年3月提出和谈。丰臣秀吉似乎没有认清当时的形势，在和谈中提出许多过分的领土要求，致使谈判破裂。1597年2月，日军不断向朝鲜增兵，朝军进行了顽强反击，李舜臣指挥了著名的鸣梁海战，日军惨败。1598年8月，丰臣秀吉病死，临死前留下遗嘱要日军撤退。

前后有10多万日本人死于丰臣秀吉发动的这场战争，在经济上的负担更是日本这个岛国所不能承受的。《明史》替日本做了一个总结：“丧师数十万，糜晌数百万。”如果说这个说法还较为笼统，日本学者藤木久志在《日本历史》中给出的数据则更为具体。据该书记载，在今天的大分县野津院的赤迫村，当时出现了42%耕地荒芜的情况，有30%的“无人屋”，在另一个村子里超过75%的田地荒芜，大量耕田的百姓被抽去打仗，如小西行长统率的五岛纯玄部队700人里有武士身份的仅为225人，不到30%，剩下的是被称为“下夫”的一般老百姓以及船头、水手等。

以丰臣秀吉为代表的统治集团为实现扩张野心也付出了沉重代价，丰臣秀吉死后德川家康利用民意对丰臣氏的不满而趁势崛起，在1600年的关原之战中大败丰臣氏势力，又经过两次大阪之战最终建立起新的德川幕府。

三　“对马危机”：热点重回朝鲜半岛

丰臣秀吉的“亚洲大帝国”梦破灭了，为了这个不切实际的梦想他蓄意挑起了一场战争，造成的创伤遍及中、朝、日三国。除了日本遭受了重创之外，朝鲜和中国也都蒙受了巨大损失。在侵略朝鲜期间，丰臣秀吉曾下令“割鼻代首级”，朝鲜被割去鼻子的人就有10万以上。战争使朝鲜的耕地缩减了一半，在有些主要地区人口锐减到战前的1/6，王国的赋税大幅下降，为维持政府运转，战后人民的负担又不断加重，国内矛盾日益突出。在中国方面，明朝前后共出兵18万人，人员损耗约1/3，耗费军费至少2400万两，为朝廷年财政收入的数倍，明朝由此走向全面衰落。

这是一场完全没有赢家的战争，这样的战争罪人理应受到各国人民的一致批判和挞伐，通过对其疯狂战争行为的清算，警示后人不犯类似的错误。但在很多日本人的心目中，丰臣秀吉不是一名战争狂人或罪犯，而是一个有本事、值得学习和效仿的人。丰臣秀吉死后获得“丰国大明神”的封号，修建有丰国神社专门进行祭祀。德川家康后来剥夺了大明神的封号，但没有拆除其神社。明治时期，丰臣秀吉又受到了更多的重视，丰国神社被重新修建，除京都丰国神社外还有大阪丰国神社、长滨丰国神社、名古屋丰国神社等，丰臣秀吉的影响越来越大。关于丰臣秀吉的书在日本多不胜举，最有的名是《太阁记》，而《甫庵太阁记》《川角太阁记》《绘本太阁记》等也都大量流行，有许多出自名家之手，在这些书里几乎都把丰臣秀吉树立为正面形象，有的日本著名企业家更公开表示以丰臣秀吉为楷模。

缺乏对前人错误的清算，后人就会再犯前人的错误，所以经常说“前事不忘、后事之师”。从日本人对待丰臣秀吉的态度，似乎可以看出一些问题。相当一部日本人认为，丰臣秀吉虽然失败了，但他的思想没有错，具体来说，就是向外扩张的主张没有错。

日本是个“偎依”在亚洲大陆近旁的岛国，从地图上看它四面环海，又偏于一隅。这样的地理环境有一定优势，比如可以自成一体而不受外界的干扰。由于没有陆地上的邻国，也就一定程度上避免了与近邻的纷争，在很多时候，如果自己不主动挑事也不会有人来找麻烦。但这样的环境也有劣势，岛国一般资源比较匮乏，很多东西要依靠与外部的交流，对海洋有着比较深的依赖，加上国土缺乏纵深，所以内心里总有一种危机感，这种危机感很容易变成排他主义和对外扩张的冲动，向大陆发展不自觉地深入到一部分日本人的潜意识中。这种图景慢慢地走向清晰，征服朝鲜、继而征服中国成为一部分日本人心中的“终极之梦”。

类似的思想其实早已扎根在一部分日本人的潜意识中。日本的本土宗教是神道教，它崇拜祖先和自然精灵，其中最崇拜的是太阳神的皇祖神，也就是所谓的“天照大神”，它认为日本民族是“天孙民族”，天皇是“天照大神”的后裔，也是“天照大神”在人间的代表。在这样的思想主导下其人会认为日本才是世界的中心，那些把日本定位为藩属、从属地位的安排都无法令其接受。丰臣秀吉发动侵朝战争就利用了神道教的某些主张进行舆论宣传和发动，在给朝鲜国王的信中他编了一个“神话”，说自己是母亲“梦日入怀”后所生。这样的说法在中国史书中有过不少，但对日本人来说却有着特殊含义。

日本人崇拜“天照大神”，认为自己是太阳的后裔，而丰臣秀吉认为自己正是上天派来的，上天赋予了他统一天下的使命。对这个说法有不少日本人就信了，他们相信丰臣秀吉所要建立的“亚洲大帝国”符合“天照大神”的旨意，是一定会实现的。而从日本的社会结构看，进入封建社会后日本贵族阶层的权力始终很大，贵族阶层为保护自身利益而蓄养大量武士，武士阶层的兴起使日本扩张的野心有了具体执行者。作为一种为战斗而生存的职业，武士不仅不惧怕战争，还会因为没有战争而感到寂寞。这是一种可怕的体制，它将把日本一次又一次推向战争。

有了这样的思想基础，类似“亚洲大帝国”那样的狂想迟早会死灰复燃。德川幕府末期，发源于日本南北朝时期的“皇国史观”重新兴起，其主张评断历史人物必须处处以日本、以天皇为中心，以对天皇忠诚或叛逆作为衡量历史人物和事件的标准，通过神化大和民族、天皇和日本宗教文化来宣扬国粹主义，对外则主张实施扩张，其代表人物有吉田松阴等人。日本被美国“黑船”恐吓而被迫开国，吉田松阴无限愤慨，疾呼日本民族的危机。他兴办了松下村塾，传授兵法、宣讲“尊王攘夷”等主张，培养了高杉晋作、伊藤博文、山县有朋等日本近代著名历史人物。面对强大的欧美列强，吉田松阴后来主张向其屈从，而侵略朝鲜和中国。他在1855年曾说：“我与美、俄的媾和既成定局，不可由我方断然背约，以失信与夷狄。必须严定章程敦厚信义，在此期间蓄养国力，割据易取的朝鲜半岛和中国东北的土地作为补偿。”

此时，已沉寂了很久的东北亚逐渐成为热点地区，一方面俄国不断向这个方向扩张势力，另一方面英国等出于对俄国的防范也更加关注这一地区。1856年结束的克里米亚战争，一方是英、法等国，一方是俄国，俄国虽然战败了，但英国对俄国的警惕并未放松。为了遏制俄国在东北亚的进一步扩张，英国加紧了在朝鲜半岛附近的活动。1859年12月，英国军舰“阿克特恩号”闯入对朝鲜与日本之间的对马海岛水域进行测量。这引起俄国的注意，后来得知英国有在对马岛上建一个军事基地的计划，俄国便于 1861 年 3 月派军舰“波萨得尼克号”开入对马岛的芋崎浦，之后以修理军舰为借口要求当时的对马藩允许其在此停泊。

对马藩臣属德川幕府，对于俄国军舰的行为表示反对，但俄舰不理，强行测量水情，又就地伐木建房，修建了军营、粮库和医院等，来了个事实占领。同时俄舰还驶进日本的内海古里浦，俄国人不断宣传英国即将侵占对马，提出在对马租界土地的要求。对马藩无法应对，紧急报告德川幕府。幕府派外交人员前往交涉，要求俄国军舰撤走，被俄国人拒绝。看到俄国人如此蛮不讲理，德川幕府只好求救于英国政府。英国当然也不能容忍这种行为，不是出于公义，而是不愿看到俄国势力在东北亚的枢纽地带“野蛮生长”。1861 年 8 月，英国驻日公使阿礼国（Rutherford Alcock）公开表示英国政府对俄国军舰驻入对马不能袖手旁观，之后英国东印度舰队司令官亲自率两艘军舰驶入对马。迫于军事上的压力，俄国军舰最后撤出。

这场对马危机让日本人有了更多思考，也为越来越高涨的国粹主义、民族主义情绪找到了新的爆发口。一部分日本人不仅看到了更加深刻的民族危机，也发现了日本其实在东北亚国际事务中处在十分重要的战略位置中，这提醒他们利用欧美列强之间的矛盾不仅可以摆脱自身的危机，而且可以实现向外扩张的梦想。

四　“云扬号事件”：精心设计的冲突

朝鲜李氏王朝建立后与明、清两朝大部分时间里都保持着良好、紧密的关系。李氏王朝称中国为“中华”，视自己为“小中华”，明、清两朝也都给予李氏王朝以较高地位，在所有藩属国中享受的待遇也最高，一方面是对李氏王朝“尊王”的回馈，另一方面也来自双方天然而无法分割的地缘关系。除了明朝万历年间的“抗日援朝”。在清朝时朝鲜每次出现饥荒，清政府都会出粮救灾，当朝鲜内部出现动乱时清政府也多次出兵助其平乱。

朝日关系则十分冰冷，可以称为不友好。丰臣秀吉侵朝后，朝日之间断绝了外交关系，朝鲜也像中国一样长期遭受倭寇的袭扰。为对付倭寇，朝鲜海军还专门发明过一种神机箭。面对日本的野心，朝鲜一直保持着高度警惕，总体上对日本采取了防范的态度。

明治维新后日本政府多次向朝鲜传递国书，希望打开朝鲜的国门，但都被朝鲜李氏王朝拒绝了。1872 年 2 月，日本新任外务卿副岛种臣想打破朝日间的僵局，派森山茂、广津弘信等携带着外务大丞宗重正的 2 份书契前往朝鲜釜山，一行人住进釜山的草梁倭馆，但经过 3 个月的交涉仍毫无外交成果。5 月，倍感失望的日本人决定冒险，有 54 名日本人不顾朝鲜方面的拦阻离开倭馆，步行 16 公里前往朝鲜的东莱府，要求会见府使，结果府使拒绝接待日本外务省的人员，这件事被称为“馆倭拦出事件”。朝鲜方面认为这是一件严重的外交事件，事情发生后朝鲜政府进一步限制了在朝的日本人活动范围，甚至出现过断绝粮食供应、停止贸易活动等情况，朝日关系进一步紧张。

当时朝鲜的国王是李氏王朝的高宗李熙，但实权是由他的父亲兴宣大院君李昰应执掌，李昰应是“亲清派”，对日本的态度一向强硬。1873 年 11 月，朝鲜发生了一场政变，李熙的妃子闵妃利用对李昰应不满的政治势力，鼓动李熙宣布“亲政”，最后李昰应不得不离开汉城，宣布引退。李熙生性懦弱，对闵妃言听计从，朝鲜大权落入闵妃集团之手。为巩固自身权力，闵妃集团倾向于打开国门并亲近日本。1874 年 9 月，闵妃秘密派人前往釜山的倭馆，向日本人表示朝鲜政府随时愿意接待日本来使，又授意亲信闵升镐、赵宁夏等人与日方通信，表示随时准备与日本建交。

1875 年 4 月，闵妃集团处死了对日强硬的釜山前倭学训导安东畯，向日本进一步传达了亲好的秋波。明治政府本想抓住这个千载难逢的好机会打开朝鲜的大门，但是朝鲜国内的政局并不稳定，闵妃无法左右一切。通过一番激烈的博弈，闵妃与大院君李昰应还一度达成了妥协，允许李昰应返回汉城。李昰应回来后立即上书，反对与日本交往，朝日建交的事只得搁置。在朝鲜负责双方交涉的日本外务省官员森山茂、广津弘信提出建议，干脆利用朝鲜国内政局不稳的机会，学习欧美列强的办法，以武力威逼朝鲜打开国门，对此明治政府予以批准。

1875 年 5 月 25 日，由井上良馨指挥的“云扬号”军舰侵入釜山海域。朝鲜东莱府倭学训导玄昔运向日本方面进行询问，日方回答此行是为保护日本使臣而来，对这种无理说法东莱府给予坚决抗议。6 月 12 日，日舰“第二丁卯号”又驶入釜山海域，与“云扬号”在朝鲜的领海上搞起了军事演习，炮声一响，整个釜山城都大为震动。不久，这两只日舰又沿朝鲜东海岸一路北上，沿途不断进行测量，还侵入朝鲜的军事要地永兴湾。到 1875 年 9 月，日舰“春日丸”又加入进来，3 艘军舰沿朝鲜西海岸北上，目标是汉江入海附近的江华岛，这里距朝鲜首都汉城很近。9 月 19 日，3 艘日舰驶入江华湾，“云扬号”舰长井上良馨亲率 20 名日军乘小艇在海岸一带探测水路，一度逼近朝鲜设在江华岛上的草芝镇炮台。后来日本外务卿寺岛宗则曾对英国驻日公使哈里·帕克斯（Harry Parks）透露过这次军事侦察的细节，对朝鲜各炮台的情况都有详细的介绍。

面对如此明目张胆的挑衅行为，朝鲜方面不得不作出反应，草芝镇炮台向日本军舰开炮予以警告。乘小艇返回“云扬号”上的井上良馨也指挥日舰向草芝镇炮台进行炮击，日军曾试图占领炮台，但遭到朝鲜官兵的奋勇抗击而无果。9 月 21 日，3 艘日舰偷袭了朝鲜设在顶山岛的炮台，摧毁一些军事设施和民宅。9 月 22 日，日军陆战队在永宗镇登陆，与朝鲜军队发生交火。由于朝鲜方面防守力量薄弱，武器落后，最后永宗镇被日军占领，日军在城中烧杀抢掠，无恶不作，永宗镇几乎成为一片废墟。朝鲜官员事后报告说“全军颠仆，火焰满城，民家比烧，燃及公廨”。9 月 24 日，3 艘日舰满载战利品撤离江华湾返回日本。

朝鲜称此次事件为“云扬号事件”，日本称其为“江华岛事件”。为了掩饰侵略罪状，日本事后编造说井上良馨率小艇是为补充淡水，但这个说法根本站不住脚，整个事件都是日本人精心设计的。

五　《江华条约》：目标针对东亚宗藩体系

“云扬号事件”仅是预演，它助长了持有“征韩论”的那部分日本人的扩张野心。1875 年 10 月，明治政府派黑田清隆为全权办理大臣、井上馨为副全权办理大臣，率“日进号”“孟春号”等 8 艘军舰再次前往江华岛，声称之前朝鲜方面毫无理由地对日本军舰开炮，以此向朝鲜政府问罪。欧美列强对这种公然的侵略行为保持了沉默或支持。时任美国驻日公使的平安(Bingam Armor)给井上馨赠送了一本《佩里远征日本小史》，暗示其可效仿当年佩里用“黑船”打开日本国门一样逼迫朝鲜开国。平安对井上馨说：“您只要读好这本书，并照此行事，就定能在朝鲜取得成功!”

在强大的武力威胁面前，朝鲜上下不知所措。日方宣称，朝鲜如果不打开国门与日本建立外交和通商关系，就要赔偿此前“江华岛事件”中日方的损失；如果都不答应，日本舰队将沿汉江而上，直取汉城。在双方交涉期间，日舰连续炮击釜山港，还有50多名日军士兵冲入釜山倭馆，挥刀砍杀朝鲜军民，造成12名朝鲜人重伤。

朝鲜李氏政权内部有人主战，有人主和。闵妃集团的官员普遍主张对日求和，而民间人士、学者以及大院君一派主战。经过激烈的争论，最后主和一派占据了上风，朝鲜政府最后派人去日本进行谈判。此时日本国内对朝强硬的呼声甚高，日本陆军卿山县有朋专门前往下关，在该地设立了一个“征韩事务局”，调度军队，声言一旦谈判不成就立即全面进攻朝鲜。朝鲜民间则掀起一股反日浪潮，大批儒生前往汉城王宫门前上疏，坚决反对与日本谈判缔约。大院君李昰应也认为与日缔约是“自取灭亡”，表示“我有家僮，可率以殉，则青邱三千里，岂非贤圣祖宗培养之遗裔乎”。但实际掌权的闵妃集团不理这些反对声音，他们一方面畏惧日本的武力，另一方面也担心如果与日本彻底决裂，大院君一派会趁机夺权，所以他们对日本方面草拟的条约草案仅作了一些有限的修正，便与日本政府代表于1876年2月26日在江华府演武堂签订了《日朝修好条规》，后世一般称其为《江华条约》。

《江华条约》共12条，是朝鲜与外国签订的第一份条约，是朝鲜国门被迫打开的标志。根据该条约，日本取得了在朝鲜的自由贸易、免征关税、日本货币在朝鲜使用、日本人获得居留地、自由勘测朝鲜海岸以及领事裁判权等若干特权。条约签订后朝鲜陆续开放了釜山、元山、仁川等港口，日本利用该条约赋予的系列特权大量地从朝鲜掠夺农产品、倾销商品，同时加紧了对政治的影响和渗透。条约只规定了日本人在朝鲜享有的各种权利，对朝鲜人的权利和日本人的义务几乎不提，是典型的不平等条约，朝鲜人视之为“恶法”。

《江华条约》的第一条有一段刻意写上的话："朝鲜国自主之邦，保有与日本国平等之权。嗣后两国欲表和亲之实，须以彼此同等之礼相待，不可毫有侵越猜嫌。"这些话显然是日方的意思，因为它表面看来说得很好、很冠冕堂皇，但里面却隐含着深意，强调朝鲜是"自由之邦"并不是对朝鲜主权的尊重，更不是真的想体现日本与朝鲜的平等关系，这些话是针对中国说的，想强调的是朝鲜作为大清藩属国的结束。

就像在琉球发生的事一样，日本的着眼点是要打破历史形成的东亚宗藩体系，日本这样做的目的不是为了体现所谓的公平、平等，而是要推翻旧的宗主国成为新的"宗主"，这是其实现扩张梦想不可缺少的步骤，这个目标在琉球已基本得手，在朝鲜也迈出了关键的第一步。

第十章

逝去的“隐士王国”

一　“以夷制夷”：清政府执着于幻想

日本成功地打开了朝鲜的国门，这让欧美列强都感到了羡慕。在此之前，法、美、英等国都以各种形式试图叩开这扇大门，但这扇门关闭得实在太严实，它们都无功而返，朝鲜成了西方人眼中的神秘国度，被称为“隐士王国（Hermit Kingdom）”。

回顾历史，第一个直接与朝鲜发生正面碰撞的西方国家是法国。大院君李昰应1864年开始执政，对内强化中央集权和国防建设，对外奉行“闭关锁国”路线。与之前的日本德川幕府一样，这时的朝鲜也视西方天主教为“邪教”，1866年朝鲜一次就杀死了数千名天主教徒，其中有9名法国传教士。侥幸逃脱的几个法国传教士后来辗转到了中国，向法国驻华公使报告了有关情况，请求本国政府给予保护。法国早就有染指朝鲜的想法，这件事让他们找到了借口。

法国人认为朝鲜是中国的藩属国，所以在动手之前先向清政府总理衙门递交了一份严重抗议的照会，其中说道：“本年三月间，高丽国王突发一令，将该处法国主教二人及传教士九人并本地传教士七人、其习教之男女老幼无数进行杀害。如此残暴，自取灭亡。因其系属中国纳贡之邦，是以本国命将兴师，以讨有罪。”还不待清政府反应，法国的舰队便已出发。法国亚洲舰队司令罗兹（Pierre Roze）率3艘军舰驶往朝鲜，之后又不断增兵，军舰达到7艘。朝鲜方面毫不屈服，大院君李昰应号召全国人民同仇敌忾，击退敌人的进攻。1866 年 10 月 14 日，法国舰队开始封锁汉江口，朝鲜史书称之为“丙寅洋扰”。

法军之后在江华岛登陆，朝鲜军队不敌。10 月 16 日，法军攻占江华府，罗兹声言“尔杀我九人，故要杀尔九千人”，四处烧杀抢掠。法国人提出与朝鲜政府谈判，条件是对遇害的法国传教士赔偿、惩办镇压天主教的官员、与法国缔结通商条约等，但朝鲜人民没有屈服，举国动员，组成义勇队抗击敌人。李昰应下令加强汉江下游的防御工事，用木筏堵住汉江江面以防止法舰溯江而上。之后朝鲜军兵连打胜仗，只求速战速决的法军士气大挫，加上天气越来越冷，法军无心再战。11 月 10 日，罗兹率领法军撤退。这次侵朝之战以法军的全面失败而告终。此战结束后，李昰应写下“洋夷侵犯，非战则和，主和卖国”等 3 句话，命立碑刻于朝鲜各道，石碑背面又刻“戒我万年子孙”等字，称“斥和碑”。

继法国之后，美国舰队也来到了朝鲜。1871 年 5 月，有 5 艘美国军舰闯入朝鲜西海岸，试图以武力打开朝鲜国门。1871 年 6 月 10 日，朝美双方开始交火，朝鲜史书称之为“辛未洋扰”。美军一开始占领了陆上的几处要塞，但在朝鲜军民的奋勇抗击下，美军为避免重大牺牲只好放弃了要塞回到舰上。经过 20 多天的对峙，美军深感朝鲜军民无法用舰炮征服，于美国独立日前撤兵。这次外敌入侵事件，又以朝鲜军民的胜利而告终。

从“丙寅洋扰”到“辛未洋扰”，可以看出朝鲜这个“隐士王国”的大门其实不是那么好打开的，法、美这些老牌强国都做不到的事，现在日本却做到了。究其原因，最重要的一点在于朝鲜内政发生了变化。由于内部斗争的加剧，朝鲜上层在抗击外敌入侵一事上变得不再坚决和坚定，主张妥协的闵妃集团掌握了大权，朝鲜军民抗击侵略的决心虽依然高涨，但在一些关键时刻求和的声音就会响起。

现在，日本的成功刺激了美国，美国人也想再次去叩击朝鲜的大门，不过这一次他们改变了策略，不再动刀动枪，而是希望通过外交手段达成目标。他们之所以这么想，是因为他们发现清政府在朝鲜问题上的态度也悄悄发生了改变。

在清政府眼里，朝鲜仍是最重要的藩属国，由于历史的原因，清政府对朝鲜的影响力仍然很大，朝鲜所处的战略位置又那么重要，清政府自然不会轻言放弃。以往清政府担心欧美列强染指朝鲜，但现在它发现形势变了，日本成为朝鲜最大的威胁，《江华条约》的签订让清政府的压力大增，而且清政府现在需要应对的事情太多了，近年来边疆危机不断爆发，除台湾、琉球方向外，西南有法国，西北和东北有俄国，清政府实在无法在朝鲜投入太多精力和资源。在这种情况下，一个新战略逐渐产生，那就是利用欧美列强抵消日本在朝鲜的势力增长，简单地说就是“以夷制夷”。

这个思路最早由清政府的法籍顾问日意格（Prosper Giquel）所提出，他认为日本逼迫朝鲜签订《江华条约》只是第一步，之后日本还会不断在朝鲜用兵，为此清政府必须早做打算，最现实的一个办法就是鼓励朝鲜与法、美等国建交，通过缔约、通商引入欧美力量，等这些欧美国家在朝鲜也有了自己的利益，日本再想独占朝鲜就不可能了。这个思路一开始并没有引起注意，但后来逐渐被李鸿章等人所接受。1876 年 10 月，李鸿章致信朝鲜领中枢府事李裕元，提出“西洋英俄者国专务通商，地球从内几无不到。兹日本既导先路，诸国或思步其后尘”，暗示“此中操纵机栝，谅老成谋国者必能措置咸宜也”，流露出鼓励朝鲜与法、美等国建交通商的想法。琉球被日本改名为“冲绳县”，加之俄国对中国东北地区的威胁越来越大，清政府在朝鲜问题上“以夷制夷”的想法进一步成形。1879 年 6 月，福建巡抚丁日昌在所上的海防问题奏折中谈及朝鲜问题，提出：

> 臣愚以为，高丽已不得已而与日本立约，则不如统与泰西各国立约，何则？日本有吞噬高丽之心，而泰西无灭绝人国之例。将来倘倭、高启衅，凡有约之国，皆得起而议其非，庶几日本不致悍然无所忌惮。

这个想法被总理衙门接受，但这是一个重大的外交政策调整，不便于直接向朝鲜方面提出，所以清政府采取了“劝导”的方式。8 月，清政府命李鸿章以私人名义劝告朝鲜政府与欧美各国立约通商，但强调基本原则是“婉为开导”，不给朝鲜施加压力。李鸿章再次致信李裕元，提出朝鲜可“先与英德法美交通，不但牵制日本，并可杜俄人之窥伺”。还提出与西方立约通商后，不必再增开新的口岸，仍开放与日本签订的《江华条约》所规定的那几个口岸，这样做的好处是“多来数国商人，其所分者日本之贸易，于贵国无甚出入”，而朝鲜可以“定其关税，则饷项不无少裨；熟其商情，则军火不难购办”。

在此前后，中国驻日参赞黄遵宪还写了《朝鲜策略》一书，通过访问日本的朝鲜修信使金宏集带回国内，在朝鲜政坛产生了很大影响，朝鲜高层逐渐改变了原先的看法。1880 年底朝鲜国王李熙派密使赴日本，恳请中国驻日公使何如璋出面斡旋朝美关系。次年初，朝鲜政府又派专使赴中国，向李鸿章表达了想与欧美国家建交立约的想法。

二 “朝美修好”：又来了一个搅局者

美国想继日本之后打开朝鲜的大门，但不采取军事方式，正是看到了形势在发生着变化。美国海军部派海军中将薛斐尔（Robert Shufeldt）来到东亚，其中一个任务就是设法通过外交手段打开朝鲜的国门。1880 年 7 月，李鸿章邀请薛斐尔访问天津，二人在朝鲜问题上找到了共同点。薛斐尔返回美国后进行了汇报，美国国务院赞成通过中国与朝鲜建交，任命薛斐尔为驻华使馆武官再次来到中国，专门负责对朝缔约一事。

朝鲜上层改变了与欧美国家建交的态度后，李鸿章马上命幕僚代拟了朝鲜与各国的通商章程，交朝鲜政府特使带回国。李鸿章提议朝鲜速派要员来华协商与美国建交事宜。朝鲜国内到处立有“斥和碑”，“主和卖国”的理念深入人心，上层虽然有签约的想法，但又怕民间反弹。1882 年初，朝鲜国王李熙派领选使金允植来中国，与李鸿章就朝鲜与美国签约一事进行商洽。朝方提出希望由清朝皇帝“明降诏旨”要求朝美缔约，缔约过程也由由清政府派官员主持，但李鸿章认为不能“转予外人以挟持之柄”。朝方后来提出派出全权使臣在天津议约，议约过程请李鸿章代为主持，双方达成一致后再在朝鲜签字。

在李鸿章等人的斡旋下朝美双方最终基本达成一致。1882 年 5 月，丁汝昌率“威远号”“扬威号”和“镇海号”3 艘军舰抵朝鲜仁川，薛斐尔随后率美国军舰也抵达。5 月 22 日，在中方官员丁汝昌等人的监临下，朝鲜政府代表申櫶、金弘集与美国政府代表薛斐尔在朝鲜济物浦签署了《朝美修好通商条约》。该条约共 14 条，规定双方正式建交、通商等内容。与《江华条约》相比，这份条约显得较为平等，比如能按照世界贸易规则确定进出口贸易的关税，又规定对粮食不能自由贸易而由朝鲜根据本国情况可以实施禁运，对朝鲜这样的缺粮国家来说也至关重要。在条约中美国还保证不在朝鲜进行鸦片贸易，这一点曾引起英国的极大不满，认为其是“草率的条约”。

《朝美修好通商条约》是朝鲜近代史上另一个具有标志意义的事件，它的缔结使西方人眼中这个神秘的“隐士王国”向欧美国家逐渐敞开。这份条约签订后，朝鲜陆续与英、法、俄、德等国签订了类似条约，朝鲜一步步走进国际政治舞台，并逐渐成为一个热点地区。清政府是这份条约的积极促成者，因为清政府希望通过这份条约的签订达到制衡日本、牵制俄国的目的，所以在这份条约里特别作出强调：“若他国有何不公轻藐之事，一经照知，必须相助，从中善为调处，以示友谊关切。”在条约签订的同时，美国政府还接到朝鲜政府的《属国照会》，该照会以朝鲜国王的名义发给美国总统，内容如下：

> 窃照朝鲜素为中国属邦，而内治外交向来均由大朝鲜国君主自主，今大朝鲜国大美国彼此立约，理属平行相待。大朝鲜国君主明允将约内各款，必按自主公例，认真照办。至大朝鲜国为中国属邦，其分一切应行各节，均与大美国毫无干涉，除派员议立条约外，相应备文照会，须至照会者。

据说这份照会由李鸿章的幕僚马建忠所拟，应该也体现了李鸿章的外交思想。李鸿章曾打算把这一条内容加到正式条约里，朝鲜方面不反对，但美国代表薛斐尔坚决反对加上这一条，双方为此发生争辩。薛斐尔请示美国政府，但迟迟不见回复。为尽快签约，李鸿章想出了这个替代方案，在条约签订的同时向美国政府另备一份照会。

大概在李鸿章看来，引入美国制衡日本当然有利也有弊，所以他想再强调一下朝鲜是大清国的属国，希望美国人的心里有这个定位，在开拓朝鲜的时候要照顾到中方的利益和关切。但这样的想法未免太天真，美国只想进一步深入亚洲，在这里谋求最大的自身利益，即使有约束力的条约、协议，在不符合美国利益的情况下也照样置之不理，更何况是这种毫无约束力的照会。美国政府接到此照会后，也就顺手将其扔到一边了。

在中国近代外交舞台上，有“以夷制夷”想法的不在少数，李鸿章只是其中的一位。这种想法基于外交博弈而产生，有许多的无奈甚至屈辱。在国际舞台上，利用国与国之间的矛盾为自身外交服务并非不可能，但这只能视为权宜之计，而不能作为外交政策的基础。就当时的清政府来说，周边列强之间固然存在着矛盾，有些矛盾还不好调和，但由于列强无不具有逐利和自私的本性，依靠它们去遏制另外的对手几乎不可能实现。

资本的本性在于增殖，增殖的途径是扩张，资本主义的扩张步伐是很难停止的。一些列强也愿意与清政府“结盟”，它们看中的是可以由此获得额外利益。出于贪婪的本性，它们只享受权利而不会关心写在纸上的义务。清政府最早想“联日制洋”，此后又搞过“联俄制日”，还有“联英”“联美”“联法”等，从最终的结果看无一例外都失败了，除了列强侵略本性的驱使，清政府自身力量的孱弱也是关键原因。“联盟”即使存在，也是以实力作后盾的，实力严重失衡下的“联盟协议”只会成为另一个不平等条约。为了维护与对方的关系，清政府只得不断妥协、退让，以牺牲国家主权和权益换取对方的支持，而这只能刺激“盟友”的胃口，让它们的野心越来越大。

三　“开化党”：联日排华的政治力量

自从封闭的国门被打开，朝鲜的社会也发生着急剧的变化，思想更是空前活跃，要求变革的势力逐渐壮大，深深地影响到朝鲜的社会和政局。

朝鲜与日、美等国签订了通商条约后，外国资本不断涌入，朝鲜的原材料被低价掠夺，许多矿山的开采权掌握到在外国人手中，朝鲜迅速沦入半殖民地、半封建社会的境地。这其中，日本资本的流入速度最快。据曹中屏《朝鲜近代史》统计，《江华条约》签订后的1876年12月至1877年底的13个月内，朝鲜与日本之间的贸易额就超过了朝鲜开港前3年的总和，这一变化还继续呈加速发展。到了1881年，其当年的朝日贸易额竟然是1877年的近10倍。朝鲜原来是个贸易出超国，在外国资本的大举入侵下变成了入超国。1881年贸易逆差高达57.48万元。朝鲜是个传统的农业国家，在欧美及日本资本主义工业化生产面前经济完全不堪一击，沦为原材输出地和工业产品的倾销地，本国的民族工商业发展缓慢，有的变为国外资本主义的附庸。

经济结构的变化势必带来人们思想的变化，也冲击着朝鲜李氏王朝的统治。李氏王朝上层不断斗争，各官吏因循守旧，国库空虚、官员腐败、盘剥加重，使各种社会矛盾越来越尖锐，引发越来越多的不满，要求变革的声音逐渐增强。一些知识分子提出改革腐朽的封建体制，引进近代政治制度，在朝鲜推行自上而下的改革，使封建落后的朝鲜变成资本主义国家。到了19世纪70年代中后期，逐渐形成了以吴庆锡、朴硅寿、金玉均、朴泳、刘鸿基、姜玮等人为核心的政治流派，他们“愤慨国家之衰运，欲大行刷新”，他们的思想被概括为开化思想，他们被称为“开化党”。

在汉语中，“开化”的意思一般是指从蒙昧状态进入文明，但这个词在汉语并不被常常用到，反而在日文中用的比较多，尤其日本明治维新之后“文明开化”成为一个熟词，也是明治维新的标志之一，指社会制度、文化科技由封建时代向近代化的转型。朝鲜的近代革新派引入“文明开化”的思想，基本主张包括确立近代民族民主国家、推进近代产业经济以及树立近代文明社会，这与朝鲜上层长期以来坚持的“闭国攘夷”政策有直接的冲突。

“开化党”的早期思想启蒙者之一的朴珪寿从小学习中国的《周礼》《仪礼》《礼记》等“三礼”，服膺儒学，但1861年上半年的一次中国行改变了他的思想。在这趟近半年的中国游历中，朴珪寿看到北京街头到处是洋人，清政府刚刚设立的总理衙门正忙着搞洋务运动，西方思想文化、产业科技对中国的影响和冲击处处可见。回国后朴珪寿向朝鲜王室写了一份报告，其中谈道：

> 洋夷，其志不在土地，专主通其商行其教而已。入都之后，或占亲王之宫，或买居民之舍，广其居室，计若永奠，有洁眷属输伙来者，逐

日相续，然姑无侵扰之弊，故都民初颇疑坳，久渐钮安，视之寻常，互相买卖。但悠行其志，莫敢谁何，后虑诚不知至龄何境。所谓设馆而除禁，无应之者，而惟游手无赖辈，乐其男女无别，贪其财利互资，或有暗习者云。

正如“千岁丸”访问上海时日本人所见所感一样，朝鲜的知识精英在北京看到的景象也让他们受到触动，只是朴珪寿对于洋人并没有那么恐惧和憎恨，反而认为他们只是通商行教而已，但对于中国这个朝鲜自古以来的“宗主国”，朴珪寿的看法则有了很大不同。之前他曾提出“远溯前代之得失，傍照中国之利弊”，主张处处效仿、学习中国，但现在却认为“所学所习皆老生陈腐，无足以裨益需用”。金玉均、朴泳孝、朴泳教、洪英植、徐光范、俞吉濬、金允植等人先后师从于朴珪寿，他们都是“开化党”的著名成员，他们的思想代表了当时许多朝鲜知识精英的共同看法，那就是主张向西方学习，将朝鲜建设成“亚洲之法兰西”。他们借助民众要求挽救国家和民族危亡的呼声，创办报纸、著书立说，或者上书言事、组织秘密团体，致力于朝鲜的革新运动。

日本明治维新后，主张效法日本的朝鲜知识分子不断增加。1876 年朝鲜王室派金绮秀为修信使赴日本考察。金绮秀在日期间参观了工厂、学校和政府机关等，回国后撰写了《日本见闻书》和《东游记》，提出学习日本进行改革以实行富国强兵的思想。以后李东仁、金弘集、鱼允一等人又分别于 1879 年和 1881 年奉命考察日本。他们回国后写了《日本纪行》等书和一些考察报告，都提出要效仿日本明治维新的做法，通过变革维新使朝鲜尽快走向富强。

1881 年初，朝鲜政府任命朴定阳、赵准永、李宪永、闵种默等 12 人为“游览朝士”，组团赴日本考察学习。该考察团被称为“朝士视察团”，成员多是在 30 ~ 40 岁之间的青壮年官员，年富力强，积极接受新事物，大多数都是闵妃集团的骨干人物。这一年 5 月，“朝士视察团”途经对马岛、长崎、马关、大阪、神户、横滨等，沿途做短暂考察后于 5 月 27 日到达东京，此后他们在东京逗留了两个多月，对东京以及周边的横滨、大阪等地进行了全面而深入的考察。明治政府对他们的到来给予了高度重视，全程予以配合并给以资助，日本驻朝公使花房义质还专程归国与“朝士视察团”同行，给他们做向导。《东京日日新闻》《朝野新闻》等报纸对“朝士视察团”的活动进行了广泛报道。

这次考察中，“朝士视察团”近距离地对日本的政治、经济、文化、教育、生活等方方面面进行了全方位观察，回国后“朝士视察团”的成员们撰写了许多书籍和文章，对所见所闻进行了记述。他们普遍认为日本学习西方先进科技文化之后国力蒸蒸日上，所以他们都主张引进和学习西方先进制度和文化科技，比如：

> 凡于厚生之方，富强之术，有可移者移之。（李宪永）
>
> 若其军制、枪炮、船机、农业诸法之可以固国裕民者，犹可以法。（赵准永）
>
> 以中国之众且大，不无受损于洋人，则不可谓之强也；虽以日本之小，方务富强之术，不无张大，不可谓之弱也。（闵种默）

除着影响力越来越大，“开化党”成员纷纷利用自己的人际关系鼓动各阶层、各种职业的人士加入，许多人身居要职，还有一些人出身于军人、商人、宫人、下人，有的在僧人等特殊群体中有广泛影响力，“开化党”逐渐成为一股超然而独立的政治力量。除了主张学习西方制度文化，他们中的许多人对儒学采取了排斥的态度，尤其“开化党”中的激进一派更是公开厌恶儒学，如洪英植亦“斥孔孟伦常之道，肆然无忌”，朴泳孝、徐载弼、徐光范、俞吉濬等人经常发表一些离经叛道的言论。一些仍坚持儒学的朝鲜人士对他们的言行表达忧虑，认为“伦理灭矣，国有不亡者乎”。

在对待中国的态度上，朝鲜传统观念主张“尊华攘夷”；“开化党”则主张“脱华开国”，他们“深慕洋制，怒视中国”，同时“钦艳日本，以为东洋之英吉利，事事健羡”。“开化党”重要成员、军部大臣尹雄烈之子尹致昊在日记中谈到朝鲜与中国的关系时就提出：“以今比古，事变顿异，古则为其属邦，甘处其下，不但势所使然，亦是保国一策。今则倍守宗国，苦守旧规，何营事宜无益，反必败国乃已。且古则输诚事上，惟望其庇，今则甘心居下，却受人辱，必须勉图自振，以期独立。”

“开化党”由“脱华开国”逐渐发展为“联日排华”，这种思想的产生和不断强化有外部和内部的原因。从外部看，对明治维新的羡慕向往使“开化党”成员对日本普遍持有好感，日本政府也乐于拉拢和资助他们，邀请他们来日本考察或讲学；从内部看，“开化党”认为自己的对手是大院君李昰应等坚持“尊华攘夷”理念的政治力量，“开化党”视他们为保守势力，认为清朝政府是这些保守势力的后台，所以对清政府普遍持有仇视的心态。

四　壬午兵变：“开化改革”酿动乱

朝鲜的“开化党”虽有温和派与激进派之分，体现在对外政策方面有一定差异，但在对内方面，无不主张革新内政、实行开放，通过发展资本主义实现国家富强，他们的许多主张被朝鲜王室所采纳。

1880年朝鲜成立了统理机务衙门，这是效仿中国总理衙门而设立的，其内部设置有事大、交邻、军务、边政、通商、军物、机械、船舰、理用、典选、讥沿、语学等12个司，涵盖了行政事务的方方面面，其中“事大”被置于各部门之首。

在朝鲜，“事大”一词有着特殊含义，它出自《孟子》，在《孟子·梁惠王》中齐宣王问“交邻国有道乎”，孟子回答说：“有。惟仁者为能以大事小，是故汤事葛，文王事昆夷。惟智者为能以小事大，故太王整事獯鬻，勾践事吴。以大事小者，乐天者也；以小事大者，畏天者也。乐天者保天下，畏天者保其国。”“以小事大”的意思就是小国侍奉大国以保存自身，朝鲜后来将其作为对华政策的代名词，在之前负责外交事务的朝鲜礼部就设有“事大司”，也置于各司之首，专门负责对中国的外交事务，近代以来朝鲜社会对亲清的一派也称“事大党”，以示与“开化党”的区别。

然而到了1881年，朝鲜对统理机务衙门的内设机构进行了调整，将原有的12个司合并为同文、军务、通商、理用、典选、律例、监工等7个司。这个改革意味深长，因为它取消了“事大司”，将对华关系并入同文司，该司除负责与中国的外交事务外，还负责与日本、欧美等国家的外交事务。到了1882年，又将“同文司”与“通商司”合并，将外交与通商事务纳入一个部门管理。

有人将朝鲜的这次“开化改革”视作日本的明治维新或中国的洋务运动，但如果从动机上考察，朝鲜的这次改革有着更多的功利目的。此时大院君李昰应仍受排挤，这次改革由闵妃集团所主导。闵妃集团虽然在政治上暂居上风，但也担心大院君一派随时会发起反攻，所以就利用“开化党”来抵消大院君的势力，因为在许多对内对外的主张上，大院君与“开化党”都有严重的分歧。

但这场改革也体现出“开化党”人的许多政策主张。除了派团赴日本考察，朝鲜政府还于1881年派出金允植等38人赴中国考察，重点赴天津机械局学习制造武器的方法，后来又聘请中国的技术人员来朝鲜，在汉城三清洞成立了机器厂。除了造武器，这一时期朝鲜还自主成立了主管烟业生产的卷烟局、生产酒的酿春局、生产铁器的“铸一所”、印刷书籍的“博文局”、生产玻璃的“三湖玻璃局”等，一些近代新式产业先后引进朝鲜。

这场改革也涉及军事方面。朝鲜政府把过去5个营的军队合并为武卫营和壮御营，又新成立一支教练兵队，俗称“别技军”，相当于新军，由闵妃的侄子闵泳翊掌管，聘请日军教官进行训练，同时在上层子弟中选拔100名青年，称“士官生徒”，让他们接受日本的军事训练。这场军事改革本意是发展新式军队，但由此引起了新旧军队的矛盾。“别技军”成立后旧式军队的地位迅速下降，“别技军”装备先进，衣装整齐，军饷丰厚，而旧式军队的待遇却十分糟糕，改革期间竟有13个月未发军饷。旧式军队被压缩整编，除少部分人被选中进入新军外，还有相当一部分官兵被迫解甲归田。朝鲜民间反日情绪一直很浓，闵妃聘请日本军人训练“别技军”也让朝鲜百姓不满，朝鲜民间将“别技军”称为“倭别技”。

1882年7月，由全罗道运来的漕米到达汉城，主管军人俸禄发放的宣惠厅决定先给武卫营和壮御营发放1个月俸米，这本来就少得可怜，但大家领到后发现米里掺杂砂糠，于是士兵们涌向宣惠厅下属的仓库都捧所，与管库官员理论，继而发生冲突。愤怒、饥饿的士兵们冲进都捧所，砸毁仓库、抢夺粮食，还殴打了管库官员。事后政府方面逮捕了4名带头闹事的士兵，消息传到汉城东郊士兵聚居的地方，引起极大愤慨。武卫营、壮御营的士兵集体哗变，于7月23日发动了暴动，杀死了兵曹判书闵谦镐等人，还处死了“别技军”中的数名日本教官，又围攻日本公使馆，日本驻朝公使花房义质仓皇逃往仁川，后乘英国军舰返回日本。这一年是朝鲜壬午年，该事件被称为“壬午兵变”，在整个兵变中共有13名日本人被杀死。

五　出兵朝鲜：清政府改变对朝政策

这场兵变势不可挡，除了起义的士兵还有大批民众主动参与，他们汇合起来，分成3路向王宫发起了进攻，誓言要推翻执政的闵妃集团。路上杀死了前领议政兴寅君李最应、吏曹参判闵昌植等重臣，攻进王宫后又杀了金辅铉、闵谦镐等闵妃集团的骨干分子。

起义士兵四处寻找闵妃，闵妃化装成宫女才逃出王宫，局面完全失控。国王李熙无法收拾残局，只好请父亲大院君李昰应再度出山以挽救局面。李昰应在士兵们和民众的拥护下重新掌权，他下令士兵撤出王宫，但起义的士兵认为闵妃只要还在，迟早有一天会来找他们清算，所以都不退出。李昰应最后想出一个办法，对外宣称闵妃已死于混乱之中，还像模像样地为闵妃搞了一个“国丧”。李昰应还下令赦免起义士兵，并发给士兵拖欠的俸饷，大家这才离去，兵变宣告平息。李昰应迅速安排自己的亲信接掌各个重要部门，清除闵妃集团的势力，又连续发布命令，恢复原先的五营军，解散“别技军”，裁撤统理机务衙门等。闵妃集团推行“开化改革”的措施几乎都被推翻。

但是，朝鲜面临的危机远没有结束，因为在这次兵变中自认为蒙受了重大损失的日本人不会善罢甘休。花房义质逃回日本后，立即向明治政府呈报告书，提出以武力解决朝鲜问题。这也是许多日本政府要员的共同看法，他们认为正好借此事件全面进兵朝鲜。“征韩论”的积极鼓吹者福泽谕吉撰文声称必须“未达城下之盟不罢休”，在此情况下，明治政府于8月5日发布“戒严令”，8月12日发布“征发令”，做出向朝鲜大规模用兵的架势。

但是，朝鲜问题毕竟不只是朝日关系问题，也不仅是中日朝三方的关系问题，它还牵涉美、法、俄、英等国的利益。全面权衡之下，最后由明治天皇亲自裁决，决定先逼迫朝鲜谈判求和，如不能达到目的再发兵。8 月 12 日，花房义质在日本陆军少将高岛鞆之助、海军少将仁礼景范所率领的 1500 名士兵保护下重回朝鲜仁川，向大院君李昰应提出谈判。明治政府提出的谈判条件包括：朝鲜政府以公文形式正式谢罪；向被害者的日本人家属支付抚恤金；逮捕和惩处肇事者；追究牵涉本案的朝鲜大臣的责任；向日本政府支付损害赔偿及军费赔偿；割让巨济岛或郁陵岛给日本；在朝鲜的济物浦驻军。

“壬午兵变”前夕清政府直隶总督兼北洋大臣李鸿章因母亲病故而丁忧回籍，职务暂由张树声代理。张树声从各种渠道得知朝鲜发生兵变的消息，于是在汇报总理衙门的同时命天津海关道周馥向朝鲜驻中国的领选使金允植、问议官鱼允中等人了解详情。金允植、鱼允中是闵妃集团的成员，他们一口咬定兵变是大院君李昰应背后策划的，对李昰应进行百般诋毁，并请求清政府出兵平乱，将李昰应赶下台。在事情还没有得到完全证实的情况下，张树声命水师提督丁汝昌、道员马建忠和鱼允中一起搭乘北洋舰队的“威远号”“超勇号”“扬威号”等 3 艘军舰前往朝鲜，以调查事件真相。

这时清政府驻日公使馆也发来密报，指出日本将出兵朝鲜。张树声立即向朝廷提出奏议，认为应出兵朝鲜以与日本抗衡，同时镇压所谓乱党，这个建议得到了朝廷的批准。丁汝昌等于 8 月 10 日到达仁川，早于日本军队两天，他们到达后迅速了解当地的情况，不知何故，他们也认定是大院君李昰应在背后策划了兵变。鉴于日军出兵在即，他们向清政府提出“乘迅雷之势，直取王京，掩执逆首”的建议。张树声随后向总理衙门建议，要拘拿李昰应：

> 窃惟李昰应如果显为悖逆，势焰方张，惊非该国遂能自定。如扰在暗中主持布里，则朝鲜不去此人，后患无穷底止，亦非该国王所能自了。即便乱党暂平，而日本一边，诚如来谕，必不免一番狡展。亦必须有兵力相当，始易调停就范。

显然，这种考虑也并非完全因听信闵妃集团亲信之言而做出，而是考虑到当时朝鲜混乱的局势，他们都认为如果不拿掉李昰应，朝鲜的局面就无法恢复平静，日本就有机可乘。8 月 13 日，李鸿章给张树声来信，谈到朝鲜问题的处理方案，李鸿章所持的也基本是这个态度，认为朝鲜“内外交讧，该王号令有所不行。日人又乘势逼迫，诚恐星星之火浸成燎原”。此时广东水师提督吴长庆率 1300 人淮军由登州前来朝鲜，清军在朝总人数达到了 3000 人，在吴长庆、马建忠等人的指挥下先设计诱捕了大院君李昰应，之后镇压了参与兵变的士兵。吴长庆手下时年 23 岁的袁世凯在作战中十分英勇，他一路放枪，带头冲在最前面，事后受到吴长庆的嘉勉和请功。

李昰应后来被送往中国，因为他是著名的“亲清派”，清政府并未为难他，安排他在保定府旧清河道衙署居住，给予优厚待遇。朝鲜这边闵妃则重回王宫，再次执掌政权。经过一系列动乱，朝鲜此时的境况仍很危急，清政府此后如何处理好与朝鲜的关系成为必须确定下来的问题。李鸿章的女婿、左副都御史张佩纶向朝廷上《朝鲜善后事宜六策》，提出：向朝鲜简派大员为朝鲜通商大臣，管理朝鲜外交；为朝鲜选派教习并代购洋枪，替朝鲜训练军队，既防日本，又可用于稳定朝鲜内政；迅速筹款，兴造快船两三艘进驻仁川，防范日本；加强辽东半岛的防务，以备缓急；占据朝鲜的永兴湾，以制日俄。这些建议大都被清政府采纳，李鸿章本人除对占据永兴湾还有迟疑外，其他也大体赞成。

这是清政府对朝政策的一次重要转变，之前虽然认为朝鲜是自己的藩属国，但秉持的是不干涉朝鲜内政的方针，而现在朝鲜的内乱、日本对朝野心的膨胀促使清政府不得不重新考虑与朝鲜的关系，强化藩属关系、由不干预到积极干预，这些政策也就势在必行了。1882 年 9 月 8 日，朝鲜全权正副大臣赵宁夏、金弘集到天津拜见已复职的李鸿章，感谢清政府出兵平定“壬午兵变”，请求清政府帮助朝鲜整顿军务。清政府同意了朝鲜的请求，命令吴长庆挑选熟悉西式操练方法的军官来帮助朝鲜军队，并赠送给朝鲜 10 门大炮和 1000 支步枪。次月，中朝两国在天津签订了《中朝商民水陆贸易章程》，该章程共 8 条，内容包括中朝开放海禁、允许边民在鸭绿江两岸的部分地区自由贸易、两国互相派员驻通商口岸等，规定中国在朝鲜享有领事裁判权、协定关税权等特权。该章程的签订使中朝两国宗藩关系步入实质化，清政府对朝鲜的宗主权进一步加强了。

"壬午兵变"后，驻朝清军帮助朝鲜训练新军，袁世凯就以帮办朝鲜军务的身份驻留朝鲜。由于他精于练兵，又善于和朝鲜各阶层人士打交道，深受朝鲜朝野的好评，也得到李鸿章器重。一场兵变几乎把朝鲜的新旧军队消耗殆尽，闵妃重新掌权后迫切需要训练新的军队。袁世凯帮助朝鲜成立了一个"新建亲军营"，分为左营和右营，由袁世凯负训练总责。他亲自拟定规章制度，亲抓训练，没用两年这支新式军队就训练完成，在汉城春塘台举行了盛大的阅兵仪式，其整齐的军容、良好的风貌赢得朝鲜官民和驻朝各国使节的喝彩。

六　《济物浦条约》：日本不肯善罢甘休

"壬午兵变"中清政府果断出手，不仅迅速控制了朝鲜的局势，还通过一系列措施强化了对朝鲜政权的实际控制，因此与日本的矛盾就更加尖锐了，还没有捞到什么好处的日本人自然不会善罢甘休。

在清政府出手"壬午兵变"之前，日本驻朝公使花房义质就来到仁川，立即与反对大院君的朝鲜官员秘密接触，商议应对朝鲜局势之策。身在下关的外务卿井上馨命令花房义质要与清政府抢时间，"一秒也不要犹豫，马上进入京城，占据咽喉要地"。花房义质于是率领 1500 名日军强行来到汉城。此时还是大院君李昰应掌权，尽管李昰应不愿意跟日本人打交道，但迫于日军压力，也不得不接受日本人提出的谈判要求。

花房义质在汉城王宫见到朝鲜国王李熙，向他提出严正抗议，就"壬午兵变"中日本使馆被焚以及日本人被杀进行责难，通过书面函件提出若干项要求，内容与之前明治政府内部讨论的情况大体相同。花房义质态度强硬地表示，只给李熙 3 天时间考虑。花房义质还去见了李昰应，问李昰应准备如何善后。李昰应对此避而不谈，只说朝鲜今后将顺从时势，不坚持斥邪排外。

李熙和李昰应将日本的要求提交朝会讨论，引起朝鲜官员们的一致反对。有人提出可动员朝鲜全国力量抗击日本人，将其驱逐出朝鲜。这时丁日昌、马建忠等人率清军来到了朝鲜。李昰应请马建忠来汉城斡旋。马建忠未到前，李昰应先以给闵妃举办所谓“国葬”为由，对花房义质的“最后通牒”予以拖延。花房义质恼羞成怒，率日军退出汉城，登上在济物浦海面停泊的军舰，日军在仁川到汉城一线摆出战阵。

1882 年 8 月 23 日，马建忠率 200 名清兵进入汉城，但他此时关注的重点不是如何解决朝日冲突，而是为密捕李昰应而来。两天后吴长庆、丁汝昌率 3000 名清兵也进了汉城，次日就将李昰应抓了起来，接着闵妃重新掌权。清政府方面不愿意此时与日本人全面开战，所以主张朝鲜与日本继续谈判。

8 月 28 日，李熙委任奉朝贺李裕元为全权大臣、工曹参判金宏集为全权副官前往济物浦与日本谈判。谈判前李熙曾命人将日本人提出的书面条件交给马建忠，金宏集去济物浦前又专程拜见马建忠，所以这场谈判清政府虽然没有参与，但在幕后进行着策划。朝鲜谈判代表到达济物浦当晚，谈判就在日本军舰“比睿号”上进行了。对于日本提出的条件，朝鲜代表李裕元表示难以接受，认为依据国际法朝鲜没有负责军事赔偿的义务，双方陷入僵持。之后，日方提出让步，将赔款金额定为 40 万元，但必须以采矿权、电线架设权以及咸兴、大邱两地开放通商为条件。朝方这样做损失更大，宁可多付 10 万元，但条约里如写“赔偿”则于国际法不符，于是提出将“赔偿”改为“填补”，日方接受。对日方提出的在汉城驻军一事，朝方更不愿接受。此前马建忠曾建议，将驻军一条改为“日本公使馆，置兵员若干备警”。经过一番争执，日方最后只得接受。

8 月 30 日，朝鲜与日本在济物浦正式签订了《济物浦条约》。该条约首先指出“朝鲜凶徒侵袭日本公使馆职事人员，致多罹难，朝鲜所聘日本陆军教师，亦被惨害”，站在日本立场给“壬午兵变”定了性，然后“为以表惩前毖后之意”，双方商定 6 项内容，包括朝方“捕获凶徒，严究渠魁，从重惩办事”，遇害的日本人“由朝鲜国优礼瘗埋，以厚其终事”，朝方拨 5 万元抚恤遇害日本人家属并抚恤伤者，在兵变中“日本国所受损害及护卫公使水陆兵费内五十万圆，由朝鲜填补事，每年支十万圆，待五个年清完”，还规定“日本公使馆备兵员若干备警事”，同时“朝鲜国特派大官修国书以谢日本国事”。

以上这些内容中，最重要的是关于使馆驻兵的规定，它不仅是个标志，是明治维新以来日本首次海外驻军，而且对朝鲜今后时局的发展也会产生现实的影响。日本在清朝的藩属国朝鲜驻兵，尽管数量还不会太多，但对清政府这个“宗主国”也是一种挑战。所以该条约签订后，在幕后遥控的马建忠立即遭到清政府内部清流派的攻击。袁世凯对马建忠强烈不满，他曾对朝鲜官员说：“贵国之事如治疮，然交涉之人挟日本以自重，交涉之人一日不死，则疮不可为也。”这里的“交涉之人”，暗指的就是马建忠。

但对马建忠来说，采取“息事宁人”的态度实在有不得已的苦衷，他是李鸿章的幕僚出身，处处秉持李鸿章的意旨，也最能体会李鸿章的难处。袁世凯可以强硬，因为他只需考虑朝鲜一地一事，但此时的大清国四面八方都可谓与朝鲜一样，都面临着严重的问题和危机。举全国之力与日本人在朝鲜争雄并不是李鸿章此时愿意考虑的，就东北亚来说，俄国人的威胁丝毫不亚于日本，李鸿章甚至考虑过“联日制俄”的想法。对日军驻兵汉城，李鸿章并非没有考虑过其严重性，但他同时认为“日兵驻王城仅二百余人，决不至有他患”。

七　“甲申政变”：中日的直接对撞

1882 年 9 月，朝鲜政府派朴泳孝为修信使、金玉均为顾问赴日本“谢罪”，他们都是著名的“开化党”人。在日期间，积极鼓吹对外扩张的福泽谕吉等与他们广泛接触，福泽谕吉在与金玉均会面时曾竭力游说，认为朝鲜应该与中国割断宗属关系，还表示愿意全力支持朝鲜的改革，这些对朴泳孝、金玉均等人影响很大。

为了从多方面施加对朝鲜的影响，福泽谕吉随后派弟子井上角五郎、牛场卓造、高桥正信等人去汉城，指导金玉均创办了《汉城旬报》。该报积极鼓吹朝鲜维新变法，对外政策则鼓吹自主独立，矛头全指向中国。该报还经常编造新闻，对驻朝清军进行大量的负面报道，产生了很大的社会影响。

“壬午兵变”后重新执政的闵妃对清政府出兵帮助自己表示感激，对华采取亲近政策，这让日本人公开干预朝鲜内政外交带来一些困难。于是明治政府在朝鲜问题上采取了新的策略，那就是制造舆论离间中朝关系，积极扶持对朝鲜王室和闵妃集团不满、希望革新变法的“开化党”人，以等待朝鲜社会“变脸”的那一天。为赢得朝鲜民众的好感，明治政府还主动提出“豁免”了《济物浦条约》所规定赔款中的 40 万元。接替花房义质任日本驻朝公使的竹添进一郎在觐见国王李熙时，还代表日本天皇赠送给朝鲜步枪 425 支和弹药 50000 发。

1884 年是中国和朝鲜的甲申年，这一年中国国内发生了两件大事深刻地影响到朝鲜局势。一件事是“甲申政潮”。慈禧太后罢免了恭亲王奕䜣，起用光绪皇帝的生父奕譞接替奕䜣。奕䜣长期主持总理衙门，是李鸿章的主要政治同盟，也是诱捕大院君李昰应的主要决策者之一。闵妃集团听到传言，说奕譞上台后将把李昰应送回朝鲜。尽管这个消息无从核实，国王李熙和闵妃都对清政府产生了一定的疑心。

另一件事是中法战争。中国南方地区形势危急，1884 年 5 月，吴长庆率驻朝清军 1500 人奉调回国，清政府在朝势力大大削弱。在随后的战事中，中国军队在法军进攻下节节败退，尤其是 8 月发生的马尾之战中，清政府辛苦筹建的福建水师几乎全军覆没，法国军队攻占了台湾的基隆、澎湖，又直指舟山群岛。消息传到朝鲜，朝鲜上层大为震动，对清政府的依赖多少产生了质疑，清政府在朝鲜民众中的威望也明显降低。

这些情况让日本人感到，让朝鲜“变脸”的时机已经到了。竹添进一郎私下会见“开化党”领袖朴泳孝，怂恿说：“清国之将亡，为贵国有志于改革之士，不可失此机!”在觐见国王李熙时竹添进一郎请其屏退左右，之后意味深长地对李熙说，中国在对法作战中全面失利，奕䜣被罢免后李鸿章独木难支，清朝必将衰亡。他劝李熙切勿卷入战争，并说朝鲜一旦有事，只要国王提出请求，日本必会尽保护之责。李熙虽然没有当场作出什么表态，但内心已深感不安。

在日本人的鼓动下，“开化党”人正悄悄酝酿一场政变。1884 年 11 月 11 日深夜，竹添进一郎让驻朝日军在汉城郊外南山举行演习，目的是为了配合“开化党”的政变准备。竹添进一郎向明治政府提出甲、乙两种方案，其中

"甲案"是这样谋划的：

> 我日本因与支那政府政治路线各异，故到底不能期望亲睦。若不与支那一战以消除其虚慢心，则难有真实之交际。如有此庙议，则今日煽动日本党掀起朝鲜之内乱为上策。盖并非我与支那开战，而是依朝鲜国王之依赖守卫王宫，击退刃向国王之支那兵，以此为名义并无不合之处。

至于"乙案"，简单概括为"若今日专以保持东洋和局为宗旨，不与支那生事，朝鲜任其自然之运"，显然他的意见是实施"甲案"。竹添进一郎将亲近中国的朝鲜官员称为"支那党"，他认为"支那党如再跋扈，日本党将陷入殊死之地，必出斩奸之举"。

竹添进一郎一边等待国内回复，一边秘密与金玉均等"开化党"人进行密谋，为实施"甲案"作准备。他们的计划是突然发动政变，挟持国王李熙等人，然后成立亲日政府，将清兵赶出朝鲜。日本驻朝公使馆、《汉城旬报》等都为"开化党"人起事提供帮助，《汉城旬报》编辑井上角五郎为"开化党"人购买了日本刀、炸药和步枪等武器，以走私方式运入汉城，还有多名日本人直接参加起事，藏身在金玉均的家中。

也许是竹添进一郎立功心切，也许是"开化党"人已无心等待，总之未等明治政府作出最后定夺，政变就已经开始了。12 月 4 日，汉城将举行邮政局大厦开业庆典，"开化党"人准备这一天发动政变，暗杀亲华的大臣，夺取政权。为了给他们鼓劲，竹添进一郎在起事前对金玉均说："吾志亦如公而决，誓勿相疑！"到了 12 月 4 日，当晚 6 时将举行相关仪式，由朝鲜邮政局总办洪英植主持宴会款待朝廷大臣和清政府驻朝官员。洪英植本人就是"开化党"的重要成员，"开化党"准备借此机会把亲华和守旧的大臣们一网打尽。

当晚，竹添进一郎称病未出席庆典，袁世凯察觉情况不对劲，也找他理由没有去，出席庆典的重要来宾只有闵泳翊等朝鲜大臣以及清政府总办朝鲜商务委员陈树棠等。"开化党"人原打算在现场纵火，趁乱发起攻击，但因戒备森严未成，请示金玉均后改为焚烧隔壁民房。火起来后，"开化党"人大呼失火，闵泳翊带头去救火，结果被埋伏好的"开化党"人砍成重伤，而其他官员、来宾则趁乱逃离了现场。“开化党”想趁庆典之机将反对势力一网打尽的计划落空了。

尽管如此，金玉均仍决定进宫。国王李熙对政变并不知情，听到外面一片混乱，不明就里，金玉均趁机建议请日军来保护。李熙紧张之下便用铅笔写了一道手谕，上面有“日使来卫”等字。金玉均如获至宝，立即将其交予朴泳孝，由朴泳孝派人送日本驻朝公使，交给竹添进一郎。竹添进一郎马上率事先准备好的200名日兵来到汉城王宫，直接参与这场政变。

在日本军队的支持下，“开化党”人控制了国王李熙，将亲华的6名大臣杀害。闵妃在金玉均等人的欺骗和恐吓下迁居景佑宫，由“开化党”人实际操纵。12月5日，朝鲜成立新的亲日政府，宣布解除与中国的宗藩关系。次日又以国王李熙的名义颁布了多项施政纲领。有记载说其内容多达数十条，金玉均在《甲申日录》中记载了其中重要的14条：

1. 立刻交还大院君归国，废止对清廷的朝贡；
2. 去除门阀，树立全民平等权，登用人才；
3. 改革地租法，杜绝弊政，充裕国库，保护穷民；
4. 废止宦官管理机构内侍府，选用其中人才为官；
5. 严惩贪官污吏；
6. 豁免各道的欠纳粮款；
7. 废除管理儒林的机构奎章阁；
8. 设置巡检，确立警察制度，以加强社会治安；
9. 废除惠商公局；
10. 受流配禁锢刑者，酌量减刑；
11. 合并四营，设置禁卫队；
12. 命户曹统辖国内财政，废止多余的财政衙门；
13. 各大臣、参赞每日在议政所集合，议定并执行政令；
14. 罢除六曹以外的一切冗官，政令由大臣、参赞商议后施行。

袁世凯没有参加4日夜里的庆典，所以没有在第一时间掌握情况，待陈树棠逃回，才大致知道发生了什么事。袁世凯立即带队赶往邮政局，但现场已空无一人。天亮时清兵收队，袁世凯、陈树棠去看望负伤的闵泳翊，对发生的情况才有了进一步了解。5 日上午，消息陆续传来，说“开化党”勾结日军发动了政变，劫持国王、杀亲华的大臣，矛头所指都是清政府。

袁世凯、陈树棠以及清朝官员吴兆有等赶紧商议对策。当时中朝之间尚未架设电线，来往公函全靠船运，请示国内已来不及，必须现场决断。最后他们商定，由陈树棠约请各国公使出面，要求日军从王宫退兵，之后再惩办此次政变的祸首，如日本拒绝就兵戎相见。但该办法并不可行，各国领事普遍袒护日本，认为中国驻军应慎重，拒绝向日方传话，这让陈树棠、吴兆有都谨慎起来，他们认为应当观察一下再说。

但此时情况已十分危急，容不得再等，“开化党”的各项革新措施推出后，袁世凯已意识到再等下去将贻误战机，而此时汉城民众也了解到王宫里发生了巨变，“人心益汹汹，军民结聚数十万，将入宫尽杀倭奴”。在这种情况下，袁世凯决定动手，他说：“我辈统兵防韩，若失其君又失其国，咎将焉归？且韩既附日，韩乱党必断我归路，合兵攻我，何由归国？”

12 月 6 日下午，袁世凯带兵进入汉城王宫，对参与政变的“开化党”人实施镇压。除清兵外，由袁世凯亲自训练的朝鲜新军左右两营也参加了战斗，很快将日军击溃，重新控制了国王李熙，“开化党”人洪英植等被杀，金玉均、朴泳孝等在竹添进一郎的帮助下逃走。还有一个说法是，就在袁世凯出兵前，竹添进一郎接到了日本国内来的训令，就他提出的甲乙两种方案给予答复，不同意“甲案”。这大概是明治政府权衡朝鲜现状之后作出的理性判断。从当时在朝兵力对比看，日本稍处下风，日军虽然有数艘军舰游弋于仁川一带，但中国的北洋舰队主力就在距朝鲜半岛很近的旅顺，一旦有事，马上可以开来助战。对于现在就与清军在朝鲜展开大决战，明治政府没有必胜的把握。

竹添进一郎本想在清兵进攻前就命令日军撤退，但金玉均等人拼命挽留，竹添进一郎才暂缓撤兵，待袁世凯指挥军队杀来，日军已无交战的决心。日本人在撤退途中屡遭朝鲜人的打击，第二天有不少朝鲜民众包围了日本使馆，不断投掷瓦石进行袭击，一些来不及撤退的日本侨民成为朝鲜民众的攻击目标。袁世凯控制住汉城的局势后，马上下令停止袭击日本使馆人员和家属，又“复遣弃兵，觅被遗弃日商子女多人，并遗竹添书，遣兵护送至仁川”。袁世凯向李鸿章汇报了整个事情的经过，鉴于朝鲜现在的局势以及复杂性，袁世凯建议“特派大员，设立监国”。清政府和李鸿章对袁世凯此次的表现给予高度评价，李鸿章评价袁世凯“胆略兼优，能识大体”，认为他“勘定朝鲜变乱，厥功甚伟”。

第十一章

激烈的角逐

一 “联法制中”：日本请来援手

“甲申政变”发生后，日本驻朝公使竹添进一郎带着金玉均、朴泳孝等朝鲜“开化党”骨干逃进汉城公使馆的时候，惊慌失措的日本侨民也大量涌向这里，人数多达3000人。这是因为《江华条约》签订后大量日本资本进入朝鲜，在朝鲜经商、游历或从事其他各种活动的日本人越来越多，面对群情激愤的朝鲜民众，他们都感到了恐惧。

在这种形势下，竹添进一郎感到汉城已无法再待下去，于是下令向仁川撤退。日本驻朝使馆近年来成为煽动朝鲜政变的大本营，里面藏着太多的机密，撤退前竹添进一郎命令烧毁所有机密文件，不知是否是因为过于紧张，结果酿成大火，整个使馆全被烧毁。另有说法是，使馆被焚是日本人有意为之，一来在最短时间里最彻底地销毁证物，二来为向中朝兴师问罪制造借口。之后，竹添进一郎忙带着使馆人员、日本侨民以及“开化党”成员趁乱逃出汉城，到达仁川后也不敢逗留。曾在20多年前出使上海的邮轮“千岁丸”正好在仁川驻泊，它被临时征用，日本人忙登上该船离开这个是非之地。事后统计，日本军人及侨民在此次“甲申政变”中一共有33人被杀，死者中军职最高的是驻朝公使馆武官矶林真三大尉，在撤退途中他被愤怒的汉城民众打死。

朝鲜发生的事件在日本国内激起巨大波澜，一些右翼分子立即叫嚣要以武力解决问题。担任明治政府农商务卿的西乡从道在内阁会议上提出对中国宣战，社会上的一些右翼团体也趁机组织各种集会、游行，抗议所谓的“中国暴行”，有的宣传要组成“义勇军”前往朝鲜，还有的提出联合法国共同夹击中国。

“日法联合”的构想在当时日本国内很有市场。中国与法国为越南问题引发的中法战争打响之后，日本的一部分人就发现了其中的“机遇”。日本自由党机关报《自由新闻》当时发表过一篇社论，认为在打破中国的宗主权这一点上日本和法国有共同的追求。越南也是清政府的藩属国，这篇社论认为法国和越南的关系与日本和朝鲜的关系相同，如果清政府在越南方向获胜，对日本在朝鲜的利益就不利，反之，如果清政府在朝鲜这边获胜，对法国殖民安南王国也十分不利，所以这篇社论得出的结论是“日法联合，夹攻清国是为上策”。明治政府内部也有许多人持“日法联合”的观点，伊藤博文认为应“联法攻清”，井上馨认为日法两国“应互相联合”。据《中法越南交涉档案》所载，中法战争刚开始不久清政府就屡屡收到报告，称“屡有人在越南托词观战，暗助法军情事”。1884 年 4 月 29 日，上海《申报》披露“近日有禅臣洋行之央思轮船赴日本长崎，装载日本兵勇赴越”。日本在野的自由党在对华态度上更强硬，自由党的机关报《自由新闻》经常发表煽动性言论，鼓吹武力侵略朝鲜、与中国决战，自由党成员还曾策划在福州搞一场政变以配合法国的军事行动，但后来这场政变因准备不足而无果。

1884 年 9 月，也就是“甲申政变”的前夕，日本自由党总理板垣退助会见法国驻日公使西昂基厄维兹（Sienkiewicz，J. A.），提出在朝鲜发动一场政变配合法国，希望法国提供 100 万日元作为政变资金，作为回报，板垣退助提出把朝鲜的矿山开采权让给法国。西昂基厄维兹对此很感兴趣，当场就答应了下来，但这笔肮脏交易最后并没有履行，因为日本执政党当时与自由党竞争非常激烈，执政党的伊藤博文、井上馨等听到风声决定先在朝鲜动手，迅速召回了驻朝公使竹添进一郎，商议要抢在自由党的前面。在朝鲜发动政变的问题，日本策划的“甲申政变”最终仓促失败，正与他们要赶时间有很大关系，而在这些背后，又都与法国有着密切联系。

虽然现在政变失败了，但与法国联手的呼声却更加高涨。相关消息也传到中国国内，引起清政府的关注和不安。据季南《1880－1885 年英国对华外交》，“甲申政变”发生后的次月，即1885年1月，主持清政府总理衙门的庆亲王奕劻曾问英国前驻朝鲜公使巴夏礼（Harry Parkes）听没听说过法国与日本之间达成了秘密协定，将要对中国南北夹击。巴夏礼就此问题发电报向英国驻日公使馆询问，英国驻日公使馆回电称日本正在进行军事准备，正苦于找不到合理的开战理由。巴夏礼赶紧把这个情报转告了奕劻，同时希望清政府不要与日本硬碰，以免让日本与法国联起手来对付中国。

二　《汉城条约》：日本反败为胜

日本国内主张在朝鲜问题上持强硬立场的人越来越多，但明治政府却有着清醒的考虑，认为此时对朝鲜动武就等于同中国展开决战，从战略和战术的层面看，这都不利于日本。

从战略的层面看，此时东亚的政治格局都处在微妙之中，日本有着清晰的对外扩张战略，那就是在北面以朝鲜半岛为跳板，在南面以琉球、台湾为跳板，最终将目标锁定于中国大陆。这是日本的想法，但也会受到外力的干扰。在北面，俄国现在的势头也很猛，势力不断向中国东北地区推进，对朝鲜也有非分之心；在南面，法国现在有向中国步步紧逼之势，而且法国也盯上了中国的台湾等地，有抢占先机的趋势。俄、法两国近年来在东亚势力的快速增长，已经成为日本对外扩张的重要障碍之一，如果台湾被法国占领，如果俄国的势力在中国东北地区进一步扩张并占领朝鲜，中国当然是最大的受害方，但日本建立庞大帝国的梦想也将就此止步，这是明治政府不得不考虑的。

所以，为今之计，日本在战略上不仅不能与清政府展开决战，而且还得扶持它对抗俄、法等国。而从战术层面看，日本此时在朝鲜半岛与清政府展开决战，并没有必胜的把握。

首先，日本的军事力量虽然在快速扩充，但毕竟起点太低，基础还比较差，要大幅度地领先中国，还需要一定时间。清政府近年来也下大力气发展军事力量，尤其以北洋舰队为代表的近代海军实力不容小视。正如日本学者信夫清三郎在《日本外交史》中所指出的那样：“无论对于甲申政变，或在来自英俄争霸的‘瓜分朝鲜’危机之时，日本都因军备尚不充足，没能采取积极的对策。”

其次，日本这些年来在朝鲜苦心经营，不仅在经济上大举渗透，而且通过对其知识分子阶层的影响和拉拢，拥有了一定的政治拥趸。本来这是策划实施将朝鲜“变脸”的政治和经济力量，但由于仓促发起的“甲申政变”而使这些力量一夕瓦解，现在朝鲜朝野上下对“开化党”等政变的发起者都在进行追剿和声讨，让日本失去了有力的内应。

再次，“甲申政变”并不是出兵朝鲜的好理由，尽管明治政府竭力宣传日本人在这场政变中很无辜、伤亡惨重，但大量事实摆在了那里，日本驻朝公使馆的人员直接参与了这场政变的筹划，不仅配合政变者在幕后搞活动，日本军队还直接走到前台。事变失败后日本使馆和军队还窝藏庇护政变分子，这些行径足以将日本干预别国内政、颠覆别国政府的结论坐实，这与当时流行的国际法准则背道而驰，日本百口难辩。明治政府内部对此也有很大争论，不少人认为竹添进一郎没有接到朝鲜政府的正式照会，也没有本国政府的训令，就直接下令出兵朝鲜王宫，这是一种越权行为，是鲁莽和草率的。

在这种情况下，明治政府将朝鲜政策调整为“军事退却、外交进攻”。“甲申政变”后不久，日本就派出一个舰队前往朝鲜，该舰队由 7 艘军舰组成，士兵约 3000 人，由外务卿井上馨、日本驻朝公使竹添进一郎、陆军中将高岛鞆之助、海军少将桦山资纪等人率领。他们此行不是为了去打仗，而是为了展开谈判，舰队是谈判的后盾。

1884 年 12 月 29 日，竹添进一郎首先前往汉城与朝鲜外务督办赵秉镐、协办穆麟德举行预备性会谈。竹添进一郎要求朝鲜就使馆被焚、侨民被杀等事项进行赔偿。关于“甲申政变”中日本方面扮演的角色和责任，竹添进一郎拿出朝鲜国王李熙写的“日使来卫”谕旨进行辩解，把责任全部推给朝鲜方面。朝方对此进行了严厉驳斥，当面指出竹添进一郎本人就参与了政变，在幕后频频鼓动，是政变的罪魁祸首。对于日方握在手中、自以为很有分量的证据“日使来卫”，朝方指出这是“凶党之临急矫旨”，说明不了什么，朝方还强烈敦促日本尽快引渡金玉均等政变分子。就在当天，清朝政府派以左副都御使头衔会办北洋事宜的吴大澂率 500 名清兵来朝鲜以加强驻朝兵力，为参与谈判作准备。

1885年1月3日，井上馨到达汉城，他首先前往王宫拜会了朝鲜国王李熙。会谈中，井上馨提出让李熙屏退左右，他有要事密奏。待周边没人时，井上馨拿出李熙亲自用铅笔写的那张“日使来卫”的谕旨。清朝方面如果看到这张字据会对李熙不利，井上馨的行为可以看作是对李熙赤裸裸的威胁，而李熙似乎也屈服了，同意任命左议政金宏集为全权代表与井上馨直接谈判。李熙给金宏集颁布了正式的委任状，其中写道：“京城不幸有逆党之乱，以致日本公使误听其谋，进退失据，馆焚民戕，事起仓促，均非逆料。”井上馨认为“公使误听其谋，进退失据”有暗指日方挑唆、鼓动之意，不同意这么写，李熙命人将其删除。

在清政府方面，朝鲜危机暂时缓和后，此时的精力主要关注于越南方向。李鸿章等人最担心的是日、法结盟，所以认为朝鲜问题最好能用外交手段去解决。据郭廷以主编《清季中日韩关系史料》所载，吴大澂到朝鲜后曾劝李熙“中国不愿与邻邦失好，贵国又不能与日本相抗，其势不能不委曲求全，以息事宁人为归结”。清政府的这种态度也是影响李熙改变对日强硬态度的另一个原因。但对于日方提出的各项具体要求，吴大澂则希望朝方能据理力争。正式谈判前金宏集拜访了吴大澂，吴大澂就日方的各项要求分别谈了意见。如赔偿日本使馆一事，他建议暂不答应；日方提出缉拿杀害日本人的罪犯，他建议以事发仓促、难以追究以及“众怒难犯”为理由搪塞，但对于金玉均等在日逃犯则要求日方“协力查拿”；日本人提出增兵朝鲜，甚至会要求驻军人数与清军相当，吴大澂叮嘱金宏集“不可偿其奢愿”。

1月7日，朝鲜和日本谈判代表在汉城展开会谈，日方首先为谈判定调，即不允许中国参与谈判，不追究政变中的责任问题，只谈如何善后。日方提出的善后条件主要是赔偿损失、杀人者偿命、重修日本驻朝鲜公使馆等，同时提出为保障日本使馆和日本人在朝鲜的安全在朝鲜驻军1000人。而朝方则据理力争，认为日方的这些要求都没有依据，并再次强烈敦促日方引渡金玉均等人。

1月8日，谈判继续，吴大澂要求参加会谈。井上馨提出吴大澂没有参与此时谈判的全权授权，所以予以拒绝。吴大澂不理会，毅然闯入谈判会场，提出中日之间没有需要交涉的事情，所以无需由清政府委全权代表，但朝日谈判又非仅为两国之事，希望井上馨“秉公谈议”。吴大澂还在会场上递给金宏集一张纸条，要金宏集千万不可“置乱党于不问”。

在谈判桌之外，日方还展开了“幕后外交”，以迫使朝方妥协。井上馨派人连夜拜访金宏集，透露日方对于赔偿多少并不计较，但求“不言及变乱之曲在日本”。还说日本政府的意图不在朝鲜而在中国，希望眼前的这件事尽快了结，并威胁说，日本现在正向朝鲜调集兵力，目前已到达的超过4000人，如果谈判破裂，就有可能走向武力解决。此外，日本还做其他国家驻朝公使的工作，美国驻朝使馆就向朝鲜政府多次传话，告诫朝鲜政府不要与日本争论是非，要尽快解决问题。在各方的角力之下，1月9日，朝鲜和日本在汉城正式签订了《朝日续增条约》，即《汉城条约》，该条约主要有以下五项内容：

1. 朝鲜国修国书致日本国，表明谢意事。

2. 恤给此次日本国遭害人民遗族并负伤者暨填补商民货物毁损掠夺者，由朝鲜国拨支拾壹万圆事。

3. 杀害矶林大尉之凶徒，查问捕拿，从重正刑事。

4. 日本公馆要移新基建筑，当由朝鲜国交附地基、房屋，足容公馆暨领事馆。至其修筑增建之处，朝鲜国更拨交贰万圆，以充工费事。

5. 日本护卫兵办营舍以公馆敷地择定，照壬午续约第五款施行事。

对朝鲜而言这又是一个不平等条约，该条约基本体现了日方的意志，朝鲜方面提出的追拿政变分子的要求没有被采纳。条约签订12天后，在日方的反复催促下，朝鲜政府不得不抓捕了杀死日本陆军步兵大尉矶林真三的朝鲜百姓金大兴和元汉甲，之后将他们斩首示众，又派专使赴日本“谢罪”。而朝方再提金玉均等人时，遭到日本方面的拒绝。金玉均化名岩田周作，在日本生活了10年，他后来与一些日本人勾结起来要“反攻朝鲜”，最后于1894年被朝鲜刺客洪钟宇暗杀于中国上海。

在之前的“壬午续约”即《济物浦条约》中第五条规定：“日本公使馆备兵员若干备警事。设置修缮兵营，朝鲜国任之。”这里重提“驻兵”，但具体数目未明确，没有将日本提出的“驻兵1000人”写入其中。既然前面的条约已讲到，为何在《汉城条约》中又新列一条呢？

原来当初签订《济物浦条约》时，在第五条下还在一个“备注”，内容是：“若朝鲜兵民守律一年之后，日本公使亲做不要警备，不妨撤兵。”这里有一个驻兵时限问题，该条约是1882年8月签订的，按照这个规定理应在1883年8月日本就可以撤去驻在使馆里的士兵了，但这一条规定得又十分模糊，时限到后日本并未撤兵。现在再次强调这一条，意思是说日本在朝鲜驻兵的权利仍然有效。

三 “联日抗俄”：日本人布下了局

日本在朝鲜外交得手，但还没有完。《汉城条约》签订后的次月，明治政府就派伊藤博文为全权代表来中国，要与清政府展开谈判，主要议题还是朝鲜问题。清政府命李鸿章为全权大臣、吴大澂为会办，与之进行谈判。

日方提出的要求主要有三条：一是中日两国同时从朝鲜撤军，二是清政府查处朝鲜政变期间引发中日冲突的中国军官，三是对事变中死伤的日本士兵给予赔偿。《汉城条约》不是已就有关赔偿问题达成协议了吗？此处为何又提赔偿？原来，按照日方的逻辑，日本人在“甲申政变”中的伤亡和损失可以分为两个部分，前一个部分是由朝鲜政府和民众所造成，后一个部分因清军出兵后而引起，是清军所造成的，《汉城条约》解决了前一部分的赔偿问题，却没有解决后一部分的问题。

其实后两条要求只是个掩护，日本的主要意图在第一条要求，即中日同时从朝鲜撤军。当时清政府在朝鲜拥有大量驻军，中朝之间的军事交流也十分广泛，袁世凯因帮助朝鲜训练新军而在朝军中拥有很大影响力，而日方不过是有《汉城条约》规定的少量驻军。日本提出这一条的目的不言自明。

但可惜的是，包括李鸿章在内的清政府官员普遍没有意识到这一条的重要性，李鸿章把谈判的重点放在了后面两条。经过6轮激烈的谈判和讨价还价，日方不再提朝鲜政变和赔偿的事，双方于1885年4月18日在天津签订了一份《中日天津会议专条》，又称《朝鲜撤兵条约》或《中日天津条约》。

该条约主要内容有三项：一是双方议定两国同时从朝鲜撤兵的日期，二是中、日两国“均勿派员在朝教练”，三是朝鲜如果再发生变乱，“两国或一国要派兵，应先互行文知照”。

《中日天津条约》的签订使日本在朝鲜获得了与中国相同的军事权利，这使得好不容易得到加强的中朝宗藩关系重新被削弱，这为日后日本在朝鲜扩张埋下了伏笔。中国在有军事优势的情况下作出这么大的让步，让很多人不可理解。如果要找其中的原因，可以从以李鸿章为代表的清政府主要官员对朝鲜问题的认识以及社会舆论的变化窥探一二。

“甲申政变”后如何处理与朝鲜的关系？这在清政府内部出现了一些争论，大体上有三种方案：一是将朝鲜直接并为中国的一个行省，袁世凯就持这种看法，对中国事务一向很关心的总税务司赫德也提出过类似建议；二是促成列强共同签订一份条约，以保护朝鲜在外交上的中立地位，使朝鲜尽量避开各国之间的冲突，一些驻外公使提出该办法，李鸿章本人表示赞同；三是派要员驻扎朝鲜，直接干预其内政外交，强化中朝宗藩关系。当时中国社会的舆论对朝鲜问题也十分很关注，上海《申报》就曾在这一时期发表过许多有关朝鲜的报道和评论，观点可以集中为两种，一是直接出兵朝鲜，废除朝鲜国王，将朝鲜纳入中国版图，以此与日本抗衡；二是协助朝鲜平定内乱，对外与日本言和。前一种观点更多的是“激愤之言”，于当时形势看并不现实，而后一种观点则为大多数人所接受。争论到最后，以和平手段妥善解决朝鲜问题逐渐成为朝野共识。李鸿章主张对日妥协其实并非个人的一己之念，有相当广泛的思想基础。对于从朝鲜撤兵一事，驻日公使黎庶昌等人就曾多次向李鸿章提出过类似的建议，李鸿章也慢慢接受了。《中日天津条约》签订后李鸿章非但没有意识到其中的危害，反而说：“以后彼此照约撤兵，永息争端，俾朝鲜整军经武，徐为自固之谋，并无伤中日两国和好之谊，庶于全局有裨。”

《中日天津条约》的达成，还有一个因素不得不说，那就是俄国因素。日本确立了新的朝鲜政策之后，防止俄国势力在朝鲜半岛的渗透成为一项重要内容。当时朝鲜政府内部有一批“亲俄派”，以朝鲜政府海关总税务司兼外交顾问穆德麟等人为代表，他们认为清政府已很难保护朝鲜，因而主张与俄国通好，利用俄国的势力抗衡日本。

穆德麟是德国人，德国名字叫冯·莫伦多夫（Von Möllendorf），22 岁时来到中国，在中国海关任职，深得赫德的赏识，后入李鸿章幕府。“壬午兵变”后朝鲜政府开办洋务，请清政府派人来指导，李鸿章推荐了穆德麟等人。李熙对穆德麟很看重，让他筹办朝鲜税务系统。穆德麟被称为“朝鲜的赫德”。与赫德一样，穆德麟的兴趣也不在于只办一个税务，他对朝鲜的外交也十分感兴趣。当时俄国正谋求与朝鲜建交通商，穆麟德积极奔走斡旋。有人认为他这样做主要是德国政府的指使，但无论是什么原因，他都成了朝鲜政府内部的一个“亲俄派”。1884 年 7 月，朝俄签订了《修好通商条约》，穆麟德参与了谈判，并公开向俄方示好。俄国代表回国后报告了相关情况，俄国沙皇于是给穆麟德颁发了一枚二级圣安娜勋章。中国驻朝商务委员陈树棠将相关情况报告国内，穆德林后被李鸿章叫回天津问话，但回到朝鲜后，穆德麟继续推销他的亲俄思想。

穆德麟的思想在朝鲜政府内部并不孤立，前营使韩圭稷和左营使李祖渊等重臣也持有亲俄的思想，他们认为中国对朝鲜虽无恶意，但中国力量在朝鲜遭外患时不足以保朝鲜；日本暂时顾忌中俄不敢公然吞并，但为永久之患，而俄国“据天下形胜，为天下最强，为天下最畏”，可以引为外援。在他们的不断影响下，朝鲜国王李熙也动了秘密“联俄”的想法。李熙于 1885 年 2 月派金镛元、权东寿等人赴海参崴，向俄国要求出兵保护朝鲜，又派穆德麟秘密去日本，与俄国驻日公使展开具体会谈，双方最后签订了一份所谓《朝俄秘约》，约定：在中日开战的情况下，朝鲜为保护领土完整而坚持中立，为此朝鲜需要接受俄国的保护，朝鲜政府聘请若干俄国军事教官。

这是一件极其秘密的事，但被日本方面侦知。1885 年 4 月，井上馨将有关情况通报给了清政府驻日公使徐承祖，井上馨想利用中国抗击俄国，所以故意建议清政府强化中朝宗藩关系，同时撤换穆麟德等人。李鸿章接到报告后产生一个错觉，以为日本在这件事上与中国立场一致，他认为“顾其立意，似欲护持朝鲜勿被俄人吞并”。清政府就《朝俄密约》一事向朝鲜政府提出责问，李鸿章也致函李熙，指出“穆麟德揽权生事，各国皆深恶之”。李熙则把所有责任都推给了穆麟德，说他“私自招俄而来”，下令免除了穆德麟的职务。1885年7月，李熙派吏曹参判南廷哲赴天津拜见李鸿章，再次解释穆麟德私招俄国人一事国王李熙并不知情，俄国指派军事教官事已遭朝鲜坚决拒绝，同时请求清政府暂缓撤军。至此，这场《朝俄秘约》事件才告一段落。

但这件事对李鸿章等清政府官员心理上的影响并未结束，它提醒这些官员，俄国也是清政府在朝鲜的对手，而且这个对手更可怕，而《汉城条约》签订后，日本对朝鲜的企图似乎在收敛，威胁有所降低。在这种情况下李鸿章的心里产生了“联日制俄”的想法。而日本也似乎有主动配合的意味，双方虽未正式就此展开过协商谈判，但却达成了某种“默契”。《中日天津条约》的签订在某种程度上就是这种想法的体现。

但这又是一厢情愿，因为这只不过是日本人布下的局。

四　“袁总理”：宗藩体系的强化

在“甲申兵变”作出果断出兵决定的袁世凯，其实也承担着巨大的政治风险，毕竟这件事没有得到朝廷的命令，事后虽然得到了李鸿章等人的高度评价，但也受到朝中大臣们的攻击。有人指责他“首开战端”，还有人控告他“挪用军饷”，受到弹劾的袁世凯不得不离开朝鲜，回国赋闲在家。

论职务，清政府在朝鲜的最高负责人其实还不是袁世凯，而是陈树棠，陈的职务是“总办朝鲜各口交涉商务委员”，但这位“陈委员”缺乏杀伐决断之气。日本外务卿井上馨曾与清政府驻日公使徐承祖有过一次谈话，井上馨认为陈树棠“忠厚有余，才智不足”，建议清政府“更换敏决之员为妥”。

有两件事可以看出陈树棠的“才智不足”。一件事发生在1885年4月，陈树棠有个家丁叫孙田，在汉城被日本公使馆两名护卫兵杀害，陈树棠不去向日本驻朝公使馆强硬交涉，反而向清政府驻日公使徐承祖发了一封函件，询问处理这样的事有没有什么“日本之例”。

另一件事与“朝俄密约”有关，陈树棠奉国内命令调查该密约，陈树棠的答复是，此事须先与奉命访朝的北洋水师提督丁汝昌商量后才能回禀，事实是他代表清政府处理有关中朝外交事务，而丁汝昌不过是一名海军将领，显然他搞错了主次。

此时清政府内部强化对朝控制的呼声很高，鉴于此李鸿章决定换人。驻日公使徐承祖主动请缨，但被李鸿章否决，因为李鸿章的心里已有更合适的人选，那就是袁世凯。1885 年 9 月，朝鲜国王李熙发来请求，请清政府派“熟谙国俗，练达时务，为上下所信”的袁世凯再次赴朝，“籍以镇定民心，筹议时务”时，陈树棠也以身体有病为由请求调回国内。内外时机皆成熟，于是李鸿章正式向总理衙门提出由袁世凯接替陈树棠，全面负责在朝事务。

日本虽然在朝鲜方向暂时收缩，但似乎很关心清政府如何处理朝鲜事务，除了井上馨的“好心提醒”外，日本人还建议清政府把驻朝官员的名号改了，把“交涉商务委员”改为“坐探国政大员”。李鸿章认为很有道理，但不想原样采纳。总理衙门曾考虑过在朝鲜设“总领事”，后又觉得不妥，因为向一般国家可以派遣总领事，但朝鲜是清朝的藩属国，并非一般国家。想来想去，李鸿章建议用“驻扎朝鲜总理交涉通商事宜”这个名义，清政府遂于 1885 年 10 月 30 日以此向袁世凯下达了任命书。袁世凯随后赴朝鲜上任，这个名头实在太长，朝鲜上下干脆直接呼袁世凯为“袁总理”。

袁世凯重新回到朝鲜，作风与陈树棠果然很不相同。袁世凯认为，自己并非陈树棠的继任者，因为自己从职务到权限都比陈树棠高得多，所以在晋见朝鲜国王李熙时袁世凯也采取了新的礼仪。过去陈树棠晋见李熙一般乘舆入宫门，见面后要行三揖礼，之后侧坐，袁世凯提出宾主应对坐，同时在参加各国使节的联合会议时，袁世凯直接坐在主宾位置。各国驻朝公使对这些都提出过多次抗议，认为袁世凯搞特殊，但袁世凯不理，他强调：“朝鲜既为华属，则驻韩华员谒见韩王各仪，自应与各友邦使员有别。因此以尊上国之体制，亦所以别属邦之名分，礼势宜然也。”

这还仅是形式上的东西，在实质方面袁世凯也加强了对朝鲜政府的影响力。袁世凯再返朝鲜后，多次向朝鲜国王李熙递交信函，阐述自己对朝鲜大政方针的看法：在《谕言四条》中强调“宜先修内政，后务外观，不要驰心外务，怠荒内治”；在《时事急务十一款》中具体指出了朝鲜内政、外交改革应对哪些内容为优先；在《朝鲜大局论》中强调了朝鲜“依中国”的六利和“背中国”的六害。这些建言或忠告，有些是有所指的，是针对“朝俄密约”而来，希望李熙和闵妃集团放弃杂念，与清政府勠力同心、同舟共济，共同面向未来。

穆麟德参与“朝俄密约”败露后，清政府点名要求将其撤职。李熙一开始还有些不情愿，但经清政府一再催促，最后朝鲜政府只得免去了穆德麟朝鲜总税务司的职务。之后李鸿章推荐美国人墨贤理（W. F. Merrill）出任朝鲜海关总税务司。为加强控制，墨贤理上任前李鸿章专门与他面谈，就如何接办朝鲜海关事宜时下达了五款训条，其中明确墨贤理“系中国海关之员，现蒙总税务司派往朝鲜，其俸银川资房饭等项，月给若干，应由北洋大臣咨请朝鲜国王饬统署从优议给”，强调其“不得自行擅管分外之事，且不可违背中国保护朝鲜属藩之意，亦不能听别国搀预”，要求墨贤理“自应恪遵此五条，认真筹办”。

陈树棠在任时，在发展对朝经济关系方面成绩平平，为日本人大举进入朝鲜经济领域制造了机会，釜山、元山等朝鲜重要港口几乎都被日本人垄断，中国商人只能在仁川等少数几个地方发展。“袁总理”到任后，把发展对朝商业活动作为重点。林明德在《袁世凯与朝鲜》一书中总结：

> 他集中力量扩张汉城与仁川的商务——增建华商会馆，扩充租界，并尽力招徕华商。中国在韩商务的进展因而蒸蒸日上，在仁川、元山、龙山，甚至在汉城，展开了中日间的商业战，久为日本所占的釜山港的贸易亦渐渐受到影响，以致全年贸易额有递减趋势。

据韩国学者姜万吉《韩国近代史》，1885 年中国在所有国家对朝贸易额中占比仅为 19%，到 1892 年这一比例已上升到 45%，这说明清政府已不满“政热经冷”的状况，从各个方面在加强对朝鲜的影响力。

五　“脱亚论”：借机妖魔化中国

在日本国内，明治政府蓄意掩盖和歪曲“甲申政变”的真相，说什么日本驻朝使馆人员和侨民遭受的人身和财产损失都归咎于中国，从而煽动起一股反对中国的舆论。由于片面的宣传，日本民众普遍认为日本是“受害”的一方事后却选择了“退让”，这让很多有激进思想的日本人接受不了，于是鼓吹日本必须强硬对待中国的各种观点大量涌现，“脱亚论”就是其中的代表。

“脱亚论”得名来自日本近代著名思想家福泽谕吉于1885年3月19日发表在《时事新报》上的一篇题为《脱亚论》的文章，这是一篇不太长的文章，但影响非常深远。文章首先说，就当前的国际大环境下，西洋文明的传播已经是一种新潮流，也成为一种趋势，这种文明的传播是利害相伴，而利胜于害，所以日本更应该顺应这种趋势。文章接着说：

> 虽然我日本之国位于亚细亚东部，但国民的精神已经开始脱离亚细亚的顽固守旧，向西洋文明转移。然而不幸的是在近邻有两个国家，一个叫支那，一个叫朝鲜。这两国的人民，自古以来受亚细亚式的政教风俗所熏陶，这与我日本国并无不同。也许是因为人种的由来有所不同，也许是尽管大家都处于同样的政教风俗之中，但在遗传教育方面却有不尽相同之处。日、支、韩三国相对而言，与日本相比，支国与韩国的相似之处更为接近。这两个国家一样，不管是个人还是国家，都不思改进之道。
>
> 在当今交通至便的世界中，对文明的事物不见不闻是不可能的。但仅仅耳目的见闻还不足以打动人心，因为留恋陈规旧习之情是千古不变之理。如果在文明日新月异的交锋场上论及教育之事，就要谈到儒教主义。学校的教旨号称“仁义礼智”，只不过是彻头彻尾的虚饰外表的东西。实际上岂止是没有真理原则的知识和见识，宛如一个连道德都到了毫无廉耻的地步，却还傲然不知自省的人。
>
> 以我来看，这两个国家在今日文明东渐的风潮之际，连它们自己的独立都维持不了。当然如果出现下述的情况的话，又另当别论。这就是：这两个国家出现有识志士，首先带头推进国事的进步，就像我国的维新一样，对其政府实行重大改革，筹画举国大计，率先进行政治变革，同时使人心焕然一新。如果不是这样的情况，那么毫无疑问，从现在开始不出数年他们将会亡国，其国土将被世界文明诸国所分割。

在遭遇如同麻疹那样流行的文明开化时，支、韩两国违背传染的天然规律，为了躲避传染，硬是把自己关闭在一个房间里，闭塞空气的流通。虽说经常用“唇齿相依”来比喻邻国间的相互帮助，但现在的支、韩对于我日本却没有丝毫的帮助。不仅如此，以西洋文明人的眼光来看，由于三国地理相接，常常把这三国同样看待。因此对支、韩的批评，也就等价于对我日本的批评。

假如支那、朝鲜政府的陈旧专制体制无法律可依，西洋人就怀疑日本也是无法律的国家；假如支那、朝鲜的知识人自我沉溺不知科学为何物，西洋人就认为日本也是阴阳五行的国家；假如支那人卑屈不知廉耻，日本人的侠义就会因此被掩盖；假如朝鲜国对人使用酷刑，日本人就会被推测也是同样的没有人性。如此事例，不胜枚举。

打个比方，屋院相邻的村庄内的一群人，在他们出现无法无天的愚行而且残酷无情的时候，即使这个村庄里偶尔有一家人注意品行的端正，也会被他人的丑行所淹没。和这个例子一样，支、韩两国的影响已成为既成的事实，间接地对我外交产生了障碍，这样的事情实际上并不少，可以说这是我日本国的一大不幸。

既然如此，作为当今之策，我国不应犹豫，与其坐等邻国的开明，共同振兴亚洲，不如脱离其行列，而与西洋文明国共进退。对待支那、朝鲜的方法，也不必因其为邻国而特别予以同情，只要模仿西洋人对他们的态度方式对付即可。与坏朋友亲近的人也难免近墨者黑，我们要从内心谢绝亚细亚东方的坏朋友。

这篇文章的观点可以概括为两点：一是从所谓“世界文明的总趋势”出发解释日本“脱亚”的必要性，二是从地缘政治出发，分析中国和朝鲜不能与时俱进的原因。预测中、朝两国未来将无法维持国家独立而亡国，将被西方国家瓜分，日本为免受牵连，不要与这样的“坏朋友”为伍，而要“与西洋文明共进退”，“根据西洋人对待他们的方式”去处理日本与中、朝两国之间的关系。《脱亚论》主张抛弃来自中国的儒教，抛弃东方华夷秩序，重新建立一个新的东方新秩序，那就是抛弃中国和朝鲜加入西方国家的阵营，与西方国家共进退，所以“脱亚论”也可称为“脱亚入欧论”，也可以视为日本与要中国彻底绝交的宣言。

“脱亚论”在日本影响很大，它的提出是对之前流行于日本的“兴亚论”的全面否定。明治维新以后胜海舟、植木枝盛、大井宪太郎、樽井藤吉等日本人提出日本与亚洲是唇亡齿寒的关系，如果中国和朝鲜亡国了，日本也会遭殃，所以主张“唤醒亚洲”，主张日本与中国、朝鲜结成同盟国，相互提携，共同抵御西方列强，而“脱亚论”修正了这种看法，将相互提携改变小心防范。福泽谕吉虽然没有在明治政府里担任职务，但他在日本社会具有广泛的影响力，至今1万面值的日元上印的还是他的头像，明治政府的许多决策也都深受他的思想的影响，梁启超曾评价说：“日本人之知有西学，自福泽始已。其维新改革之事业，亦顾问于福泽者十而六七也。”福泽谕吉本人对此也很满意，他曾自诩地说：“明治政府的许多新设施也都是以拙著之书为根据而发布的，暗中成了政府的导师。”所以，他的“脱亚论”提出后便深刻地影响到日本的对外政策。

这一时期，日本继续加紧了军备扩张。1887年日本参谋本部出台了《征讨清国策案》，提出要把中国分成若干个“小邦”，让它们都附属于日本，这样才能确保日本的战略安全，其具体构想是：

> 盛京盖州以南旅顺半岛、山东登州府统辖之地、浙江舟山群岛、澎湖群岛、台湾全岛、扬子江沿岸十里都纳入日本的版图；将长江以南之地，迎以明代后裔立国，成为日本的保护国；长江以北，黄河以南另立一国，成为日本的属国；西藏、青海天山南路立达赖喇嘛，内外蒙古、新疆准噶尔之地，选其酋长或人才为各部之长，仍由日本监督；满洲另立一国。

这绝不是一份空想和天书，而是一份行动计划书，其规定自当年即1887年起用5年时间作准备，之后乘机攻打中国，去实施这一计划。如果到中国去作战，仅有强大的海军还不行，陆军也必须跟上，为此《征讨清国策案》提出：“欲使清国乞降于阵前，最上策之手段，是以我之海军击破彼之海军，攻陷北京，擒获清帝。而易奏其功者，是以攻击北京之时，堵截击破来援京畿之敌故为紧要。故而，为达到此种目的，派遣远征军之总数，当为八个师团。”

1888 年 1 月，日本海军监军山县有朋向内阁提出《军事意见书》，主张大规模扩军。次年，山县有朋继任内阁总理大臣，使扩军计划得到更有力的实施。到 1893 年，也就是《征讨清国策案》提出的 5 年准备期结束时，日本已基本完成了该国策案提出的扩军目标，陆军规模达到 7 个师团，兵力为 12 万人以上，另有 10 万多人的后备军，总兵力达到 23 万人。

六　“防谷令”：交锋无处不在

“甲申政变”以后的 10 年，对日本来说，其在朝鲜半岛是“隐忍的 10 年”，但这并不意味着它放弃了进攻，只要能找着机会，它仍然会为坚持不懈地去谋求自己的利益，发生在 1889 年前后的“防谷令”事件就是其借题发挥的一个事件。

朝鲜是个半岛国家，境内多山，耕地面积有限，又受制于气候、水利等方面的因素，粮食产量不高且不稳定，所以粮食安全历来是一个大问题。近代以来，朝鲜被迫开国，为了保证粮食不出问题，朝鲜政府曾规定粮食不得出口。1883 年 7 月，朝鲜与日本签订了《日朝通商章程》，其第六条规定“嗣后在朝鲜国诸港，准载米石杂粮进口出口”。允许农产品出口对朝鲜来说意味着风险，所以朝鲜政府又与日方约定，如果朝鲜国内粮食面临短缺，朝鲜的地方官有权发布禁止米谷出口的命令。但考虑到此类命令势必对市场产生巨大冲击力，为避免日本商人的损失，所以此令在发布前必须提前一个月通知所在地的日本驻朝领事馆。

作出这样的规定是出于日本方面的要求，因为朝鲜与日本有较大的粮食价差，朝鲜粮食往往便宜得多，所以有不少日本商人从事朝日粮食贸易，在朝鲜以低价大量收购粮食卖到日本国内，如果朝鲜方面突然宣布禁止此类贸易，将冲击到日本商人的利益。

朝鲜的粮食大量流向日本，使朝鲜粮价不断上涨，民众苦不堪言。1889 年朝鲜咸镜道等地出现了粮食危机，这一年 10 月咸镜道地方官发布了一道

“防谷令”，禁止粮食出口，但可能由于地方官缺乏外交经验，没有按照此前与日本的约定提前一个月通知日本驻咸镜道领事馆，结果被日本人抓住了把柄，立即提出抗议。由于日方不断施压，朝鲜政府不得不撤换了咸镜道地方官，并宣布“防谷令”废止，但日方仍不满意，又提出须赔偿此次“防谷令”对日本商人所造成的损失。

双方就此进行了多轮谈判，在压力之下，朝鲜政府同意赔偿，但具体损失如何确认，双方分歧很大。谈到 1891 年的 12 月，双方仍不能达成一致。日方提出的赔偿金额是 14. 7 万日元，朝鲜方面仅同意赔偿 6 万日元，谈判难以继续进行。到了 1893 年 4 月，参与谈判的新任日本驻朝公使大石正巳对外交谈判彻底失望，建议明治政府派舰队来解决问题。明治政府指示其先不要动武，而是请袁世凯从中调停。袁世凯坚决主张朝鲜政府坚持立场，自然调停无果。不仅如此，朝鲜方面大概受到袁世凯的影响后来还将赔偿的数额减少为 5 万日元。大石正巳再次向明治政府建议，只有派兵来才能解决问题。

李鸿章不希望事情闹大，亲自介入调停，希望双方都各让一步，但朝鲜政府这一回相当坚决，表示决不让步。5 月 17 日，明治政府电告大石正巳，如果朝鲜仍不同意让步，日本将派舰队前往朝鲜。此时，日本国内舆论高涨，主张向朝鲜派兵的呼声不断响起。就在明治政府表示可以向朝鲜派兵的当天，“征韩论”的提出者福泽谕吉在报纸上发表了《防谷事件谈判》一文，其中写道：

> 十年前日本的势力曾经盛极一时，朝鲜当时万事皆依靠我国。明治十七年变乱之后形势一变，朝鲜开始仰仗清国威风，接下来结交俄国，最近又再次仰仗清国。亦即朝鲜表面上是一个独立国，实际上总是依靠别国力量维持自己，关系微妙。政府最终会给大石公使什么训令呢？我辈祈望这个训令的内容不仅事关防谷事件，还应该是政略方针的大训令。

所谓“政略方针的大训令”，暗示的是日本对朝鲜问题乃至对整个中国的总战略，是结束“隐忍”的开始，也是向中国发起总攻的开始。不过两天之后朝鲜政府在强大的压力下同意让步，答应赔款 11 万日元，由“防谷令”引发的外交危机才告一段落。

七　“电报线之争”：抢夺信息通道

1837 年两位英国人设计制造了世界上第一个电报装置，这种不需要人工当面传递的通信方式立即快速发展起来，成为近代以来人类最重要的科技发明之一。人们意识到，电报不仅在民用领域有巨大商业价值，在军事领域里的作用更不容低估。此时的电报还在有线阶段，需要依托电线或海底电缆才能进行信号传输。

1882 年“壬午兵变”后，日本人意识到架设由本国通往朝鲜的电报线十分重要，所以开始积极筹划铺设海底电报线。他们派出军舰前往朝鲜相关海域进行测量，打算先从日本长崎到朝鲜釜山间铺设一条海底电缆。这一消息被时任中国驻日公使黎庶昌得到，他向总理衙门报告这一重要动态，认为电报“足胜千兵之用”，所以建议清政府采取应对措施，建设一条由天津经旅顺至朝鲜仁川、汉城的电报线。此时电报线在中国也是一个新鲜事物，3 年前清政府在天津至大沽、北塘之间架设了一条电报线，这是中国自主建设的第一条正式投入使用的电报线，相关经验和技术都不充分，而且此时清政府需要应对的事务包括了方方面面，尤其正被中法之间的冲突所牵制，所以尽管黎庶昌的建议很重要，但清政府方面未能立即有所行动，让日本政府抢先一步。1883 年 3 月，日本与朝鲜签订了《釜山口设海底电线条款》，决定建设一条由日本九州岛西北海岸至朝鲜釜山海岸的海底电报线，建成后由日方设立电信局进行管理。为保证该条线路不受竞争，日方要求自通信之日起 25 年内朝鲜政府不得批准其他国家政府或商民在釜山一带另外铺设海底电报线。

这条电报线于签约的当年底就建成了，这是朝鲜与外界以电报形式进行沟通的唯一节点，“各国有要事，皆由釜山电局转递”，等于朝鲜与外部世界最便捷的信息沟通渠道掌握在了日本人手中。清政府总理衙门这才意识到架设中朝之间的电报线已迫在眉睫，但此时中法战事正酣，架设中朝电报线的计划仍未能提上议事日程。在 1884 年的“甲申政变”中，由于中朝之间没有电报线，所以朝鲜发生政变的消息无法及时传递到北京，当时如果袁世凯不当机立断，后面就是另外一个结局了。“甲申政变”后吴大澂奉命处理善后，他也建议赶紧铺设中朝电报线，并就此事与朝鲜政府进行了沟通。吴大澂在给清政府的奏折中说：“如由奉省筹款添设电线，自旅顺接至凤凰边门外交界，由边界至朝鲜国都，约计设电之费，所需不过五万余金，该国亦颇乐从。”

清政府批准了这项计划，命李鸿章、吴大澂等负责筹划相关事宜。1885年6月，李鸿章上《议展朝鲜电线折》，提出了具体计划：铺设一条以汉城为中心的电报线，向西延至仁川，向北经平壤、义州等地过鸭绿江，再经凤凰城至沈阳接入中国电报线网，所需建设经费约10万两，以清政府电报局的名义借给朝鲜政府，借款分20年归还，免计利息，款项还清前该电报线由清政府电报局代管。按照这个计划，1885年7月，清政府与朝鲜政府签订了《中国代办朝鲜陆路电线合同》，除建设项目的具体约定外，还规定线路开通后25年之内朝鲜政府不准其他国家政府及商民在朝鲜的地面、海滨建设电报线，朝鲜政府如果想扩建现有电报线，也必须由清政府电报局承办。1885年底，中朝之间的电报线竣工，朝鲜境内设立了汉城总局、仁川分局、平壤分局、义州分局等，汉城总局同时还是朝鲜电报事业的总管理机构。

中朝电报线建设遭到日本方面的严重不满和抗议。中朝相关建设合同签订不久，时任日本驻朝代理公使高平小五郎就拿着之前日朝签订的协议前往朝鲜政府进行交涉，指出“贵政府立约架设电线自京城至清国者，系架电线于外国者”，认为中朝电报线建成后“凡通报海外各国之电信，多不由釜山线路而由义州线路，必矣”，说什么“釜山电线忽失其利，是数之最易见”。对此，朝鲜官员的解释是，当初朝日之间相关协议所涉及的“只以水线为言者，为水线直通外国之线也”，而中朝之间架设的电报线在陆上，“况陆线止于我国境内，此是自由之权利，不必预为说明”。对于日方提出的中朝电报线影响日朝电报线盈利一事，朝鲜官员也进行了反驳：“仁川、义州距釜山一二千里，仁川、义州人断不会至釜山拍电报，釜山人也不会到仁川、义州拍电报，实无对抗争利。”

此番电报线之争，日本在法理与情理上均不占上风，但为了抗衡中国，日本向朝鲜政府提出另架设一条汉城至釜山的电报线。1885年12月，双方签订了《釜山口设海底电线条款续约》，规定釜山与汉城电报线建成后，朝鲜将仁川、义州电报线也接至釜山的日本电报局，朝鲜政府也在釜山设一处电报局，负责收发海外电报业务。

这样，朝鲜电报线的主干就形成了：北部由“义州线”连入中国电报线网，南部由“京釜线”连向釜山和日本长崎，连入日本电报线网。表面看来中日在朝鲜电报线之争中“平分秋色”，但长崎是国际电报线网的一个节点，而沈阳等地不具备这个条件，世界各地发往朝鲜的电报仍以釜山为最重要的传递通道，“京釜线”也由日本人实际控制，这些对于后面双方在朝鲜半岛的争夺产生了重要的影响。

第十二章

矛盾彻底爆发

一　东学党起义："火药桶"终被点燃

19世纪末的朝鲜，处在一个"山雨欲来风满楼"的危局中，外部列强环伺，内部社会矛盾积重难返，虽然作为宗主国的清王朝以及朝鲜的李氏政权都在竭力维持，希望不要破局，但谁都知道这一天迟早会到来，1894年的东学党起义最终把这个火药桶点燃了。

"东学"的意思是"东方之学"，是与"西学"相对立的，其创始人叫崔济愚，是一个不得意的士子，其基本主张有"侍天""人乃天"等，提出"辅国安民""广济众生"以及建立"地上天国"的理想。当时朝鲜李氏王朝的统治不得人心，朝鲜人民负担沉重，百姓生活普遍困苦，这些主张深得下层人民的拥护。如同中国的洪秀全早期的斗争经历一样，崔济愚创建了"东学道"，并从1861年起在朝鲜各地传道布教，信徒很快发展到数千人。朝鲜政府将"东学"斥为邪教，认为"东学与清朝教匪之黄巾贼、白莲教无异，终会作乱"。1863年11月，朝鲜政府将崔济愚及其20多名弟子逮捕。次年，崔济愚被处死。

但"东学道"并未从此消亡，教徒们在新教主崔时亨的带领下继续传道布教。崔时亨主张以较温和的方式实施社会变革，建立了更为严格的组织体系，人们一般称其为"东学教"或"东学党"。该组织逐渐由朝鲜庆尚道、全罗道、忠清道向江原道、黄海道、平安道等地发展，成为一支影响朝鲜局势的政治力量，再度引发朝鲜政府的不安。1892年忠清道观察使赵秉式、全罗道观察使李耕植分别对本辖区内的“东学道”教徒进行镇压，引发“东学党”以及支持他们的农民的强烈反抗。

崔时亨领导全罗道的教徒发起了一场“为教祖申冤”运动，要求政府宣布前教主崔济愚无罪。各地教徒闻讯纷纷前来支援，数千教徒会集全州道，他们递交“陈情书”，要求政府承认信仰自由，停止对教徒的迫害。面对压力，全罗道观察使李耕植做出了书面答复，承诺不再迫害教徒，对于为崔济愚申冤的请求则以没有相关权限为由驳回。这一结果没能安抚众教徒，反而引起教徒们的极大愤慨。有人主张发动武装起义，“扫荡政府奸党，攻击朝廷”，但崔时亨等人反对这么做，决定组织上疏团前往汉城，面见国王李熙直接陈述所请。

1893 年 4 月 23 日，在教徒朴光浩的带领下，“东学党”的 40 余名代表跪卧在汉城景福宫光华门前“伏阁上疏”，他们“哭嚎三天三夜”为崔济愚申冤，还提出“扫破倭洋”的政治口号。由朝鲜政府掌管的成均馆 200 多名儒生则与之对抗，也举行上疏运动，反对“东学党”的要求。朝鲜政府下令将“东学党”人全部驱逐，同时照会美、日、俄、英、德等国驻朝公使，说明当前事态的严重，请他们召回在各地游历的本国人员。

在此前后，一些日本右翼组织在朝鲜十分活跃，他们在“东学党”人中煽动武装起义。如鼓吹“破支那，胜俄国，吞并朝鲜”的玄洋社就与“东学党”中的激进派广泛接触，鼓励他们暴力革命，给予多方面支持。“伏阁上疏”失败后“东学党”内部迅速分化，以全琫准为首的一派主张发动暴力革命，以崔时亨为首的一派主张温和改良。1894 年 2 月，全琫准领导“东学党”人在全罗道发动武装起义，提出了“弗杀人，弗伤物”“忠孝双全，济世安民”“逐灭倭夷，澄清世道”“驱兵入京，尽灭权贵”等口号。起义军势头很猛，先在黄土岘、长城郡等地大破政府军队，6 月 1 日攻占了全罗道的首府全州城。朝鲜国王李熙一面派严世永等人前往全州城与“东学党”谈判，一面谋求外力支援。

二　“下手迅速”：日本密谋出兵

在全州城即被攻破的5月21日，朝鲜政府内部召开了紧急会议，讨论当时形势，多数大臣认为“唯一的出路是请求清政府出兵”，会议于是通过了向清政府请求出兵的决议。但这仅是一个“决议”，而不是朝鲜政府向清政府正式提出的请求，所以李鸿章认为在程序上并不规范，虽然此时外界纷纷传言朝鲜政府已向清政府提出了出兵的请求，但一直到5月25日李鸿章仍致电总理衙门称“韩王未请我派兵援助”。

朝鲜政府也派人与袁世凯进行了接触，袁世凯提出“如必须华兵，可由政府呈文来”，但这个“呈文”却迟迟不来。一直密切关注朝鲜局势的日本通过多方渠道打听清政府的动态，日本驻朝公使馆的翻译郑永邦曾利用机会向袁世凯试探，并怂恿清政府“速代韩戡”，袁世凯表示“韩廷亦有此请”，但“呈文”没有到。日本驻天津领事荒川也曾拜会李鸿章，谈话内容“语言略同”。

朝鲜政府为何不立即“呈文”呢？主要原因是其内部对是否请清政府出兵还存在分歧。尽管5月21日的会议做出了相关决议，但朝鲜政府内部仍有一些人认为，如果请清政府出兵，一来会贻笑于各国，二来会让百姓对政府失去信任，所以他们建议国王李熙“缓请华兵，先选将再战”。然而，随着6月1日全州城被攻陷，“再战”的信心全失，这才于6月3日通过袁世凯向清政府正式提出了请求出兵的公文。

抓紧时间其实很重要，倒不是为了与“东学党”的起义军争分夺秒，而是要与日本赛跑。日本对朝鲜事态的变化十分关注，一心想弄清清政府会不会出兵、何时出兵，以采取自己的对策。日本内心里希望清政府出兵，之前中日签订的《天津条约》规定“朝鲜若有变乱重大事件，两国或一国要派兵，应先互行文知照”，如果清政府出兵，日本就可以向国际社会表明，它也可以出兵。为此日本驻朝代理公使杉村濬专门拜访了袁世凯，对他说“盼华速代戡”，并表示“我政府必无他意”，但这些都是迷惑中方的。日本外务卿陆奥宗光在国会众议院明确表示：“如果中国确有向朝鲜派遣军队的事实，不问其用任何名义，我国也必须向朝鲜派遣相当的军队，以备不测，并维持中日两国在朝鲜的均势。”

而此时日本国内的政治形势也正发生着变化，影响到日本政府对朝鲜的决策。近年来，以自由党、立宪改进党、同盟俱乐部等组成的“民党”与伊藤博文内阁陷入对立。面对“民党”的挑战，伊藤博文内阁决定从修订与列强签订的不平等条约入手提高支持率，同时转移国内的注意力。支持内阁的主要是国民协会、大日本协会、同志俱乐部等所谓“吏党”，但国民协会反对修约，他们与立宪改进党等组成了“硬六派”，坚决反对内阁提出的条约改正案。为打破僵局，1893 年 12 月，伊藤博文以内阁的名义宣布解散国会众议院重新进行选举，但在次年 3 月举行的国会选举中“民党”的整体实力不降反升，支持的内阁的“吏党”实力有所削弱。在国会众议院会议上，自由党与“硬六派”互相否决对方议案，“硬六派”还提出了不信任内阁等弹劾上奏案。伊藤博文无奈之下只得借助天皇的权威，于 1894 年 6 月 2 日强行解散了国会众议院。

对伊藤博文内阁来说，目前面临着极为严峻的政治形势。据日本学者小松绿《明治外交秘话》一书的记述，时任外务卿陆奥宗光在给日本驻英公使青木周藏的信中说：“国内的形势一天比一天紧迫，在政府如不做出使众人耳惊目骇之事，绝不可镇静当下骚乱之人心。”对伊藤博文内阁来说，向朝鲜出兵、进而向中国全面开战正好成为摆脱政治危机的最好借口。就在国会众院议被解散的当天，日本内阁会议通过一项决议，提出“由于朝鲜官兵屡败，乱民猖獗，为保护公使馆及日本国民，有派兵之必要”，并指出“当前事变紧急，以我国兵力保护我国国民刻不容缓。为此，不待与清国联合出兵，而按条约行文照会，立即出兵为宜”。内阁会议决定“立即决定出兵一个混成旅团”。

当然，这也不仅仅是一个借口，经过多年的扩军备战，日本已积蓄了充足的实力，可以与中国一决高下了。当时日本国内支持向朝鲜出兵的声音很强烈，福泽谕吉于 5 月 31 日发表了《关于朝鲜东学党的骚动》一文，认为“朝鲜的内乱在我日本立国的利害方面绝不可等闲视之”，建议日本政府借此良机出兵朝鲜，其后又发表《应当迅速出兵》《制定周密计划不如迅速出手》

等文章，认为“东学党”起义“不单是朝鲜的内乱”，而是“日清两国间的纠葛”，他鼓动日本政府强硬面对：

> 朝鲜东学党之乱影响波及我国，该事已经提上我国政府的会议。观察此事不能仅以邻国的起义内乱来看。根据事实及性质，与日本帝国的利害荣辱密切相关。我辈本不应对政府的决定发表意见，也不愿泄漏听到的消息付之于众，只想重视报纸的道德严守政治机密，以使当局者的外交政略自由自在。但观察事件的全局，并非没有应进的忠言。忠言为何？即只愿关于此次之事，与其追求所有的计划都绵密，莫若下手迅速。

“下手迅速”，连日本民间人士都知道其重要性，但清政府方面的反应却有些迟缓，一开始反复强调“呈文”的程序，其实已表露出一定的微妙态度。在李鸿章的内心深处还存有“以夷制夷”的幻想，对日本的野心明显认识不够，对于与日本展开一场全面较量更缺乏精神上、物质上的准备。袁世凯将杉村浚的有关谈话内容报告李鸿章后，李鸿章对于日本不干涉朝鲜事务的表态竟然深信不疑，迟疑之间先机已失。

而日本方面行动却十分迅速，6 月 2 日的内阁会议结束后，伊藤博文即携内阁秘密决议前往皇宫，请明治天皇裁决。明治天皇立即向陆军相、海军相、参谋总长和海军军令部长等赐予融敕语：“今朝鲜内乱蜂起，其势猖獗，为保护侨居该国的我国国民，决定派遣军队。”6 月 5 日，日本成立大本营，对外提出要保护驻朝公使大鸟圭介回任，以此为由派兵入朝，先期部队包括大岛混成旅团的一个步兵大队以及一支 400 人的海军陆战队，这些部队迅速到达朝鲜。日军到达后，大鸟圭介不提“回任”的事，为了抢时间，不待后续部队到来就于 6 月 10 日先命一支 420 人的军队强行进入汉城。朝鲜政府向其发出质问，大鸟圭介蛮横答复“韩匪不能自除”，所以要率兵“自卫”。

6 天后，另有一支 3000 人的日军从仁川登陆，使日军在朝兵力达到了 4000 人。另有“松岛号”“吉野号”等军舰 8 艘，其总兵力已超过中国在朝军队。到了 6 月底，日本内阁会议所确定的总数约 8000 人的一个混成旅团已在朝鲜登陆完毕，随时可以与清军展开决战了。

三　调停失败：局面走向失控

在日军进入朝鲜的同时，清军也在向朝鲜进发。在接到朝鲜政府正式请援书后，李鸿章于6月4日奏准朝廷派兵入朝，得到批准。李鸿章随后命北洋海军提督丁汝昌派军舰以“护商”的名义赴朝。丁汝昌于是派“济远号”和“扬威号”两艘军舰到仁川，加上已在仁川的“平远号”，北洋舰队共有3艘军舰到达朝鲜，随军舰抵朝的还有直隶提督叶志超、太原镇总兵聂士成率领的2300余名清兵。

李鸿章最终下决心向朝鲜派兵，一个重要原因是他从多个渠道探知，如果中国向朝鲜出兵，日本不会提出异议，也不会向朝鲜派兵。6月6日，李鸿章特别指示中国驻日公使汪凤藻，要他就中方向朝鲜出兵一事根据中日《天津条约》的有关规定“知照日外务部，以符前约”。汪凤藻接令于当天就向日本外务卿陆奥宗光提出照会，说明清政府此次派兵入朝完全是应朝鲜政府方面的请求而做出，表示“一俟事竣，仍即撤回，不再留防”。此时日本内阁会议早已做出向朝鲜派兵的决议，但日本方面并没有按照中日《天津条约》的规定向清政府照会，清政府对一切都还蒙在鼓里。叶志超、聂士成率领的清军在仁川登陆的同一天，日军少将大岛义昌率领的大批日军也正在仁川登陆。李鸿章接到报告后十分吃惊，之前对日本的动向显然误判了。

李鸿章立即电令驻日公使汪凤藻，就日本也向朝鲜派兵一事进行交涉。日本外务卿陆奥宗光回复，根据中日之间已达成的协定，日本有出兵朝鲜的权利，陆奥宗光声称日本政府“从未承认朝鲜国为中国之属邦”。日本驻华公使小村寿太郎也照会清政府总理衙门，宣称朝鲜国内发生严重内乱，为了保护日本公使馆以及本国的居留民，“帝国政府”不得不派兵前往。与此同时，日本加紧了进兵的速度。陆奥宗光给前线指挥官大岛义昌下达了训令：“须急速办理而又不及请训时，阁下可行使特殊之权力。”

中国向朝鲜出兵有朝鲜政府的正式请求，而日本出兵朝鲜则没有，为此日本外务省向朝鲜政府发出了一份照会，宣布“帝国政府”也要派兵来朝鲜，而这已经是日军登陆朝鲜以后的事了。朝鲜政府立即提出抗议，要求日本撤兵，但日方不认为自己师出无名，因为毕竟还有《济物浦条约》第五条的规定，“日本公使馆备兵员若干备警事，设置修缮兵营，朝鲜国任之”。日方认为此次派遣的就是“护卫兵”，所以对向朝鲜派了多少军队，日本自始至终都严格保密。

在外交“口水战”的同时，中日两国都加紧向朝鲜运兵。既然都针对着“东学党”起义而来，那还是要在战场上决出高低。但戏剧性的是，就在中日军队大举入朝、准备打一场大仗的时刻，“东学党”突然向朝鲜政府妥协，双方签订了休战协议，朝鲜的这场内乱结束了。

6 月 13 日，袁世凯接到朝鲜政府的正式公文，通报了与起义军和谈的情况，为避免给日本继续增兵朝鲜留下借口，请求中国撤军。这时日军一部已进入汉城，但李鸿章得到报告后仍没有半点耽搁，立即致电叶志超，命他率领正在前进的中国军队先退回牙山，做好从仁川撤出的准备，同时又命袁世凯与日方交涉，催促其也撤兵。

日本好不容易才找到了出兵朝鲜的借口，又好不容易把军队顺利送进了汉城，此时如何肯轻易撤兵？对于朝鲜政府和中方敦促其撤兵的要求，日方回应称朝鲜“内乱”仍未平息，为保护本国公使馆及国民，尚不能撤兵。同时，陆奥宗光又突然照会中国驻日公使汪凤藻，提出了一份改革朝鲜内政的方案，将撤不撤兵与朝鲜内政改革挂起了钩。李鸿章及总理衙门这才慢慢意识到日本的野心并不在向朝鲜派兵本身，对改革方案断然回绝，认为对于朝鲜“中国尚不干预其内政”，而日本“素认朝鲜自主，尤无干预其内政之权”。日方自有预案，立即回复称“设若有与贵政府所见相违，我政府不能饬撤现驻朝鲜我国之兵也”。

日本耍起了无赖，没人请你来，你来了；内乱已平息，出兵的理由已不存在，请你走，你却不走，非要按照你的意思搞什么内政改革，这是故意出难题。对此，陆奥宗光并不隐讳，其后来所著的外交回忆录《蹇蹇录》一书中写道：“我便想借此好题目，或把一度恶化的中日关系重加协调；或终于不能协调，索性促其彻底决裂。”日本驻朝公使大岛圭介奉命面见朝鲜国王李熙，就推行内政改革施加压力，表示朝鲜只要按照日本的意图实施了改革，“将来如遇朝鲜有事，日本政府随时派去护卫”。

日本为朝鲜设计的所谓内政改革，其实就是重新建立一个亲日的朝鲜政府，削弱以至逐步消除中国对朝鲜的影响，最终让朝鲜对中国说“不”。对此，李鸿章仍然希望通过外交途径去解决。按照李鸿章“以夷制夷”的思想，可以借用欧美列强的力量对付日本人，其中最有力的当然是日本在东亚地区的对手俄国。

6 月 20 日，俄国驻华公使喀西尼（A. P. Cassini）拜会李鸿章，李鸿章请他转请俄国政府出面干涉，为了增加俄国人的积极性，李鸿章还作出承诺，如果俄国干涉奏效，“俄国具有与中日两国共同解决朝鲜内部组织问题的权利”。3 天后，俄国政府电令俄驻日公使馆正式向日本政府提出警告：“俄国政府劝告日本政府接受朝鲜之请求，若日本政府拒绝与中国政府同时撤退其军队，则日本政府应自负重大责任。”对于俄国的警告，日本给予冷淡处理，仅简单回复俄国政府：日本无意从朝鲜撤兵。俄国与英国矛盾很深，担心继续施加压力会让日英之间的关系更加紧密，所以在做了一番空洞的警告后，俄国放弃了干涉和调停。

李鸿章又想到请英国政府出面调停。7 月 1 日，李鸿章托英国驻天津领事馆转告英国驻华公使欧格纳（Robert Conor），请英国向日本施压。李鸿章提出的方案是：“请欧转电外部，速令水师提督带十余铁快艇径赴横滨，与驻使同赴倭外署，责其以重兵压韩无礼，扰乱东方商务，与英大有关系，勒令撤兵，再议善后，谅倭必遵，而英与中倭交情尤显，此好机会勿任俄先着鞭。”让英国派军舰赴日本施压，李鸿章此时竟还有如此天真的想法，这也说明他对英国与日本不断走近的动向并不完全清楚。对于李鸿章这个异想天开的计划，欧格纳连发回国内的兴趣都没有。

不过，英国担心重压之下的清政府会与俄国无限接近，损害其战略利益，所以也装模作样地表示愿意调停。欧格纳代表英国政府提出了调停的四项条件，分别是：

1. 清政府承诺改革朝鲜内政；
2. 清政府派大员前往朝鲜商办改革朝鲜内政事宜；
3. 中日两国共保朝鲜不许他国占其土地；

4. 日本商民在朝鲜与中国商民同等看待。

对于这四项条件，清政府总理衙门商议后认为，前面三条都可以接受，虽然也是改革朝鲜内政，但与日本所提不同，这是在清政府主导下的改革，因而可以暂时应允；而对于最后一条，如果答应意味着朝鲜这个藩属国的丧失，所以不能接受。英国表面在调停，其实是在偏袒日本，同时也不失时机地夹进自己的“私货”，其第3条就是针对俄国说的，是想借调停中日纠纷之机顺便打压一下俄国的势力。英国的调停失败了，日本借机大做文章，指责清政府不接受英国的调停，扬言“嗣后因此即有不测之变，我政府不任其责”。

李鸿章还曾寄希望于美国政府的调停，美国政府也电令美国驻日公使谭恩（Edwin Dun）向日本政府提出了劝告：“美国政府对日本及朝鲜两国均有深厚友谊，因此希望日本尊重朝鲜之独立和主权。若日本兴无名之师，使防御薄弱的邻国化为兵火战场，合众国大总统当深为惋惜。”但这份劝告只是一种外交辞令，陆奥宗光只是礼节性地回复了一下，也就打发了。

四　二次增兵：大战一触即发

在汉城直接与日方进行交涉的袁世凯，开始也寄希望于外交谈判和各国的调停，但在与日方多次会谈后，发现日本的野心很大，撤兵谈判只是一个幌子，为此袁世凯于6月18日向国内连发两道急电，建议向朝鲜增兵以防不测。

袁世凯的建议没有马上得到李鸿章的响应，他向朝廷建议：“宜密饬袁不必促倭退兵，惟在催韩剿匪，并饬叶、聂相机助剿。”至少在此时，李鸿章仍认为防日还没有“剿匪”重要，这又是对形势的一个严重误判。到了6月29日，袁世凯发现开赴朝鲜的日军越来越多，形势越来越严峻，再向国内发出急电：“倭近万余人，各处布置，待与华寻衅。韩密结不认华属，凡为华员职名均并应撤回，免辱。”袁世凯还提出“凯在此甚难见人”，准备让唐绍仪负责留守，自己率一部分人撤出汉城。对此，李鸿章以“要坚贞，勿怯退”进行勉励，不同意袁世凯撤出汉城。7 月 2 日，袁世凯再提出增兵建议，认为应“迅派兵船全载往鸭绿江或平壤，以待大举”，此建议又被李鸿章拒绝，袁世凯于是又请求将其调回。袁世凯一再违背李鸿章的意志，李鸿章遂向朝廷建议：“查袁历年助韩拒倭，与倭夙嫌已深，若调回，以唐暂代，与下旗撤使有异。”7 月 18 日，清政府下令将袁世凯调回，朝鲜事务交唐绍仪处理。7 月 19 日，袁世凯离开汉城前往仁川，准备从那里坐船回国。

对于李鸿章此时的软弱做法，一般有两个说法。一个说法是李鸿章为保存实力而不愿意打仗。李鸿章以淮军起家，这支军队除平定了捻军外，在之后仍是清政府最能打的队伍之一，1885 年的镇海保卫战和镇南关大捷就是淮军打的。除了这支“陆军”，李鸿章近年来辛苦经营出一支北洋舰队，是清政府海军的主力。这两支队伍是李鸿章的政治资本，如果在朝鲜与日本人打仗，淮军和北洋舰队都将担任主力，败了当然于李鸿章不利，即使胜了也将是惨胜，所以李鸿章极不情愿在朝鲜用兵。另一个说法是慈禧太后不希望朝鲜战事影响自己的六十大寿。1894 年是慈禧太后的六十寿辰，庆亲王奕劻等正在大张旗鼓地为慈禧太后操办寿诞，准备让太后在颐和园接受隆重的祝贺。为了不破坏这种喜庆气氛，慈禧太后、奕劻等人都不想节外生枝，不愿意在朝鲜打一场大仗，李鸿章的一己之私正好迎合了这样的想法。从慈禧太后到掌管总理衙门的奕劻，再到李鸿章，每个人都不希望在朝鲜“生事”，自然都不愿意增兵了。

但李鸿章重外交、轻军事的做法在清政府内部也引起了激烈的争论，以光绪皇帝的老师翁同龢等人为代表的主战派也主张向朝鲜增兵。翁同龢多次上疏，指出只有向朝鲜增加军事力量，占据要隘，对日本形成绝对优势，日本才会撤兵，紧张的局势才可能缓和。在一次会议上，翁同龢痛切指出，日本如此猖狂，如果不给予痛击，将为以后留下无穷无尽的祸患，他指责李鸿章“治军数十年，屡平大憝，今北洋海陆两军如火如荼，岂不堪一战”。光绪皇帝也认为李鸿章对日不够强硬，向户部下令拨专款 300 万两，责成李鸿章迅速筹备在朝鲜增兵事宜。当时的社会舆论更纷纷反对在朝鲜退让，支持清政府向朝鲜增兵。

一方面承受了内外的巨大压力，另一方面外交调停纷纷失败，李鸿章不得不考虑向朝鲜再次增兵的问题了。此次增兵主要是关内的防勇和部分东北练军，分盛军、毅军、奉军、铭军等数支，分为45营，总兵力为2万多人。进驻的方向主要有两个：一是仁川附近的牙山，那里已有第一次增兵的部分清军，正面临数倍于己的日军威胁，此次增援后牙山方向清军实力明显增加。二是平壤附近，这是再次增兵的重点，大批清军陆续集结于此，约有29营13000多人。为了赶时间，尽管各部接到命令后即冒着风雨和烈日以一日百里的急行军速度开进，但直到7月底前仍未完成在平壤附近的集结，而因为过于劳累，军中“病者十之三四”。

从6月初到7月初是一段极其宝贵的时间，如果李鸿章等人没有误判形势，对日本的野心和企图早有准备，如果没有将希望寄托在外交谈判和调停上，而是把重点放在军事斗争上，那么清军向朝鲜进发的过程就会更加从容，准备就会更加充足。清军在朝人数虽然陆续增加到2万多人，但日军进驻得更早，仁川、汉城等地已到处都是日军了，如果此时日军就发起决战，不仅武器更优，而且可以以逸待劳。

第十三章

争夺朝鲜

一　丰岛海战：日本不宣而战

清军虽然两次向朝鲜增兵，但就总体兵力而言仍显薄弱，而且在布防上又犯了兵家大忌：弱旅分兵。

第一次增兵的2300多人此时在叶志超、聂士成率领下仍在仁川附近的牙山，北洋舰队的“济远号”“平远号”“扬威号”“超勇号”等4艘军舰也在此，而仁川至汉城一线已遍布日军，令这支清军形同孤旅。“济远号”管带方伯谦看到了这种情况深感忧虑，他从军事的角度分析了自身处境的危险性：

> 海军战舰合则力厚，分则势单，未决裂时，宜速召聚一处，遇有变局以便调遣。若以数船分驻仁川、牙山，港道分歧，三面倭兵可到，若倭以浮雷顺流而下，必遭暗算。且我聚各船于威海、旅顺，有事则全队出北洋游弋，若遇倭船，便于邀击，至收泊之处，依于炮台，以固北洋门户，边疆自不为所扰。

方伯谦将这些意见上书于李鸿章，应该说这个分析很有见地，海战与陆战有所不同，集中兵力显得更为重要，将军舰分散在各处要塞“分兵把守”并非明智选择，作为前线指挥员，方伯谦已意识到敌人随时可能趁我分兵之势而发起“暗算”。

但这个建议并未得到李鸿章的任何回应，一来李鸿章不相信日本真敢“暗算”。一直到7月20日，朝鲜半岛的火药味已经相当浓重的时候，李鸿章仍给叶志超发电报说“日虽竭力预备战守，我不先与开仗，彼谅不动手”。二来现在集中兵力也有现实困难。理想的状况当然是合兵一处，即叶志超、聂士成率牙山的清军向北转进，与清军主力在平壤附近会师，但叶志超此时对于越过仁川、汉城转进平壤毫无信心，更谈不上胜算。在此情况下叶志超提出“南北夹击”的方案，李鸿章大概下意识地认为其可行，于是同意了。

那么，第二次仍集中向仁川、牙山方向增兵是否可行呢？这样做面临着技术方面的难度，第二次增兵总数多达 2 万多人，全部靠船只运输已很难做到，所以大部分人只能选择由陆路越过鸭绿江进入朝鲜，而且从海上的形势看，日本军舰已不断向朝鲜海域开来，海上运兵通道也越来越不安全。说到底还是时间太仓促了，如果及早下定决心，丢掉幻想、早做备战，就不会面临现在的尴尬。

以上就是清军第二次增兵为何分成南北两线的原因。考虑到牙山的清军过于单薄，清政府向其增派了2600 人。为了运送这部分清军，清政府专门雇用了“爱仁号”“飞鲸号”和“高升号”3 艘英国商船。为了保证航行安全，李鸿章派北洋舰队的“济远号”和“广乙号”2 艘军舰外加“威远号”训练舰和“操江号”炮艇组成一支小型舰队，由“济远号”管带方伯谦率领护送运兵的商船。“威远号”先完成了“爱仁号”和“飞鲸号”的护航，之后“济远号”和“广乙号”前来接应“高升号”。

“高升号”是 1894 年 7 月 23 日从天津塘沽启航的，船上运送着淮军的两哨官兵，总人数为 1100 多人，还有 14 门行营炮和大批枪支、弹药。有的资料还提到，该船还装载有多达 600 吨的银锭，可能是在朝清军的饷银。总之，无论从所载官兵的人数看，还是从军备、后勤的角度看，“高升号”对于清军未来在朝鲜作战都具有至关重要的意义，如果它有个闪失，必将对清军在朝鲜的军事行动造成重大打击。

7 月 25 日凌晨，“济远号”和“广乙号”航行至朝鲜丰岛海面时遭遇了日本联合舰队第一游击队的“吉野号”“浪速号”和“秋津洲号”等 3 艘军舰。日舰发现中国舰船后立即发起攻击，中国舰船被迫还击。日舰从技术性能上明显优于中国舰船，不仅航速更快，而且配有当时最先进的速射炮，中国舰船处于下风。“济远号”算是北洋舰队较为先进的军舰了，航速也只有

14 节，而“吉野号”的航速高达 23 节；“济远号”的排水量是 2300 吨，“吉野号”则高达 4200 吨，其他两艘日舰的排水量也都超过了 3000 吨。至于“广乙号”，其实只能算一艘鱼雷艇，它的排水量只有 1000 吨。混战中“广乙号”冲入日本舰队，想利用硝烟作掩护向日本军舰发射鱼雷，但并未得手，反而遭受重创，船身发生倾斜，只得退出战斗，后在朝鲜十八岛附近搁浅，燃烧自毁。

“济远号”独木难支，全速向西北方向撤退，日舰紧追不舍。就在这时，“高升号”和“操江号”误入战场，日舰“浪速号”去拦截“高升号”，日舰“秋津洲号”去追“操江号”，日舰“吉野号”继续追“济远号”。“吉野号”追来仅距 2000 多米时，“济远号”向“吉野号”连发 4 炮，其中 3 炮命中，“吉野号”火光顿起，不敢再追，“济远号”随后撤出战场。

这场丰岛海战是在中日两国并未宣战的情况下发生的，是日本舰队以偷袭方式率先开的第一炮，它拉开了中日在朝鲜半岛决战的序幕。1894 年是农历甲午年，这场中日决战就是甲午战争。

二　“高升号事件”：英国怂恿日本

在“济远号”与敌舰展开炮战的同时，“高升号”运兵船正受日舰“浪速号”的攻击。

“高升号”作为一艘商船，自身毫无攻击能力，“浪速号”急速向其冲来，先打出“下锚停驶”的信号旗，又鸣炮威胁，英籍船长高惠悌（T. R. Galsworthy）只得下令停船下锚。“浪速号”在距“高升号”几百米处停下，将舰上的大炮对准“高升号”，之后派一艘小艇载着一名日军大尉登上“高升号”，在做过一番检查后，命令船长高惠悌跟着“浪速号”走，高惠悌表示“如果命令跟着走，我没有别的办法，只有在抗议下服从”。

日本人离开后，“高升号”准备起锚跟着它走。发现情况有异的清军官兵群情激昂，他们在仁字军营务处帮带高善继的带领下涌入船长室，与高惠悌进行争辩。高惠悌表示现在局势危急，如果不照日本人的话做船只可能会被击沉，中国官兵则表示宁愿去死也不当日本人的俘虏，双方僵持不下。

“浪速号”舰长东乡平八郎命令向“高升号”发出“外籍船员立刻离舰”的警告，清军官兵则控制了“高升号”，不许任何人离船。“浪速号”升起象征攻击的红旗，并绕“高升号”一周，船长高惠悌及其他外籍船员跳船逃生。“浪速号”随即向“高升号”发射鱼雷和炮弹，“高升号”上的清军官兵只能以步枪等武器予以还击，不久“高升号”即被击沉。之前完成了运兵任务的英国商船“飞鲸号”从牙山返航时恰好目击了“高升号”被日舰击沉的全过程。“飞鲸号”船主在航海日记中描述道：

> 当午后一点钟时，该兵船即向商船开炮，该商船上汤气烟即滚上。此时，本船与该商船相离约五英里，当即转舵向南行，以避炮火。日本兵船向该商船放炮约十五六响，其船即开始下沉。当沉时系船头先沉，船尾向上，该船忽翻转四十五度，即全沉下，桅杆复直立出水四十英尺，时潮水甚小，至一点半钟时即全不见。

“高升号”被击沉后中国官兵纷纷落水，日舰不实施救援，仅搭救了其中的 2 人，反而下令向水中的中国官兵用枪炮进行射杀。当时附近还有一些其他国家的军舰在“观战”，它们在事发后共救出了 200 多名中国官兵，其中法舰“利安门号”救出 42 人，德舰“伊力达斯号”救出 112 人，英舰“播布斯号”救回 87 人，船长高惠悌及 2 名外籍船员后被日军救起，在此次事件中共有 870 多名中国官兵遇难。

李鸿章一直到第二天才得知丰岛海战以及“高升号”被击沉的消息，他一直认为日军决不会先开第一枪，现在的情况已完全出乎他的预料，从而让他措手不及。近千名淮军官兵顷刻间葬身大海，一艘军舰自焚被毁，让李鸿章心疼不已。李鸿章意识到，被击沉的是一艘英国商船，这或许是使事态向有利于清政府方向发展的一个因素，于是马上召见了英国驻天津总领事宝士德（Henry Bristow），对日本人的野蛮行径给予猛烈抨击，认为英国方面应该对日本采取断然措施。在北京，执掌总理衙门的奕劻也马上约见了英国驻华公使欧格纳。据欧格纳向英国外交部递交的报告，奕劻询问日本炮击了英国商船，英国女王陛下会采取什么措施，欧格纳回答说“毫无疑问那是一种非常严重的事件，但我掌握的情报很少，不能冒昧发表意见”。不过欧格纳又

“以个人名义坦率直言”地问奕劻，一旦真的爆发战争，假使中国决定迅速出击，是否有对敌手施行沉重打击的力量。对此问题，这位正忙于为慈禧太后筹备六十大寿的总理衙门负责人似乎很难回答，“犹豫了数分钟”后也未能给出明晰的答案。欧格纳在报告中说“那是一个令人痛苦的场面”，但他认为这个问题“恰是要害所在”。

随后总理衙门向各国发出了照会，揭露日本军舰没有任何理由就击毁中国政府雇佣的英国印度支那汽船公司的一艘悬挂有英国国旗的商船的事实，控诉其破坏国际公法的行径，照会指出：“何意该国忽逞阴谋，竟于本月在牙山海面，突遣兵轮多只，先行开炮，伤我运船，并击沉挂英旗英国高升轮船一只，此则衅由彼启，公理难容!”这件事在英国国内也引发高度关注，舆论一片沸腾，许多英国人都要求政府对日本给予报复。英国远东舰队派出了军舰前往出事地点进行搜索，同时还派出军舰“搜寻”日本舰队，问罪的意思十分明显，令日方既不满又紧张。日本政府向英国政府表示，希望该事件还是由双方的外交机构来处理，英国政府于是召见了日本驻英公使青木周藏，向其发出正式照会，指出“有关高升号被击沉一事，日本政府应该作好负全部责任的准备”。

这件事的确给日本政府制造了一个外交难题，从首相伊藤博文到外务卿陆奥宗光虽然一贯坚持对外扩张的思想理念，也支持向朝鲜用兵，但对击沉英国商船一事事先都并不知情，该事件由日本军队中的强硬分子所为。伊藤博文事后十分愤怒，曾痛斥日本海军大臣西乡从道。陆奥宗光在其外交回忆录《蹇蹇录》也表达了该事件恐将促成中英联盟对付日本的担忧。“高升号”被击沉的3天后，陆奥宗光给伊藤博文写信说：“此事关系实为重大，其结果几乎难以估量，不堪忧虑。”

但日本政府很快镇定下来，马上开展了一场“危机外交”，先是胡说什么击沉“高升号”是合法的，理由是日本曾向清政府发出过一份所谓的“最后通牒”，限7月25日前答复其关于朝鲜问题所开列的条件，而“高升号”被击沉恰好过了“最后通牒”的时限，双方虽然没有宣战，但已经属于敌对关系。“高升号”虽悬挂着英国国旗，但它被清政府征用，性质就从商用转化为敌国运兵船，所以将其击沉符合战时国际惯例。这当然属于强词夺理，日本的所谓“最后通牒”只是其单方面行为，并不能对别人产生法理上的效力，只要中日未公开宣战，其所主张的“敌国运兵船”就不存在。“高升号”运送的虽然是武装人员和一些军火，但这是应朝鲜政府正式请求而做出的，事先已照会日本政府，其行为完全符合《中日天津条约》的规定。除此之外，“高升号”被击沉后日舰不仅不提供救援，反而继续用枪炮射杀落水的中国官兵，这也明显违反了1864年日内瓦《改善战地武装部队伤者境遇的公约》中“伤病的军人应受到接待和照顾，不论他们属于哪个国家”的规定。

但日本坚持自己的说法以混淆视听，日本政府还向英国政府表示，他们将严格按照国际法处理此事，如果确定责任在日本海军，日本政府将承担所有责任。为此日本政府装模作样地搞起了“调查”，仅用一周时间就出台了一份《关于高升号事件之报告书》，将责任完全归咎于中国方面。日本驻英公使青木周藏紧急行动起来，频繁接触一些主要报纸，让他们改变立场，站到日本方面来。8月4日，青木周藏在向陆奥宗光呈交的一份报告中说：“《每日电讯报》、友好的《泰晤士报》和其他主要报纸，由于审慎地雇用，均就上述消息改变了腔调。”日本政府收买的对象还包括剑桥大学和牛津大学的个别法学专家，他们在报纸上发表文章支持日本政府的观点，如此一来，原本对日本一片声讨的舆论开始了转向。

关于“高升号”被击沉事件，在日本长崎先后举行过两次由英国人主持的国际海事审判听证会，但情况都对日本政府有利。日本政府由被动反而转为主动，陆奥宗光甚至指示青木周藏向英国政府发出抗议，认为“高升号”为清政府“非法征募”，违反了英国女王在中日间保持中立的声明。1894年11月10日，英国主持的国际海事审判作出裁定，认为当时已处在战争状态，“高升号”为交战国执行交战任务，日本军队有权将其扣留或击沉。

在“高升号事件”中，英国政府的立场无疑至为关键，它的转向是使这件事被最终颠倒黑白的关键原因。日本政府收买报纸和学者、善于公关是一方面原因，最重要的原因在于英国的战略考虑，为了与老对手俄国展开竞争，英国不想放弃日本这个盟友，所以宁愿在这个事情上息事宁人。

但是，是非自有公论、公道自在人心，报纸上的文章也罢、所谓的听证会和报告书也罢，都只能作为一面之词，历史事实摆在那里无法篡改，英国自以为对这件事的处理符合其最大的国家利益，殊不知这件事也使英国颜面大失，怂恿日本的结果是降低和损伤了自己的权威，让这件事成为英国这个老牌帝国逐步退出东亚势力角逐的开始。

三　激战成欢驿：清军退出牙山

日军在海上动手的同时，陆上对清军的进攻也在进行。本来陆上的行动更早，在丰岛海战发生的前两天，即7月23日，在汉城的日本混成旅团长大岛义昌少将就接到了大本营发来的电令，让他率兵南下进攻牙山的清军，但此时大岛义昌正在执行包围朝鲜王宫的任务，所以没有当即出发。

又过了一天，虽然海战还没有打起来，但李鸿章已意识到不妙，他给在牙山的叶志超、聂士成发来电报，称“和议决裂，速备战守”。聂士成认为牙山已成险地，他对叶志超说：“海道已梗，援军断难飞渡，牙山绝地不可守，公州背山面江，天生形胜，宜驰往据之。战而胜，公为后援，不胜犹可绕道而出。此间战事当率各营竭力防御，相机进止。”叶志超同意，于是清军从牙山退出进驻成欢驿。

成欢驿位于牙山东北方向，北距汉城70公里，西南距牙山20公里，是汉城通往牙山的必经之路，它左有牛歇里山，右有月峰山，北有安成河，地势险要，相对于牙山军营更易守难攻。成欢驿是一个重要驿站，是两条重要驿道的交汇处，一条是汉城至全州的南北大道，一条是梭山至牙山的东西大道，地处交通要冲。为防止被日军包围，叶志超自己率一部清军驻守附近的公州，形成掎角之势。分驻之后，清军迅速构筑防御工事。对清军来说，现在最宝贵的是时间，日军发动进攻前还有多少时间去修筑工事，是影响胜负的重要因素之一。

这个时间只有3天。听说牙山的清军移驻成欢驿和公州，大岛义昌立即率日军前来进攻。7月28日，日军进逼素沙场，此地距成欢驿不过数公里。面对两路清军，大岛义昌决定首先进攻成欢驿。7月29日凌晨，日军发起了总攻。战斗进行得十分激烈，由日本随军记者撰写的纪实报道编纂而成的《日清战争实记》记述：“瞬间，伴随突然爆发之排枪声，子弹雨点般从夹路两侧房屋内猛烈射击。”黑暗中日军摸不准清军的情况，被打得晕头转向，有不少日军退至一处渡口，争着过一座桥。聂士成所著《东征日记》记述：“桥小人众，拥挤坠水，溺死甚众。”

但日军很快调整了进攻节奏，一方面，用炮火向清军阵地不断进行轰击，由于时间有限，清军修筑的工事较为简陋，多为在丘陵高地上构筑的一些正方形胸墙，厚不到一尺，根本经不起炮击；另一方面，日军分路出击，据姚锡光《东方兵事纪略》所载，日军“一从大道来，以缀我师，而一绕道出东路，以袭侧面”，这样一来，清军兵力不足的问题就显露出来，战场上日军渐居优势。战至天亮时分，一队日军占领了月峰山阵地，此时清军“军火垂尽”，聂士成“不得已率众溃围而出”，成欢驿失守。聂士成率余部与叶志超部相会，之后沿着朝鲜半岛东海岸向北撤退，最后到达平壤，与在此处的清军大队人马会合。

在成欢驿之战中日军战死 37 人、伤 50 人，清军伤亡合计 200 多人。清军在成欢驿之战中大败，兵力和装备上的不足固然是重要因素，但战斗仅不到半天就结束了，这也暴露出清军在战术指挥方面的失误，战前分兵削弱了自己的力量。日本军事家誉田甚八在《日清战史讲授录》中评论说：“选定阵地不适当，其配备不完全，在未战以前，其败势已明矣。虽为清国简拔之精锐兵，虽其兵力可与日本比铸，然皆不足以偿上述缺点，其终于败走，实自然之理也……若清军配备至当，则其所有兵力与日军无大差，其胜败之决有不可知者。”当然，要说到根本原因，还应该说清政府的决策者战略意志不坚决，不是幻想“以夷制夷”就是寄希望于列强的调停，对最坏的结果没有充分预期，也没有做出充分准备，直到最后关头才电令前线的清军“速备战守”，这显然已经迟了。

从规模上看，成欢驿之战并不算太大，但产生了巨大的影响，它是甲午战争中中日两军在陆上的第一次交手，也是一场互相摸底的战斗。通过此战日军认为清军不堪一击，这大大助长了日军的傲气。日本外务卿陆奥宗光在其外交回忆录《蹇蹇录》中将成欢驿之战称为“牙山战捷”，就其对日本的意义他是这样评论的：

牙山战捷的结果，汉城附近已无中国军队的踪影，朝鲜政府完全在我帝国掌握之中等喜讯，立时传遍全国；即欧美列强在今日中日之间已经实行交战，也无轻易置喙干涉的余地，唯有暂时立于旁观地位。故从前那些应不以强硬手段迫使朝鲜改革，以及高谈我军先攻中国军队的得失等议论，已被全国城乡到处飘扬的太阳旗和庆祝帝国胜利的沸腾的欢呼声所淹没，那些人也都抛开了愁绪，不再忧心忡忡了。

日军攻占成欢驿后随即向牙山前进，在清军的牙山军营还有一批没有带走的军械和粮食等物资，包括8门大炮和500包大米，这些全为日军所得。随后，大岛义昌率军北归，8月5日，日本驻朝鲜公使大岛圭介下令在汉城以南扎起一座凯旋门，举行了盛大的欢迎仪式。参加了成欢驿战斗的日军打着写有“成欢之战利品”“清兵大败之证”等字样的旗子走在前面，其最前面的还有一面缴获于清军的三角黄龙旗，日军以此夸耀自己的战功，表达对清军的蔑视。

四　中日宣战：列强纷纷“中立”

海上、陆地两次交手，清军皆大败，在此期间又传出日军进入朝鲜王宫，将朝鲜国王李熙以及闵妃等拘押的消息，无论“面子”和“里子”清政府都损失惨重，然而直到这时清政府仍然没有对日本正式宣战。

清政府还在等列强的态度，希望通过列强调停“和平”解决中日争端。据《清光绪朝中日交涉史料》一书所附的“总理各国事务衙门与英使欧格讷问答”，就在丰岛海战发生的不到一天前，英国驻华公使欧格讷还对总理衙门说：

现在英、俄之外，又约德、法、意三国同办此事，合力逼着日本讲理，谅亦不敢不从。此时说话，总在日本一边用力。我今日即发电我政府，加力催着日本。并往西山请德国钦差回京。令各电各政府同向日本政府说去。此是好机会，难得五国同心帮助贵国。

在清政府看来，五国联合起来让日本退兵，日本总不会不给面子吧？所以仍对调停寄予厚望，自然没有宣战的打算。但随后丰岛海战爆发，举国震惊、群情激愤，中国国内呼吁对日宣战的声音四起。7 月 26 日下午，奕劻派章京舒文、俞铨颖到英国驻华公使馆，对欧格讷说："日本如此举动，无理已极，本衙门即以开衅失和论布告各国。缘欧大人久有调处之意，故各堂特令我们专来相告。"

既然准备开战，直接宣布就行了，此时还来英国使馆通报一声，说明宣战的意志并不坚决，仍然抱着走调停之路的想法。对此欧格讷心知肚明，他回应道：

> 中国若即照会各国，未免可惜。我意可稍缓数日，即此数日内，中国亦可妥速布置。我今日尚与各国大臣商量，拟请华兵退至平壤，日本兵退至釜山，日本如不听话，各国均不能答应。

这样一来，宣战的事又放下了，清政府眼巴巴地在等着列强那边的消息，但"好消息"没传来，却传来了牙山开战的消息，奕劻、李鸿章等人这才坐不住了。7 月 30 日，总理衙门照会各国公使，谴责日本无理挑衅之举，认为"此则衅由彼启，公论难容"，表示"中国虽笃念邦交，再难曲为迁就，不得不另筹决意办法"。日本方面则针锋相对，7 月 31 日，日本外务卿陆奥宗光也向各国驻日本公使发出通告，内称：

> 帝国政府为使日清间之争议合理解决，并使彼此关系永远协调，虽曾使用各种光明正大之手段，迄今显然未奏其效。为解决此事，本大臣荣幸地通知阁下：帝国与清国现进入战争状态。

此时叶志超、聂士成率领的牙山残部还在去平壤的路上，牙山失守的具体情况国内并不掌握，李鸿章根据英国驻朝鲜仁川领事的一份电函判断军情对清军极为有利。这份电函称"叶军屡胜，倭死二千多人，叶兵死二百余人。叶军现离汉城八十余里。汉城倭兵皆往，敌只留守王宫之兵"。这让清政府的决策者们兴奋不已，翁同龢在当天的日记中写下了"可喜也"等语。

1894 年 8 月 1 日，光绪皇帝下谕旨对日宣战，谕旨说：

朝鲜为我大清藩属二百余年，岁修职贡，为中外所共知。近十数年来，该国时多内乱；朝廷字小为怀，叠次派兵前往勘定，并派员驻扎该国都城，随时保护。本年四月间，朝鲜又有土匪变乱，该国王请兵援剿，情词迫切；当即谕令李鸿章拨兵赴援，甫抵牙山，匪徒星散。乃倭人无故派兵突入汉城，嗣又增兵万余，迫令朝鲜更改国政，种种要挟，难以理喻。我朝抚绥藩服，其国内政事向令自理；日本与朝鲜立约，系属与国，更无以重兵欺压，擅令革政之理。各国公论，皆以日本师出无名，不合情理，劝令撤兵，和平商办；乃竟悍然不顾，迄无成说，反更陆续添兵。朝鲜百姓及中国商民日加惊扰，是以添兵前往保护。讵行至中途，突有倭船多只，乘我不备，在牙山口外海面开炮轰击，伤我运船。变诈情形，殊非意料所及！该国不遵条约，不守公法，任意鸱张，专行诡计，衅开自彼，公论昭然。用特布告天下，俾晓然于朝廷办理此事，实已仁至义尽；而倭人渝盟肇衅，无理已极，势难再予姑容。

谕旨回顾了东学党起义以来朝鲜半岛的局势，指出了中国军队入朝是朝鲜国王“请兵援剿”而日本属“无故派兵”的事实，日本不仅“师出无名”而且以“重兵欺压”，又在牙山口外海面率先开炮轰击中国军队的运兵船，这些自有公论。谕旨还“著李鸿章严饬派出各军，迅速进剿”，要求李鸿章等“厚集雄师，陆续进发，以拯韩民于涂炭；并著沿江、沿海各将军督抚及统兵大臣，整饬戎行，遇有倭人轮船驶入各口，即行迎头痛击，悉数歼除，毋得稍有退缩，致于罪戾”。

同一天，日天明治天皇颁布诏书对中国宣战。该诏书颠倒黑白，说什么“朝鲜乃帝国首先启发使就与列国为伍之独立国，而清国每称朝鲜为属邦，干涉其内政。于其内乱，借口于拯救属邦，而出兵于朝鲜”，又说清政府“更派大兵于韩土，要击我舰于韩海”，完全是一派胡言。该诏书扬言“宣扬帝国之光荣于中外，亦不得不公然宣战，赖汝有众之忠实勇武，而期速克平和于永远，以全帝国之光荣”。

中日两国正式宣战，标志着列强调停彻底失败。两国宣战后，列强们纷纷表示“中立”，看着中日两国大打出手、互相削弱，无论谁胜谁负，无疑都最符合列强们的利益。

五 “无许固辞”：没有信心的主帅

1894年8月4日至9日，从牙山溃败的清军在叶志超指挥下历尽艰难总算到达平壤，与在这里的清军主力汇合。

云集于平壤周边的各路清军是7月下旬才奉命由中国各地开赴来此的，包括盛军、毅军、奉军和练军，号称“四大军”。练军主要是奉字营和吉林的练军，盛军由提督卫汝贵率领，毅军由太原镇总兵马玉琨率领，奉军由高州镇总兵左宝贵率领，练军由副都统丰盛阿率领，加上叶志超率领的以铭军为主的牙山败兵，总兵力约1.5万人。

人数不算少，但存在比较大的问题：一是各军过去互不隶属，属于临时拼凑，指挥和协调还不通畅；二是各军接到赴朝参战的命令时间上较为仓促，“四大军”基本上都是通过陆路长途行军来的朝鲜，体能消耗巨大，需要一段时间的休整才能恢复战斗力；三是到朝鲜以来后勤补给困难，除了吃饭问题外，武器、弹药的补充也是一个问题；四是丰岛海战和成欢驿陆战两仗下来，清军海陆军均不是日本人的对手，清军士气低落。

除此之外还有一个问题，那就是由谁来统率平壤各军。这件事让李鸿章很费了一番考虑。李鸿章最早曾打算让台湾前巡抚刘铭传入朝挂帅，但刘铭传通过他人向李鸿章传话“病重不出”。接着又打算让告病回乡的新疆前巡抚刘锦棠赴朝鲜，但不巧的是刘锦棠突然在老家暴病而卒。在一时间没有合适人选的情况下，李鸿章提出仍由叶志超统一指挥。叶志超虽然有兵败牙山之责，但他的直隶提督在平壤各军统兵官中职级最高，卫汝贵虽然也是提督，但属于“记名提督”，而叶志超是“实缺提督”，二者有很大的差别。还在叶志超未到达平壤时清政府已颁下谕令：“现在驻扎平壤各军为数较多，亟须派员总统，以一事权。直隶提督叶志超战功夙著，坚忍耐劳，著即派为总统，督率诸军相机进剿，所有一切事宜，仍随时电商李鸿章，妥筹办理。”

这个决定似乎有些问题，不仅其他统兵将领不服气，就连叶志超本人也不情愿。他在接到谕令的当天就发电报给天津海关监督盛宣怀，请他代自己向李鸿章恳辞，不仅不想当这个临时的“总统”，就连直隶提督都想一辞了事。叶志超在电报中说：“倏得头眩心跳之症，每日犯数次，十数次不等，眩迷不由自主，兼寝不成寐。祈兄转恳中堂，准超开缺，回津就医调养。病愈后，再恳饬委差使，免超久病成废，实系真情，并非假托。”盛宣怀虽然如实转报了李鸿章，但李鸿章当即予以驳回。

可是叶志超似乎去意已决，又向清政府发去电报再次请辞，他说自己身体有病，“深惧指挥未协，督率乖方，贻误大局”，认为平壤军务“必须威望卓著，老成练达知兵大臣方可胜任”，所以坚决再辞，建议将自己“改为前敌营务处或翼长名目”。电报发出两天后，清政府复电“虽暂时患病，著毋庸开缺，在营安心调理，一俟痊愈，即统率全军合力进剿，无许固辞”。

叶志超是最早与日军交过手的清军将领之一，他已经切实地领教了日军的厉害，对平壤乃至整个朝鲜的局势也最为了解。他一再请辞，说明他知道清军在接下来的这一仗中没有取胜的机会。在这种情况下仍坚持用他，与其说是清政府的决定，不如说是李鸿章的盘算。李鸿章事先得到情报，日军将陆续向朝鲜派遣5万人左右，这就要求清政府接下来还要向朝鲜大规模派兵，总兵力应该超过5万，如此庞大的一支军队当然要抓在自己手中。李鸿章之前考虑刘铭传、刘锦棠，都是因为他们是淮军宿将，叶志超则出身于淮军铭字营，早年跟随刘铭传围剿捻军，捻军平息后李鸿章把他调到身边，派为马队统领，后在李鸿章的一手栽培下升至直隶正定镇总兵、直隶提督，是李鸿章的绝对嫡系和心腹。

六　悬挂白旗：清军逃出平壤

叶志超勉强接受了“重任”。有人向光绪皇帝报告说日军目前在汉城的兵力有限，正是进军的好时机，光绪皇帝数次催促叶志超，让他向汉城进军，一举将汉城夺取，但叶志超没有积极出击的信心，采取了拖延的对策。

叶志超所想的首要问题不是如何进击，还是要继续向朝鲜增兵，待新增的军队到齐后再发起进攻，为此叶志超还制定了一个“三路出击”的方案上报国内。但是，增兵并非一朝一夕可就位，即使国内马上调集人马向朝鲜增派，也得耗费很多时日，等再部署一番，所谓出击至少要等到8月底甚至9

月以后了，所以叶志超在这个作战方案中提出“俟兵齐秋收后合力前进”。对于这个显然贻误战机的“秋后方案”，李鸿章竟表示赞同，在电报中称其为“老成之见”。

除了增兵，叶志超考虑的第二件事是退路问题。清军集结在平壤附近，与中国陆路相连的地方是叶志超心中的“生命线”，他以“后方空虚”为由将有限的清军又调出一部分去防备平壤至义州一线，结果能用于平壤前线作战的清军只有1.1万人左右。

在日军一方，光绪皇帝的情报是基本准确的。成欢驿战斗结束后日军的大部队才从半岛南部分别向汉城一带开进，主要是日军的第三、第五师团的各一部，8月中旬到达汉城的日军才数千人，清军如果集中兵力从平壤南下，在人数上是占优的。但后来日军陆续到达了汉城，据戚其章《甲午战争史》的统计，到9月初日军在汉城及其以南地区集结的部队达到了1.9万人，其中可用于进攻平壤的至少1.6万人，日军在人数上已经占优。从9月1日起，各路日军纷纷从汉城北上，9月15日前完成了对平壤的合围。

1894年9月15日凌晨4点30分，日军向驻守在平壤的清军发起了总攻。战斗首先在大同江南岸展开，进攻的日军是大岛混成旅团，防守的清军由太原镇总兵马玉琨率领，战斗非常激烈。日本学者桥本海关《日清战争实记》记述“大小炮弹如雨点被连发，炮声隆隆，震天惊地”。在清军阵地外有一片开阔地，日本军官拼命驱赶士兵冲锋，结果“死伤甚多，如第十一联队第一中队将校悉数战死或负伤，第二十一联队第一大队第二、第四中队，其士官亦皆战死”，日军“将校以下死者约140名，伤者290名”，日军不得已退出了战场。

但这一路并不是日军的主攻方向，担任日军主攻的是第五师团朔宁支队和第三师团元山支队，他们进攻的目标是平壤北面的牡丹台、玄武门一线，担任防守的是清军提督左宝贵。元山支队首先集中炮火向牡丹台外侧猛烈炮击，炮击结束后步兵发起冲锋，清军奋勇还击，左宝贵亲临前线指挥，但由于日军武器更先进，人数也占优势，清军被迫放弃了第一重堡垒后退。日军朔宁支队则向牡丹台东北方向的清军堡垒发起进攻，激战数小时，清军不敌，也被迫放弃了外围的堡垒，日军元山支队、朔宁支队实现会合，平壤处于三面被围的状态。

为夺取牡丹台，日军用重炮猛轰，然后用步兵发起冲锋，左宝贵指挥清军“以全力持之”，用速射炮向日军发起还击，日军伤亡惨重，但牡丹台外城被炮弹频频击中，胸墙倒塌，左宝贵也被弹片击伤，他裹伤再战，又有一发炮弹袭来，他再次受伤，当场壮烈殉国，成为甲午战争中清军牺牲的第一位高级将领。

9 月 15 日凌晨开战，当日 8 时 30 分日军即攻占了平壤城外的牡丹台，平壤城岌岌可危。但日军在战斗中也遭受到巨大的伤亡，合计死伤人数超过 700 人，而尽管牡丹台、玄武门的清军蒙受一定损失，但综合起来伤亡人数彼此相差不大，而且清军在其他战场取得了胜利，清军防守于平壤城内，日军则露宿在城外，这时天又下起了雨，日军同样面临了很大的困境。

除了天气，日军还面临着后勤方面的困难，朝鲜人民视日军为侵略者，日军就地征粮难度很大。日本学者桥本海关在《清日战争实记》中描述此时日军官兵的处境：“雷雨大至，入夜不止，军无雨衣，将士皆立雨中，且乏粮食，每人一日之粮不过米四五合而已。”日军元山支队“粮食缺乏，军官亦仅喝两碗稀粥充饥”，“粮食极缺，师团长本人也有数日没有米吃，仅以小米饭果腹”。日本学者藤村道生在《日清战争》中分析：“如果连续激战两天以上，那么弹药和粮食将同时失去补给，只有放弃围攻，实行退却。”

但平壤城里的叶志超看不到这些，牡丹台失守、左宝贵阵亡已经让他本就不太多的斗志完全丧失了，他召集各位总兵商量，提出“北门咽喉既失，弹药不齐，转运不通，军心惊惧，若敌兵连夜攻击，何以御之？不若暂弃平壤，令彼骄心，养我锐志，再图大举，一气成功也”。放弃平壤就是放弃朝鲜，说什么“再图大举”只是托词，对此有人赞同，也有人反对。马玉琨反驳说：“余带兵三十余年，经数百战，常以不得死所为恨，岂临敌退缩自贻罪戾哉?”叶志超听完默不作声，但也不采纳马玉琨的建议，之后他找到朝鲜平安道监司闵丙奭商量如何撤出平壤。

就在这一天的下午，叶志超以闵丙奭的名义派了一名朝鲜人冒雨出城向日军元山支队送去一封信，信中以闵丙奭的口气说：“现华兵已愿退仗休让，照诸万国公法止战。伏俟回教，即揭白旗回，望勿开枪。立俟回书。”还没等到给城里回信，日军便发现平壤城的七星门、静海门、大同门等地都纷纷打出了白旗。

朔宁支队指挥官立见尚文少将亲自率一队日军抵达玄武门，要求清军打开城门，但不知是语言不通还是别的什么原因，城里没有开门。立见尚文命人从门缝里塞进一张纸条，上面写着："若降服，可允。应速开城门，集中兵器缴于我军，否则，即攻取之。"城里随后也用同样的办法递出一张纸条，上面写着："降雨甚大，刻下兵多，难以速散，当期明朝，开放此门。"

当天晚上8点，叶志超命令平壤城里的各路清军立即撤退。雨下得很大，清军纷纷从七星门、静海门等拥出，人太多，城门太窄，有些清兵干脆从城墙上直接翻了出去。出城后的清军大部分前往义州方向，想从陆路回到国内，但日军元山支队早有准备，在去义州的路上设下伏击。清军过此，日军枪炮齐射，清军官兵"回旋不得出，以避弹故，团集愈紧，死亡愈众"。盛军军官栾述善当时就在逃亡的清军中，他被日军俘虏，后来被押往日本，在日期间曾写了《楚囚逸史》一文，详细记述了平壤之战前后的一些情况。关于这次黑夜里逃亡途中被伏击的经过，该文是这样描写的：

> 阴云密布，大雨倾盆。兵勇冒雨西行，恍似惊弓之鸟，不问路径，结队直冲。而敌兵忽闻人马奔腾，疑为劫寨，各施枪炮，拦路截杀。各山口把守严密，势如地网天罗，数次横冲，无隙可人。且前军遇敌击，只好回头向后；而后兵欲逃身命，直顾奔前。进退往来，颇形拥挤。黑夜昏暗，南北不分。如是，彼来兵，不问前面是敌人抑是己军，放枪持刀，混乱相杀，深可怜悯！前行士卒，既遭敌枪，又中己炮，自相践踏，冤屈谁知？当此之时，寻父觅子，呼兄唤弟，鬼哭神号，震动田野。人地稍熟者，觅朝鲜土人引路，均已脱网。惊惧无措，非投水自溺，则引刃自戕，甚至觅石碣碰头，入树林悬颈。死尸遍地，血水成渠，惨目伤心，不堪言状！

事后统计，就在这天夜里清军官兵逃亡路上被击毙的超过1500人，包括栾述善在内共有683人被俘。据栾述善说，他被俘后曾想自刎，这时"倏来敌人，即将利刃强行夺下，温言安慰"。由于语言不通，这个日本人写了8个字给栾述善看："不久和好，即送还国。"栾述善放弃了自杀的打算。战俘们被送往日本，一路上"两手背缚，发用绳联"，"饭团一握，舌为匕箸，膝作杯盘，俯首就餐。忽尘埃上坠，泥沙兼半，口难下咽。渴极频呼，仅给臭水一滴。如是者二十余日"，到广岛下船时"立毙数人"，后被用火车运往大阪，"一日三餐，入口者无非霉烂萝葡。数月间遍身尽是腌脏衣服"。

叶志超率残部最后逃到了安州，聂士成建议就在此固守，等待国内援军。但叶志超此时已如惊弓之鸟，根本不听，一路狂奔数百里渡过鸭绿江，进到中国境内才算喘了口气。清政府谕令将叶志超革职，李鸿章多方运筹，希望能给他一个"留营效力"的机会，但朝廷坚决不准。后经刑部审判将叶志超定为斩监候，不久遇到大赦，总算保住一条命，但第二年就病死在老家。

1894 年 9 月 16 日拂晓，日军朔宁支队、元山支队从玄武门进入平壤城。日军仅仅用了一天多时间就取得了平壤战役的胜利，清军万人云集的平壤城此时已再无一兵一卒，清军在朝鲜完全失败。

虽然从整体实力而言日军占有优势，但清军在朝鲜战场上也并非完全没有机会，至少也不会仅仅一天时间就被赶出了平壤，消极防御、用人不当、准备不足、兵力配置不当等造成了清军的大溃败。朝鲜战场是中日对决中此消彼长的一个关键点，经此一战中日实力对比又发生了进一步倾斜。日军通过冒险而取胜再一次得手，也会刺激他们下一步采取更大的行动。

第十四章

展开决战

一　黄海海战：中日海军对决

叶志超还在平壤时不断给李鸿章发电报要求派兵增援，李鸿章则一面告诫他“镇静严守，勿涉张皇”，一面也在考虑如何增兵。1894 年 9 月 8 日，当时平壤仍在清军手中，李鸿章决定让提督刘盛休率驻守在金州（今大连）的 4000 名铭军入朝。李鸿章在给刘盛休的电报中说：

> 平壤日兵三路渐逼，后路空虚，续调之兵皆远不济急。叶提督屡电，后路安州距平百七十里，最为紧要，现仅卫、左、马、丰等马步六营，殊嫌太单。拟就近调铭军精锐四千人，乘船往安州一带扼要驻扎，既为平壤声援，又断元山抄袭。务望迅速整备，五日内船到即行。当令丁提督海军大队护送前去。其守炮台兵不应动，各营仍留新募哨守营。

李鸿章同时通知北洋水师提督丁汝昌，让他安排军舰运送铭军。此时丁汝昌的心情颇为烦闷，丰岛海战令北洋舰队损失巨大，朝臣们群情激愤，有的发电报来指责他，有的向光绪皇帝上疏建议将他革职。在李鸿章的百般辩护下，光绪皇帝虽然只是降旨“丁汝昌暂免处分”，但朝鲜的战事显然已让北洋舰队和丁汝昌本人遭受到巨大压力。

所以，接到李鸿章的电令后丁汝昌不敢怠慢，立即组织舰船执行运兵及护航任务。为确保此次运兵万无一失，丁汝昌调集了北洋舰队的精锐力量。9 月 15 日，丁汝昌率北洋舰队的 18 艘大小舰艇抵达金州湾，其中包括“定远号”“镇远号”“来远号”“经远号”等主力舰船，它们要执行护送的任务，担负运兵任务的是“新裕号”“图南号”等另外的5艘运兵船。

9月16日，满载铭军的运兵船在北洋舰队护送下抵达鸭绿江口的大东沟，北洋舰队部分舰船担任警戒，其余10艘舰船在鸭绿江口外12海里的大鹿岛东南方下锚。9月17日8时，铭军完成运兵船上的卸载，9时北洋舰队开始返航。丁汝昌等北洋舰队指挥官此时仍不知道，日本联合舰队也在这一带流域游弋。

日本联合舰队是不久前刚刚成立的，此前日本的舰队分为常备舰队和警备舰队。海军军令部长田仓之助认为以实力论日本海军还不能主动挑战北洋舰队，主张宜守不宜攻，这让一心要与中国在朝鲜决战的明治政府内部的鹰派分子不满。预备役海军中将桦山资纪主张积极进攻，提出把日本海军力量集中起来成立一支联合舰队，以此夺取制海权。他的观点得到明治天皇的赞赏，日本决定与中国开战后，田仓之助被撤职，桦山资纪被任命为新的海军军令部长。1894年7月19日，联合舰队成立，海军中将伊东祐亨为首任司令官，几天后联合舰队即在丰岛重创了中国海军。

丰岛海战进一步刺激了日本海军的野心。为进一步夺取黄海的制海权，桦山资纪下令联合舰队倾巢出动，由半岛中南部北上，寻找北洋舰队进行决战。舰队由伊东祐亨指挥，桦山资纪担心他临机不够果断，于是化名为一名参谋军官秘密登上“西京丸”参战。这艘军舰原本是条商船，经临时改装成为军舰，舰上只有一门火炮，是联合舰队中实力最弱的一艘，桦山资纪专门登上这艘军舰，为的是故意显示他身上的武士道精神。

9月17日10时23分，正在游弋的日本联合舰队“吉野号”桅楼上的瞭望哨兵首先发现了北洋舰队，原因是北洋舰队使用的多是劣质煤，会产生大量黑煤烟。北洋舰队的用煤当时主要来自开平煤矿，与大多数洋务企业一样这家煤矿也是“官督商办”，由于后台很硬，所以敢于经常拿一些劣质煤向北洋舰队充数。丁汝昌为此曾给开平煤矿总办张翼写信说“煤屑散碎，烟重灰多，难状气力”，但张翼根本不理会。丁汝昌一打听，张翼跟荣禄等朝廷大员关系非同一般，而开平煤矿的股东则个个身份显赫，丁汝昌也无可奈何。

“吉野号”向其他日舰发出信号提醒“东北方向发现三艘以上敌舰”，联合舰队各军舰迅速做好了战斗准备。而直到11时30分北洋舰队“镇远号”桅楼上的瞭望哨兵才发现了日本舰队，已经晚了一个多小时。12时5分，日本联合舰队第一游击队在“吉野号”率领下以单纵阵向北洋舰队驶来，北洋舰队排出楔形横阵，以旗舰“定远号”居中央，其余各舰在左、右展开。12时50分，双方舰队相距5300米，“定远号”首先向敌人开炮，日本联合舰队旗舰“松岛号”发炮还击。炮战中“定远号”主桅中弹，信旗装置被击毁，正在督战的丁汝昌也身负重伤，刚开战北洋舰队就失去了统一指挥的能力。

之后北洋舰队各自为战，日本联合舰队则采取机动战术，对北洋舰队实施包抄。北洋舰队阵形被冲乱，各舰处于不利位置，双方展开了激战。一开始双方都以己之长、攻敌之短，攻击的重点目标都是对方的弱舰，双方互有损伤，胜负未分。但午后14时后北洋舰队渐居下风，“超勇号”“扬威号”“致远号”“经远号”先后被击沉，其中“致远号”在弹药将尽且遭受重创后，管带邓世昌下令冲向日舰“吉野号”，欲与敌人同归于尽，但不幸被敌击中鱼雷发射管引发管内鱼雷爆炸而沉没，全舰官兵殉难。除此之外，“济远号”“广甲号”因被击伤而退出了战场，北洋舰队连失6舰，战力大损。

至午后15时，北洋舰队能战的主力舰只有“定远号”“镇远号”“来远号”“靖远号”等4艘，日舰虽有多艘受伤，但仍有9艘可战，北洋舰队陷入绝境。但北洋舰队官兵毫无惧色，“定远号”“镇远号”被5艘敌舰包围，舰上官兵“誓死抵御，不稍退避”。“定远号”管带刘步蟾“作战果敢，指挥灵活，行船时刻变换，敌炮不能取准”。“镇远号”管带林泰曾指挥军舰“奋击突进，操纵自在”，“镇远号”虽处不利态势，但“开炮极为灵捷，标下各弁兵亦皆恪遵号令，虽日弹所至，火势东奔西窜，而施救得力，一一熄灭”。“靖远号”管带叶祖珪看到我方旗舰桅楼被毁，主动代替旗舰升旗集队。

激战中，日本海军军令部长桦山资纪乘坐的“西京丸”先后被4艘不同的中国军舰所发射的炮弹击中，总共有12发之多，其中包括305毫米的炮弹4发。按理说这艘由商船临时改装的军舰应该被击沉，但其却只是被击伤，舰上死伤官兵也仅有11人，造成这种结果的原因主要是北洋舰队的炮弹威力不足。而且北洋舰队装备的炮弹分开花弹、实心穿甲弹、教练弹等，其中开花弹、教练弹威力都一般，开花弹里填充的还是传统的黑火药，而且北洋舰队平时备战也不够充分，携带的弹药总量也不足。

北洋舰队虽然遭受重伤，但剩余各舰毫无退意，它们“相距各八九米，鱼贯东行”，准备与敌再战。17 时 50 分，海面已呈暮色，日本联合舰队担心夜战吃亏，于是率先脱离战场，历时 5 个多小时的黄海海战结束。

这场海战又称“甲午海战”“大东沟海战”，它集中了中日两国当时能用于作战的大部分主力战舰，就规模而言在世界海战史中也是一次重要的战役，被西方人认为是“近数十年欧洲各国所未有”的大海战。此战的结果是：北洋舰队“致远号”“经远号”“超勇号”“扬威号”“广甲号”等 5 艘军舰被击沉，合计吨位 9190 吨，此外“来远号”也受到重创，北洋舰队官兵死伤约 600 人；日本联合舰队“松岛号”“吉野号”“比睿号”“赤城号”“西京丸”等 5 艘军舰受重创，没有军舰被击沉，死伤官兵 239 人。

二　煽动舆论：日本陷入举国狂热

黄海海战成为中日海军发展的一个分水岭，战前大部分人认为北洋舰队实力更强大，它号称“亚洲第一舰队”，有人说它在全世界海军中排名第九，也有人认为它能排到第六名。相比于北洋舰队，日本海军受关注的程度较低，此前也没有太多的战绩，但黄海一战让日本联合舰队声名大起。

黄海海战让中国人感到了震惊，朝廷错愕、大臣激愤，对北洋舰队的批评之声铺天盖地袭来，朝野上下对日作战的悲观情绪渐生，极大地挫伤了中国军队的士气。黄海海战后，为保存实力李鸿章下令北洋舰队剩余各舰撤往威海卫，没有特殊情况一律停泊在军港内不得出海，这意味着将制海权交给了对手。

与中国悲观、低落的氛围不同，日本方面却借机竭力扩大黄海海战的胜果，认为这是一场“大捷”，是“奇胜”。日本海军军令部长桦山资纪被立即晋升为大将，明治天皇赐予其子爵，日本联合舰队司令官伊东祐亨也被赐予子爵，不久桦山资纪改任所谓的“台湾总督”，伊东祐亨继任为海军军令部长。

为扩大宣传效果，明治政府允许本国和外国记者随军采访，日本的主要报刊和新闻社都派出记者深入到战争的第一线。据统计，在甲午战争期间日本的《国民新闻》《每日新闻》《读卖新闻》和《中央新闻》等66家新闻社共派出了111名随军记者。除此之外日本军方还有为数不少的摄影师和画师，无论海战还是陆战都活跃着这些记者们的身影。明治政府虽然对外宣称采访自由，以此向世界表明日本已跻身“文明国家”的行列，但事实上他们对记者们的采访有着严格的限制。除了依据《诽谤律》《新闻纸条例》《出版法》等法令进行严格审查外，军方还制定了更严格的新闻管理制度，给记者们规定了严苛的“随军纪律”。在他们采访期间还派军官全程监控，对他们的报道进行严格审查，一旦被军方认定为“有害的记者”，就将立即押送遣返回国接受进一步审查，所以这些随军记者几乎都沦为军方宣传的工具。

中日开战以来，每天都有大量的文字报道和新闻图片发回日本国内，这些经过筛选和加工的内容都反映了日本军方的意旨。这些报道有的不惜对事实进行歪曲，比如由日本军方主动挑起的事端一律都被说成是中国或朝鲜在挑衅，把清军污蔑为“匪徒”，把日本军队说成是“仁义之师”，把日本率先发起的战争行为美化为“圣战”“正义之战”，每当日军取得胜利时这些随军记者都要大吹大擂，把日本军队说成是战无不胜的“神军”。有些日本新闻社的负责人本身就是狂热的右翼思想家，如日本《国民新闻》社长德富苏峰，此人多次声称“举国一致对付清国是当务之急，为此我愿意牺牲我所有的一切”。为报道中日甲午战争，他先后派出了30多名记者随军采访，后来他自己干脆也亲赴前线。

在军方和新闻媒体的煽动下，日本国内的民族主义情绪不断高涨。对于这一阶段新闻媒体在日本军国主义发展中所起的推波助澜作用，张博在《近代日本大众媒体对侵略战争应承担的责任——以甲午战争报道为例》中进行了分析：

> 由于日本的“文明开化”是由政府主导的自上而下的过程，近代日本大众媒体从其诞生初始就受到来自政府“检阅”的压力。为了不触犯各种意在钳制言论、掩盖真相的“法律”而生存下去，近代日本大众媒体不得不走上了“官民调和”的道路。他们有的主动与政府勾结而获得

利益的“蜜糖”，有的屈服于发行停止的“大棒”而苟延残喘。

在推动日本国内民族极端主义情绪这一点上，近代日本大众媒体有着不可推卸的责任。各媒体之间激烈的销售竞争使他们进行没有事实基础的扭曲宣传。各媒体都希望第一时间对战况进行报道，因此难有余裕进行调查，“误报”屡见不鲜。近代日本大众媒体先天的软弱令他们很难在军国主义日盛、民主势力日衰的日本对外侵略战争期间保持独立自主。

有一位名叫熊井雅男的日本人曾写过一篇《我们为什么没能反对战争》的文章，其中写道：“有人质问：你们为什么没有反对战争？我想，是因为国民并不怀疑国家的政策。国民已经被教育的对上边作出的决定不抱怀疑。”甲午战争开始后，日本国内立即呈现出空前团结的局面，每当有日本军队打败清军的新闻报道传来都会引起强烈关注和称颂，整个日本社会都在歌颂战争。日本的小学生那时都会唱这样的歌谣：“支那佬，拖辫子，打败仗，逃跑了，躲进山里不敢出来。”桥本海关在《日清战争实记》中引述过一位名叫森鸥村的日本老父亲给身在前线的儿子森贞吉写的信，信中说此次战争“实开国未曾有大事，国家危急存亡之所隶，而吾人之荣辱休戚亦系焉”，参与战争是“伐异域，戮异类，以声我义，扬我威，实千载一时不可失者”，他鼓励儿子“苟为军人者，宜慷慨赴难，鞠躬尽瘁”，信中传递出来的都是浓烈的所谓“家国情怀”。

三　筹集军费：日本积蓄战争能量

但战争也意味着巨大的军费支出，对于明治政府来说，这才是一个重大而实际的问题。中日正式宣战仅几天后的1894年8月9日，明治政府就战争军费问题召开了专门会议，大藏大臣渡边、大藏省次官田尻稻次郎、主计局长松尾善、国债局长曾根静夫等提出了大藏省《军费意见书》。该意见书预估了中日交战所需的专项军费规模，分3个档次，这主要是因为战争持续的时间无法确定，如果半年之内可以结束战争，军费规模约为5000万日元，如果战争时间持续1年，军费规模就将达到1亿日元，如果是1年半，军费将是1.5亿日元。从1891年到1893年日本政府的财政收入分别为8000万、8700万和8500万，所以以上预估的专项军费可以称为惊人的数字。

为解决这笔巨额款项，大藏省提出的办法包括调用财政余款、增税、向西方国家借款以及发行公债等。内阁首相伊藤博文、内务大臣井上馨等人对于这些措施并不完全赞同，因为增税、借款以及发行公债都将对经济和财政产生相当大的负面作用，他们主张发动全国范围内的捐款运动。按照伊藤博文的估算，1894年剩下不到半年，有4000万日元就可以支撑当年的战争，明治政府手中有2600万日元的财政盈余可以做"垫底"，再募捐1400万日元就够了。当时日本约有4000万人，有人认为每个人平均捐1日元，全国捐款就将达到4000万日元，所以募集1400万日元并不是难事。

但前大藏大臣松方正义等人反对捐款，一个考虑是捐款其实并不不容易，1日元听起来好像不多，但在当时并不是一个小数字。当时纺织厂女工每天平均工作普遍长达12～16小时，而1892年一名日本纺织女工的平均月薪只有1.7日元，所以人均捐出1日元不一定现实。另一个考虑是，捐款可以解决短时间军费开支的需要，如果战争长达1年甚至更长，后续军费仍无法解决，所以应该想出一个更长远的办法。松方正义等人建议对内发行公债。当时有英国财团提出可以向日本政府贷款2亿日元，年利息为4%，但松方正义对向外国人借款坚决反对，他认为向外国银行借款负面作用太多，清政府就是最好的示例，他仍坚持发行公债。

经过一番讨论，松方正义等人的意见占了上风。8月15日，明治天皇颁布敕令，授权伊藤博文内阁按年利息6%发行军事公债5000万日元。10月23日，经日本临时国会审议通过后明治天皇裁准颁布了总额为1.5亿日元的军费预算。数月后明治天皇再颁布敕令，又追加了1亿日元的军费预算。上述所需费用都通过由日本银行发行军事公债的办法去解决。按照5000万日元可以支撑半年战争来计算，2.5亿日元军费在手日本就可以支撑起两年半的战争，日本军方的底气大增。

与此同时，为战争捐款的"军资献纳运动""义捐运动"等也在日本各地展开，日本的报刊在这方面又发挥了它们的"积极作用"。《每日新闻》刊文倡议“请赠送适当之物，一慰悬军远征之心，一为表示对我军人敬爱之情”；《万朝报》刊文鼓吹现在是“义勇奉公之时”；《二六新闻》刊文“万一不幸，纵然全国成为焦土，我日本男儿国之面貌亦不可污”。日本财界、企业界不甘落后，有人组织起所谓的“报国会”在街头义卖、募捐，有人为军队无偿或低价提供船只，有的直接向前线捐献急需物资，有一家军火商一次就向日本军队捐赠了5600支步枪。

反观中国，政府此时以正常财政支撑战争的能力几乎没有。甲午战争前10年中清政府每年的财政收入约为8000万两，由于不断发生内外战争，还要拿出巨额款项向西方列强支付历次战争的赔款，所以每年的财政支出都在1亿两左右，已处于入严重赤字状态。当时中国近代意义上的金融体系尚未建立，没有自己的银行，不能依靠发行内债来解决资金问题，只剩下借外债这一条路，为此清政府已向西方的银行和财团借下了大批外债。

甲午战争开始后筹集军费又成了头疼问题。1894年9月，清政府辗转向上海洋商借款500万两应急，年利息高达7%，但这点些钱根本用了不多久。当年11月清政府又向汇丰银行借款1000万两，年利息仍为7%。其后清政府又先后向西方财团多次借款，累计借外债4154万两，扣除“发行费”、佣金等实收3896万两，利息最低的也有6%。

清政府在筹集军费一事上费尽了心思，因为并不是所有外国银行和财团都愿意向清政府借款，他们不仅提出了明显高于当时国际金融市场的利息回报，还要求清政府必须以关税作为抵押，否则免谈。对比之下，从西方财团主动提出可以按照4%的利息向日本政府提供几乎无限量的借款可以看出，中日两国的国情和财政处境有多么大的差距。

四　旅顺屠城：日军犯下滔天罪行

中日开战后，日本首相伊藤博文曾担心西方列强会进行干涉，他向明治天皇提交了一份报告，认为这种干涉不会再是之前发生过的那些“口头劝告”，而可能会有武力行动，所以必须抢在干涉发生前“迅速取得对清国的巨大胜利，居于任何时候均可对敌国提出我国要求的地位”，也就是在要在已取得胜利的基础上迅速扩大战果，捞取实际好处，待列强真的来干涉时好作为向中国攫取最大利益的筹码。这个建议被明治天皇接受。

为了强化在朝鲜方面的军事力量，由明治天皇直接主导的日军大本营决定继续增兵，充实在朝的第三、第五师团，为便于统一指挥，将这两个师团合编为第一军，由内阁前首相山县有朋担任军长。同时组建第二军，由第二、第六师团编成，任命陆军大臣大山岩大将为军长，继第一军后陆续开赴朝鲜。

山县有朋在日本军队中历任兵部少辅、大辅、陆军大辅、陆军卿、参军、参谋本部长，是军界的元老，也是对外扩张政策的积极鼓吹者和谋划者。1890 年他抛出了“主权线”“利益线”等侵略扩张理论，强调要以军刀作后盾大力推行军国主义路线，积极主张出兵朝鲜进而侵略中国，被认为是日本军国主义的奠基人之一。

山县有朋早年与伊藤博文一起拜“皇国史观”的提出者吉田松阴为师，二人交往很多，一个在军界无人能比，一个在政界影响很大，所以也暗中也有一些“瑜亮情结”。为了做好前方与后方的配合，明治天皇于 1894 年 8 月 30 日为即将赴朝鲜的山县有朋送行时专门安排伊藤博文参加，当场给二人提出几条要求：

> 第一，军国大计应文武配合，周密计议。
>
> 第二，在军事方面，大本营与出征主将间，应明确其权限，贯彻计划精神，以期万全。
>
> 第三，战场地处海外，陆海军自当共同筹划，故除遵奉大本营命令外，两军尚应互通气息，力求避免发生龃龉，招致失败。
>
> 第四，在朝鲜交战期间，出征主将与驻该国外交官间，应各奉其职，毋得逾越，并需经常互通气息。
>
> 第五，国家全局之得失，不仅限于交战，局外有关国家难免进行干涉。因此，外交运用与军事方略应互为补充，避免抵触，注意全局大计，最为重要。

山县有朋出发后明治天皇随日军战时大本营前进至广岛，这里距朝鲜和中国更近，第五师团司令部也设在此，一直到甲午战争结束前明治天皇就吃住在该师团司令部内，这是明治天皇离开皇宫时间最长的一次。

山县有朋到任后，其所统率的第一军总兵力约3万人，作战目标是在鸭绿江北岸布防的清军，兵力约为2.8万人，清政府临时任命宋庆为北洋帮办大臣，统一指挥各路清军。宋庆也出身于淮军，参与镇压过捻军，因功获赐“毅勇巴图鲁”的勇号，麾下营军故称“毅军”，他先后任四川、湖南的提督。宋庆接到命令后即率部进驻丹东附近的九连城，他表示“此行如不能奏攘倭之功，唯一死以报国”。清军集结在这一带的除毅军外还有铭军、盛军、奉军、芦榆防军、黑龙江镇边军等，指挥体系并不顺畅，加上有不少军队是刚从朝鲜逃回国内的，士气也十分低落。

10月24日，日军一部在九连城上游的安平河口泅水渡过鸭绿江，之后又在虎山附近的鸭绿江上架起浮桥，驻守北岸的清军对日军的这两次军事动向竟都未察觉。

10月25日早晨，大批日军越过浮桥向虎山的清军阵地发起进攻，毅军分统马金叙、太原镇总兵聂士成在此防守，他们组织清军反击。聂士成坚守虎山，组织了摩天岭防御战，他们雪夜奇袭连山关，杀敌甚众，但终因敌我双方战力悬殊，虎山还是丢失了。附近的其余各路清军听说虎山失陷，纷纷不战而逃。

10月26日，日军进入九连城和安东县。安东县即今丹东市，正处在鸭绿江的入海口上，它的失陷标志着由近3万名清军组织起的鸭绿江防线不到3天时间就崩溃了。

在日军第一军进攻鸭绿江防线的同时，日军第二军在大山岩大将的率领下由联合舰队运送和掩护进攻清军的另一处要塞旅顺。也是在10月24日这一天，第二军的25000名日军在旅顺的花园口登陆。花园口位于旅顺后方，当时清兵布防的重点是北洋舰队基地旅顺港，没有派出重点去阻击花园口登陆的日军，只有当地农民自发组织的一些抗击活动，这就让日军可以顺利地在旅顺外围展开行动。11月6日，日军攻占了金州。

11月7日，日军分3路向金州湾发起进攻，防守金州湾炮台的铭军分统赵怀业得知日军迫近，十分惊恐。他只知道发电报向李鸿章告急求援，李鸿章训斥说：“旅顺兵单，同一吃紧，岂能分拨过湾，可谓糊涂胆小，汝等只各守营盘，来路多设地雷埋伏，并无守城之责。”赵怀业被训斥后不思备战，反而悄悄安排家眷和私人财物装船准备运往烟台。

金州湾炮台装备120多门加农炮、野炮和行营火炮，日军原做好了在此承受重大牺牲的准备，但不承想发起进攻后炮台上的清兵只草草开了几炮后就全部撤离了。日军第二军轻松拿下金州湾炮台，除100多门大炮成为战利品外，还获得大批炮弹、德国新式步枪和子弹，还有大量的马匹、行帐、粮食等，这成为日军发起后续进攻的物资保障。金州湾炮台原本被视为旅顺的一道重要屏障，现在反而成为日军进攻旅顺的后勤补给基地。

11月8日，日军进攻旅顺。驻守在这里的清军有13000多人，但除了正定镇总兵徐邦道组织本部开展了顽强抗击外，前敌营务处总办龚照玙及统领黄仕林、赵怀业、卫汝成等人均先后潜逃。11月21日，旅顺陷落。日军攻占旅顺后对城内的百姓进行了四天三夜的疯狂屠杀，死难者达2万人，这就是“旅顺大屠杀”。英国法学家胡兰德在《关于中日战争的国际公法》中曾引用过下面的一段记述：

> 当时日本官员的行动，确已越出常轨。他们从战后第二天起，一连四天，野蛮地屠杀非战斗人员和妇女儿童。在这次屠杀中，能够幸免于难的中国人，全市中只剩36人，而这36人完全是为驱使他们掩埋其同胞的尸体而留下的。

事后统计，除了掩埋同胞尸体的这36人幸存外，全城还有800多人幸存，但即使这样日军的残忍行径也可以用“屠城”来概括了！英国人艾伦在《龙旗翻卷之下》中写道：

> 日本兵追逐逃难的百姓，用枪杆和刺刀对付所有的人；对跌倒的人更是凶狠地乱刺。在街上行走，脚下到处可踩着死尸。天黑了，屠杀还在继续进行着。枪声、呼喊声、尖叫声和呻吟声，到处回荡。街道上呈现出一幅可怕的景象：地上浸透了血水，遍地躺卧着肢体残缺的尸体；有些小胡同，简直被死尸堵住了。死者大都是城里人。

1894年12月20日，美国记者克里曼撰写的长篇新闻报道《日军大屠杀》刊登在《世界报》上，一下子震惊了世界，日本军队受到了国际舆论的广泛批判。明治政府此时又显示出他们影响和操纵舆论、转化危机的能力，一方面为自己竭力辩护，努力渲染清军如何残暴，同时声称自己处决的不是俘虏或平民，而是罪犯；另一方面，他们邀请外国记者去调查访问，并提供各种各样的配合、支持，一些西方记者撰写了不少对日军有利的报道，集中刊登在英、美等国的报刊上，舆论竟然慢慢转向，有不少西方人认为克里曼的报道“态度过于极端”。日本学者井上晴树《旅顺大屠杀》一书透露，当时日本政府通过英国中央通讯社发表一篇对自己有利的“有偿新闻”一般要付2000日元左右，通过路透社发表一篇一般付600多日元，在当时的《纽约时报》《泰晤士报》等世界最有影响力的报纸上经常可以看到站在日本立场上的关于中日战争情况的报道，而由清政府组织或提供的新闻报道几乎没有。

五　激战刘公岛：北洋舰队全军覆没

旅顺陷落，辽东半岛以及中朝之间的鸭绿江防线落入到日军手中，但日军不打算停下脚步，此时北洋舰队仍有26艘各类军舰，还是一支不可忽视的海军力量，不把这些军舰消灭，日军还不能算真正控制了黄海的制海权。

北洋舰队的这些军舰奉李鸿章之命退至威海卫，威海卫于是成为日军的下一个进攻目标。1895年1月20日，大山岩大将指挥日本第二军在联合舰队运送和掩护下由山东半岛的荣成龙须岛登陆，两日后日军集结完毕，总兵力约25000人。

1月30日，日军向威海卫南帮炮台发起攻击，守卫炮台的3000名清军官兵奋勇还击，日军进攻受阻，伤亡巨大。日军少将大寺安纯被当场打死，成为甲午战争期间日军阵亡的唯一一名将军。然而由于兵力悬殊，南帮炮台仍被日军攻占。

2月3日，日军攻入威海卫城，威海卫外围的陆地全部被日军占领，北洋舰队所在的刘公岛成为孤岛。日本联合舰队司令伊东佑亨致信北洋水师提督丁汝昌劝降，被丁汝昌严词拒绝。

岸上炮台失守后，装备的大炮反而成为攻击刘公岛的利器，其中280毫米口径的克虏伯大炮威胁最大。丁汝昌组织敢死队去炸大炮，敢死队员兵分两路，一路负责佯攻以吸引敌人注意力，一路冒死执行炸炮任务，最终炮台上280毫米口径的克虏伯炮被炸毁，而敢死队员全部牺牲。

日本海陆两军当即向刘公岛发起猛攻，被丁汝昌指挥的清军打退。2月5日，日军用鱼雷艇夜袭成功，北洋舰队的旗舰“定远号”遭重创，丁汝昌随后移往北洋舰队最后一艘主力舰“靖远号”上继续指挥。“定远号”在水中搁浅后，仍就地作为炮台向日军发起还击，打完最后一发炮弹后，管带刘步蟾自杀。

2月7日，联合舰队用40多艘舰艇排成一列，准备向威海卫港发起最后冲锋。北洋舰队奋力还击，但鱼雷艇管带王平率鱼雷艇队集体逃亡，北洋舰队处境进一步恶化。2月9日，丁汝昌指挥“靖远号”击伤两艘日本军舰，但“靖远号”也被日军由陆上炮台发射的炮弹击中。丁汝昌不走，决心与舰同沉，但被部下救上小船，后被日军所俘。日军本想对丁汝昌进行劝降，但丁汝昌宁死不屈，于2月12日服毒自尽。

丁汝昌死后，威海卫水陆营务处提调牛昶昞等密谋向日军投降，他们以丁汝昌的名义与日军签订了一份所谓的《威海降约》，将北洋舰队所剩的11艘军舰和所有军用物资无条件交给日军。3月17日，日军在刘公岛登陆，标志着由李鸿章一手创建的北洋舰队至此全军覆没。

从1894年7月25日丰岛海战，到1895年3月17日日军攻占刘公岛，半年时间里日军连赢3次海战的胜利，最终将北洋舰队全部消灭，同时在陆地上又将清军从朝鲜半岛全部赶走，突破了鸭绿江防线，攻占了辽东半岛和威海卫城，其行动之迅速、战斗力之强劲不仅让清朝统治者吃惊，也让西方列强们感到不可思议。

对此有人从不同角度进行了总结，有的认为清军士气不高、指挥不当，高层陷于政治斗争、军官贪污腐化、士兵缺乏信心；有的认为清军的具体战术有问题，在排兵布阵方面存在一些疑问，让敌人有了可乘之机；还有的认为北洋舰队虽然曾经较为先进，但后期未能持续更新、改造，舰船、武器在不知不觉中已落后于日本海军。

这些理由固然都很重要，但从根本上来说还是国力对比问题。自日本明治维新以来中日双方综合实力便急剧发生变化，一个不断上升，一个迅速下降。尤其在工业方面，日本虽然起步较晚，但赶超的速度十分惊人，由于其善于学习和创新，所以逐渐后来居上。这种上升的国势被日本国内那些主张对外扩张的人及时捕捉和利用，通过煽动民族主义情绪进一步集结起日本全国的力量，促进日本做好了与中国一决高下的决心和准备。

而清政府却还在习惯性地麻木着，在千疮百孔的败局中清朝统治者所面临的困境不止日本一个方向，四处是“挖东墙补西墙”的局面。加上对日本的野心和实力变化缺乏足够的掌握，所以不少人仍认为日本不过是东方的一个岛国，实力不值一提，并不是中国的主要威胁，因此没有做出足够的备战准备。结果战事一起清政府就显露出仓皇之态，有些仗即便认真准备后也许仍打不过，但败得这么快、这么彻底，的确不应该。

第十五章

低头认输

一 被迫求和：清政府无力招架

从兵败平壤开始，清政府内部就出现了求和的声音，虽然也有人主张战斗，但总体来说求和的声音更强，从真正掌握最终决定权的慈禧太后到总理衙门大臣奕劻、北洋大臣李鸿章，几乎都持这样的看法。

从日本来说，此时与清政府宣战，其目标也不是一口气灭亡中国，因为现在还不具备这样的条件，以日本现在的国力想将中国一口吞下还不现实，而且列强的因素也不得不考虑。列强在中国有着大大小小的利益，日本与中国开战列强们可以置于中立甚至默许或暗中鼓励，可一旦真正触动了列强在中国的实际利益，它们也会发起反击，所以明治政府对此次中日战争所要达成的目标早有定位，那就是尽可能地攫取更大的利益。

1894 年 11 月，明治政府就向美国驻日公使馆传话，表示如果清政府愿意和谈日本方面并不反对。这个消息传出后，清政府主张和谈的声音更多了。清政府也通过美国驻华公使馆向日方传话，表示愿意和谈。清政府给出的条件是承认朝鲜独立、向日本方面赔偿军费。

清军退出后，在日本背后操纵下朝鲜李氏王朝开始了一轮“甲午更张”运动，亲日势力逐渐控制了朝政。1894 年 10 月，明治政府任命《江华条约》《汉城条约》的签订者井上馨为驻朝公使。井上馨到任后进一步加紧了对朝鲜政权的控制，以搜出“通清密函”为由向大院君施压，逼其退位，试图趁机独占大权的闵妃则受到了日本人的警告。之后当着高宗李熙和众臣的面，井上馨宣读了由自己起草的“内政改革纲领二十条”，强势介入“甲午更张”。在井上馨的直接干预下，“甲申政变”后流亡日本的“开化党”成员朴泳孝等人回国，其中朴泳孝被任命为内务大臣。这些亲日分子们制定了一个《洪范十四条》，其要旨与井上馨提出的改革纲领完全一致。朝鲜随后被导入了内阁制，国王的权力受到限制，同时废除了地方上的8个道，改置23个府，收回地方官的司法权和军事权。通过这些措施朝鲜加强了中央集权，中央各部则全部聘请日本人来做顾问，“甲午更张”后的朝鲜政权已经完全听命于日本人了。

由此，朝鲜已由清朝的藩属国变成了日本人的傀儡和殖民地，独立与不独立对日本人来说已不再是个问题，清政府提出的这项条件在日本人眼里毫无意义。至于战争赔偿，在日本人看来是天经地义的事，西方列强每次将中国打败都会获得巨额赔偿，日本人对此垂涎不已，但只有这些还满足不了日本的欲望。当有关清政府传达的求和条件信息辗转经过美国驻日公使馆向明治政府传递后，明治政府毫不犹豫地拒绝了，但同时也请美国人转告清朝方面：“中国政府如真诚希望和平，可任命具备正当资格之全权委员，日本政府当于两国全权委员会商时，宣布日本政府之停战条件。”

日本方面要达到什么样的目的？对这个问题明治政府一直三缄其口。伊藤博文解释说：“一旦把中日媾和条件向外发表，则难免遭受外国的一些干涉，这一点必须认识；同时，我国先向各强国公开发表对中国要求的条件，本为取其默认，但却反有诱发他们事先干涉的机会。”既想在谈判中赢得主动地位，又不想让列强插手，这是明治政府的盘算。

此时战事仍在继续，清军在海陆两方面继续节节败退，这更给了日本人底气，口气也越来越硬。到了12月2日，日本政府以备忘录的形式致函美国驻日公使馆，对清政府不主动前来议和表示不满，同时警告：“如果不经过具备正式资格之全权委员会商以后，日本不能宣布媾和条件。若中国政府对此不能同意，则此次之商议．即可暂告中止。”美国方面于是劝告清政府：“中国欲与日本讲和，最善办法莫如派头等全权大臣，首先与之议和。”一再威逼之下，慈禧太后同意派特使议和。经李鸿章建议，中方提出的议和地点是上海，但明治政府断然予以拒绝。12月18日，明治政府仍通过美国驻日公使馆传话："若中国政府任命媾和全权委员，日本政府不论何时可任命同等资格之委员。但在日本政府任命该全权委员以前，中国政府应先将该国全权委员的姓名、官位通知日本政府。全权委员会商地点必须是在日本国内。"

清政府知道自己已没有讨价还价的资本，于是再通过美国人向明治政府试探："愿闻日本所派大臣衔名。"明治政府马上回复说："日本须俟中国所派大臣到境有日，即日派出大臣，现时不必先言派几员，系何姓名、职衔。"清政府只能接受日本的人傲慢，因为战场的形势在不断恶化之中，早日和谈就能早些休战，能少受一些损失。

1895 年 1 月 5 日，慈禧太后降谕旨派户部侍郎张荫桓、台湾前巡抚邵友濂为全权大臣前往日本议和，要求他们"所有应议各节，凡日本所请，均著随时电奏，候旨遵行"。1 月 29 日，张、邵二人抵达长崎，1 月 31 日到达广岛。在他们到来前，明治天皇在广岛召开内阁成员及大本营高级幕僚开会，商议如何与中国展开谈判，会上确定了和谈的基本条件，任命内阁首相伊藤博文、外务卿陆奥宗光为日方全权大臣。

伊藤博文受命谈判，但他有自己的想法，谈判前他对陆奥宗光说："详细观察目前国内外形势，不能不说媾和的时机尚未成熟，且中国政府是否具有真心亦难揣测，若我们稍一疏忽，不仅媾和之目的未达，反将使我国对中国要求之条件传播于外，恐将引起内外议论。因此，我们与中国使节会晤之日，如不明察他们的才能和权限，绝不可轻易开始媾和谈判，且回顾中国政府过去付与其使节的全权，往往不符国际公法上的一般惯例，这也是我们应该深加考虑的。"

2 月 1 日，中日代表在广岛县厅举行第一次会谈，会谈前双方首先互相检阅对方的全权证书，张荫桓等所持的证书上虽明确写有"全权"字样，但日方代表却硬说中国代表"全权不足"，拒绝谈判。中方代表虽据理力争，但日方置之不理。次日双方再谈，中方代表提供了书面复函，对"全权代表"一事进行澄清和解释，但日方仍不接受。陆奥宗光拿出事先写好的声明向中方代表宣读："奉有日本国天皇陛下所授予的正式而且完备的全权委任状之日本帝国全权办理大臣，不能同意与只携有会商事件、咨报总理衙门随时请旨遵行的敕令之中国钦差全权大臣谈判。因而，日本帝国全权办理大臣不得不宣告此次谈判至此停止。”

中方代表无奈退席，伊藤博文却将中方代表团成员伍廷芳留了下来。伍廷芳曾留学英国，在伦敦学院攻读法学，后获得大律师资格，是香港第一位华人律师，1882年加入李鸿章的幕府，担任法律顾问。1885年伊藤博文赴天津与李鸿章会面，在此期间与伍廷芳相识。伊藤博文此时把伍廷芳留下，谈话中先是托他代向李鸿章致意，随后又说："贵国何不添派恭亲王或李中堂同来会议，郑重其事?"伊藤博文还故意向伍廷芳泄露日方情报："现在兵攻威海卫，南边一带已得，但海面及刘公岛各炮台现尚鏖战，胜负未分，大约指日可全取。军情万变，时刻不同，早和为宜。"

伊藤博文希望至少李鸿章能亲自来谈判，一方面以李鸿章的地位和在中国的影响力，如果能屈辱地前往日本求和，无疑将更增加日本的声势，打击中国人的士气；另一方面，李鸿章才是真正的实权人物，直接和他谈能省不少麻烦。伊藤博文知道北洋舰队是李鸿章的心血和命根子，所以用刘公岛内的北洋舰船相威胁，他认为伍廷芳把这些话转告给李鸿章后，李鸿章一定会慎重考虑的。

二　停战条件：李鸿章连呼"过苛"

在日方宣布广岛和谈中止的第二天，日本外务省外交顾问端迪臣（Dennison Henry. W）主动访问了中国代表团顾问、美国人科士达（John W. Foster），《科士达外交回忆录》中记述了这次会谈的情况。科士达在会谈后有个突出印象："日方已经派出一支军队去攻袭威海卫炮台，击毁或捕捉在那里避难的中国海军的剩余部分。当着使臣在广岛举行会议时，在该炮台正进行着激烈的战事。无疑，日本人感到在这一仗胜利结束后，他们可以处于一个较优越的位置来签订和约。"

这印证了伊藤博文的话，也解释了为什么日本人根本不愿意在广岛展开和谈的原因。在日本的眼中这场仗还没有打完，这边向全世界宣布和谈，那边却袭击对方的海军基地，日本人尽管善于颠倒黑白、把无理说成有理，但这样的事在光天化日之下发生也会令其尴尬和被动。

1895年2月12日，在广岛备受挫折和屈辱的张荫桓、邵友濂一行由长崎登船回国。丁汝昌也是在这一天服毒自尽的，北洋舰队全军覆没，这个速度超出了所有人的预料，估计就连伊藤博文大概也没有料到，否则就不用拿这个来威胁李鸿章了，而帮他传话的伍廷芳此时还在回中国的船上。2月13日，清政府正式任命李鸿章为“头等全权大臣，与日本商定和约”。2月17日，明治政府终于亮出了迟迟未予公布的谈判条件，包括赔偿兵费、朝鲜“自主”“商让”土地、开埠通商等，但也只是一些原则性条件，尚未给出具体内容。

3月14日凌晨，李鸿章率133人的随员及随从自天津登船启航，乘坐的是德国商船“公义号”，3月19日抵达日本下关。此地旧称马关，位于本州岛最西端，三面环海。日方选择红石山下安德天皇祠旁的春帆楼作为谈判场所。之所以选在这里，一个说法是这里是炫耀日本军力的最佳地点，透过春帆楼的窗户可以看见海峡里游弋着的日本军舰。

李鸿章率清政府代表团相关人员于3月20日的午后抵达春帆楼，日本《时事新闻》的记者做了如下报道：

> 李鸿章略感风寒，仍决定下午3时与我全权会见。2时半许，在县警察官护卫下，李鸿章一行乘小野田丸蒸汽船到达阿弥陀寺町镇守神社前。从船到栈桥之间需经过一段石阶，两名侍从谨慎搀扶李全权越之，实乃清国大员之风采。据闻李鸿章小病后面色健润，佩戴一副金缘白玉眼镜，上身着黑色官衣，下身茶缎裤子，足蹬薄靴，身高五尺六寸，高大过人。一行官员9名、护卫6名登上东栈桥。李经方先上陆和前来迎接的日本官吏寒暄，山侧聚集甚多遥望清国大人物的本地百姓。李鸿章乘坐专门预备的坐轿，李经方以下官员乘人力车，通过夹道整列的宪兵警卫，直接前去谈判所春帆楼。

李经方是李鸿章的儿子，曾任驻英参赞、驻日公使等职，在日本曾出使两年，熟悉日本的情况。此次谈判既是苦差，未来也会留下骂名，但李鸿章顾不了那么多，为更顺利地与日本人打交道，不惜把儿子也拉了进来。

谈判开始后，伊藤博文故意问李鸿章：“此次贵国修好之心诚否？”李鸿章赶紧表白道："我国若非诚心修好，必不派我；我无诚心讲和，亦不来此。"双方进入正式会谈后，首要的问题是商议如何停战，先停战再议和，这也是中方最关切的问题。不过对于停战一事日方也是有条件的，日方代表宣读了他们草拟的停战条件：

大日本帝国全权办理大臣体察目前军务情形，并顾虑因停战所生局面，兹将停战要款胪列如下：日本军队应占守大沽、天津、山海关，并所有该处之城池堡垒，驻上列各处之清国军队，须将一切军器、军需交与日本国军队暂管；天津山海关间之铁路当由日本国军务官管理；停战限期内日本国军队之军需军费，应由清国支补。既允上列各款，则停战日期、停战期限及日清两国军兵驻守划界并其余细目，应即行议商。

这哪里是停战条件，分明是"亡国条件"，李鸿章听完不禁夺口而出："过苛！过苛！"李鸿章提出："现在日军并未至大沽、天津、山海关等处，若停战期满，议和不成，则日军先已据此，岂非反客为主?"李鸿章以"老朋友"的身份对伊藤博文说："我为直隶总督，三处皆系直隶所辖，如此于我脸面有关。"李鸿章表示"所开停战条款，未免凌逼太甚，实难照办"，并请伊藤博文想想办法。伊藤博文是这样回答的："我实在别无办法。两国相争，各为其主，国事与交情，两不相涉。"

任凭李鸿章百般交涉甚至哀求，日方绝不松口，并限定3日内给予答复，李鸿章只得将此情况报告国内。

三　攻占澎湖：军事上步步紧逼

光绪皇帝看到李鸿章的电报，心情无比激愤，认为日本"要挟过甚"，他立即去见慈禧太后，想力陈拒和再战的想法，但慈禧太后称病不见。慈禧太后让奕劻约请各国驻华公使商议，向他们求助。这些公使们此时也说不出任何有价值的东西来，只让中方尽快摸清日本开出的具体议和条件是什么。清政府于是指示李鸿章对停战条件"暂置勿论"，而着重"索和议中之条款"。

日本在和谈开始就提出了一个明知清政府无法答应的停战条件，这又是怎样的考虑呢？其实，除了又是一种谈判的策略外，还与台湾的形势有关。就在中日和谈开始前的3月初，日本已经在秘密筹划武力攻台的准备，到3月下旬，攻台的军事行动已经展开。

执行攻台任务的日军约有5000人，这与当时驻守在台湾的清军人数相当。这支部队由日军大佐比志岛义辉率领，3月6日完成了在马关的集结，3月8日乘坐7艘运兵船从马关出发，在佐世保港与联合舰队的军队会合，在联合舰队司令伊东祐亨的主持下制定了进攻台湾的作战计划，行动目标是攻占台湾的澎湖列岛。

3月15日，日军由佐世保出发，3月20日到达澎湖列岛南端的仓岛。日军于次日发起进攻澎湖的命令，日军指挥官下令“凡抵抗者格杀勿论”，还命令“战略上有必要时可以火焚之”，但此时海面上狂风大作、波涛汹涌，日军进攻遇阻。

3月23日，天气放晴，日军重新发起攻击，澎湖岛上的清军拱北炮台开炮还击，双方展开炮战。《日清战争实记》描述：“发炮不停，十有八九落于小汽艇或运兵船附近，亦有落于登岸士兵身边者。”到午后14时，日军全部登岸，炮战结束。日军登陆处有尖山高地，但此地并无清军驻守，被日军轻松占领。日军随后向西推进，想占领大武山，此地有清军防守，“双方相距约二百公尺，皆竭尽全力以战”。至下午16时，日军占领了大武山。

3月24日凌晨，日军向拱北炮台发起了进攻，清军从炮台上开炮还击，经过一个多小时的激战，日军冲至炮台下方。炮台上能战斗的清军已没有多少，但大家都坚持不退。《日清战争实记》引述日本随军记者写的新闻稿记述道：“清兵或隐藏于壕中，或潜伏于门内，力图阻挡我军进入。当第五中队第三小队长江头特务曹长跨越壕沟之际，敌一伤兵突然跃起，以刺刀刺透曹长股部，真不愧为血性男儿！”拱北炮台很快失陷，日军随后进逼马公城。清军统领朱上泮激战负伤，清军澎湖水师镇总兵周振邦和通判陈步梯“见倭兵登陆，炮台不守，朱统领不知所往，进退失措，军心大震。略与交锋，即以渔舟入小港逃避”。至中午时分，日军将马公城各炮台占领。

日军随后攻占了澎湖及其周边岛屿，之后在马公城设立了澎湖行政厅，由日军少将田中纲常为行政厅长官。日军对外发出布告称“本军远征到此，问清国破好谕盟之罪。事固属邦交，与尔等民庶毫无干涉。是以能表恭顺之意，不抗我军者，不但免其杀戮而已，尚且问尔等民人疾苦，加意庇护。尔等深体此意，安慎就业，不可徒有恐慌逃避等事”。日军制作了所谓的“顺民证”，发给“表示恭顺的岛民”。

日军在马关议和期间攻占了澎湖，有其战略上和外交上的盘算。从战略上看，澎湖被占后台湾的处境更为不妙，“台势益孤，而广、闽、苏、浙海道中梗。于是，中国凡购外洋军械，尽截于倭，委输将断”；从外交上看，占领澎湖可以进一步向清政府施压，以达到其在谈判桌上攫取更大利益的目的。

四　枪响春帆楼：议和中的偶发事件

3 月 24 日，日军占领了澎湖，也是在这一天马关发生了一件轰动性事件，打乱了伊藤博文、陆奥宗光等人的部署。

这一天下午，李鸿章结束谈判乘轿返回住处，路过江村杂货店附近时，在一处街道拐角处突然冲出一名日本人，他直接冲到李鸿章的轿前，用手按住轿夫的肩膀，在轿夫惊讶之际这个人掏枪对着李鸿章便射，击中了李鸿章的面部。现场所有人都大吃一惊，有目击记者在发出的快报说李鸿章“自料必死”。但李鸿章侥幸躲过了这一劫，子弹打中了他的左眼下方，击中左颊骨，虽血流不止但仍未致命。日方立即给李鸿章进行治疗，还使用了 X 光机。这种机器当时刚刚由德国物理学家伦琴（Wilhelm Rotgen）发明，据说李鸿章因此成为第一个接受 X 光检查的中国人。

凶手被擒获，是一个名叫小山丰太郎的 20 多岁无业青年，他是日本右翼团体“神刀馆”的成员。类似这样的团体在当时的日本有很多，他们主张不要与中国进行和谈，而应该继续武力侵占中国，直到将中国全部占领。小山丰太郎在法庭上说：“日军放弃占领北京是意味着日本的耻辱，目前同中国签订和约为时尚早。”

这件事引起了国际轰动，也让明治政府深感难堪和被动。当时中方议和代表与国内的来往电报已被日本人破译，李鸿章遇刺后日方在李经方发给国内的电报中看到“此事恐不能了局”的话，感到十分棘手。陆奥宗光等人担心如果李鸿章以负伤作借口中途归国，其必然“对日本国民的行为痛加非难，巧诱欧美各国，要它们再度居中周旋，至少不难博得欧美二三强国的同情。而在此时，如一旦引出欧洲列强的干涉，我国对中国的要求亦将限于不得不大为让步的地步。何况位高望重之李鸿章，以古稀高龄初次出使异国而遭此凶变，显然容易引起世界的同情。故若某一强国想借机进行干涉，固可以李氏之负伤为最好的借口”。

为了安抚住李鸿章、李经方等人，明治天皇派出特使和御医前来慰问和诊视，伊藤博文、陆奥宗光也专程来到李鸿章的住处“探伤”。为安慰李鸿章，伊藤博文曾两次向主审此案的法官施加压力，要求判处小山丰太郎死刑，但遭到法官的拒绝。3 月 30 日，日本山口地方法院以预谋杀人未遂罪判处小山丰太郎无期徒刑，小山丰太郎被押送到北海道服刑，两年后遇大赦减刑为 15 年，1907 年假释出狱。

为进一步平息此事，陆奥宗光向伊藤博文提出，毕竟“由于我国警察之疏虞，以致使其负伤，结果自当影响媾和之早日完成”，为此他建议“如果仅在礼遇上或社交的情谊上作表示，不如另采取具有现实意义之措施”，具体来说“由我无条件允许他所一再恳请之休战”，这样“不仅对中国，即对其他各国亦在事实上表现我国之诚意”，伊藤博文对此表示赞同。

但大本营高级幕僚及明治政府内部对于无条件停战仍存在很大争议，经过激烈的争论，最终日方统一了意见。3 月 29 日，陆奥宗光再次会见李鸿章，向他表示明治天皇已作出停战的决定。当时李鸿章的脸上还包着绷带，听到这个消息他的右眼中还是流露出欣喜的神情。李鸿章向陆奥表示：“本人负伤未愈，不能躬赴会所商议，然就病榻谈判，随时皆可。”

3 月 30 日，中日和谈全权代表签订了《中日停战协定》，共六款，规定“大清帝国、大日本帝国政府，现允中日两国所有在奉天、直隶、山东地方水陆各军，均确照以下所定停战条款一律办理”，停战期间两国军队“各自须驻守现在屯扎地方，不得互为前进”，“不添派援兵及加一切战斗之力”，但又规定此停战协定的有效期“限二十一日”，不仅只有 3 周的停战时间，而且台湾、澎湖也不在停战范围之内，从中仍可以看出日本人精于盘算的一面。

五 《马关条约》：东亚宗藩体系彻底终结

4月1日起和谈继续进行，李鸿章至此仍不知道日本人开出的具体和谈条件是什么，所以一再追问，请日方尽早拿出议和条件来。

经过一再催促，日方终于向中方代表提供了所起草的和约底稿，其主要包括：中国明确承认朝鲜国有“完全无缺之独立自主”；中国将盛京省南部、台湾全岛及澎湖列岛“永远让与日本国”；中国赔偿日本军费库平银3亿两；除中国对其他各国已开放的口岸外，新增顺天府、沙市、湘潭、重庆、梧州、苏州、杭州等7处为通商口岸，日本可以“在中国制造一切货物”，包括开设兵工厂，日本人运进中国各口货物实行减税并免除厘金。在此之前中国已与西方列强签订过许多不平等条约，也涉及赔款、割让土地、通商等事项，但还没有哪一个条约有如此大的胃口，这个条约草案所提出的赔款之多、所割让的土地之大令人瞠目，也大大超出了李鸿章的预期。

日本方面提出，中国4日内必须给出答复。李鸿章将日方条件报告了国内，同时也附上了自己的意见：“日本所索兵费过奢，中国万不能从；纵使一时勉行应允，必至公私交困，所有拟办善后事宜，势必无力筹办。且奉天为满洲腹地，中国亦万不能让。日本如不将拟索兵费大加删减，并将拟索奉天南边各地一律删去，和局必不能成，两国唯有苦战到底。”清政府内部面对日方开出的条件展开了争论，有人竭力反对，但更多的人认为如不能满足日方的要求，恐怕和谈无望，而“苦战”并不现实，一些人认为“战”字不能再提。对于日本人给出的具体条件，清政府最后提出“只割一地”，也就是“割台保奉”，而赔款“应以万万为断”，也就是最多1亿两。清政府给李鸿章发去电报，让他据此“竭力申说”。

李经方将上述意见转告日方后，日方代表大怒，伊藤博文当面威胁李经方：“由于中国请和，日本应允，始有今日之议和。若不幸此次谈判破裂，则我一声令下，将有六七十艘运输船，搭乘增援之大军，舳舻相接，陆续开往战地。如此，北京的安危亦有不忍言者。如再进一步言之，谈判一旦破裂，中国的大臣离开此地，能否再安然出入北京城门，恐亦不能保证。”在这种情况下李鸿章只得提出一个新方案，割让的土地除台湾外，辽东方面将凤凰厅、安东、宽甸、岫岩等4处列为割让范围，较原日方提出的割让奉天以南的方案减少一半，赔款则坚持1亿两。李鸿章将该想法报告国内，同时说：“让北地以海城为止，赔费以一万万为止。倘彼犹不足意，始终坚执，届时能否云添？乞预密示。否则，只能罢议而归。”

中方来往电报已尽在日方掌握之中，对于李鸿章向国内提出的新方案，日方判断这大概就是李鸿章的底线了，而且从截获的电报中得悉，李鸿章建议清政府“请饬各将帅及时整备”。在这种情况下日方不得不考虑有所让步，于是提出了修改后的和谈条件，包括辽东方面的割地范围缩小一半，赔款减少为2亿两，通商口岸减少为4处，不提顺天府、湘潭、梧州。

4月10日，李鸿章带伤参加第5次会谈，伊藤博文提交了新的和谈条件，他当面告知李鸿章，这些条件已无须再辩，中方只需回答“允”还是“不允”。李鸿章反复恳请无效，只得如实报告国内。李鸿章后来还想约伊藤博文再谈，但被拒绝。伊藤博文一再催促，让李鸿章尽快回答“允还是不允”。日方限定4月14日是答复的最后期限，后在李鸿章一再请求下推迟至4月15日。李鸿章向清政府报告：“事关重大，若照允，则京师可保；否则，不堪设想。”清政府回复：“原冀争得一分有一分之益，如竟无可商改，即遵前旨与定夺。”

4月15日，中日双方举行了第6次会谈，会议原定时间为两个半小时，结果谈了七个半小时，大部分时间都是李鸿章在苦苦哀求。李鸿章提出赔款能否再减少5000万两，被伊藤博文坚决拒绝。最后李鸿章甚至提出能不能减少2000万两，“以此少许之减额，赠作回国的旅费”，以李鸿章的身份和地位说出这样的话来未免失态，可见其的确已心力交悴。

4月17日上午，李鸿章代表清政府在马关春帆楼与日方代表签订了《马关条约》，条约正文共十一款，分别如下：

一、中国认明朝鲜国确为完全无缺之独立自主国。故凡有亏损其独立自主体制，即如该国向中国所修贡献典礼等，嗣后全行废绝。

二、中国将管理下开地方之权并将该地方所有堡垒、军器、工厂及一切属公物件，永远让与日本。

（一）下开划界以内之奉天省南边地方。从鸭绿江口溯该江抵安平河口，又从该河口划至凤凰城、海城及营口而止，画成折线以南地方；所有前开各城市邑，皆包括在划界线内。该线抵营口之辽河后，即顺流至海口止，彼此以河中心为分界。辽东湾东岸及黄海北岸在奉天所属诸岛屿，亦一并在所让界内。

（二）台湾全岛及所有附属各岛屿。

（三）澎湖列岛。即英国格林尼次东经百十九度起、至百二十度止及北纬二十三度起、至二十四度之间诸岛屿。

三、前款所载及黏附本约之地图所划疆界，俟本约批准互换之后，两国应各选派官员二名以上为公同划定疆界委员，就地踏勘确定划界。若遇本约所约疆界于地形或地理所关有碍难不便等情，各该委员等当妥为参酌更定。各该委员等当从速办理界务，以期奉委之后限一年竣事。但遇各该委员等有所更定画界，两国政府未经认准以前，应据本约所定画界为正。

四、中国约将库平银二万万两交与日本，作为赔偿军费。该款分作八次交完：第一次五千万两，应在本约批准互换六个月内交清；第二次五千万两，应于本约批准互换后十二个月内交清；余款平分六次，递年交纳；其法列下：第一次平分递年之款于两年内交清，第二次于三年内交清，第三次于四年内交清，第四次于五年内交清，第五次于六年内交清，第六次于七年内交清；其年分均以本约批准互换之后起算。又第一次赔款交清后，未经交完之款应按年加每百抽五之息；但无论何时将应赔之款或全数或几分先期交清，均听中国之便。如从条约批准互换之日起三年之内能全数清还，除将已付利息或两年半或不及两年半于应付本银扣还外，余仍全数免息。

五、本约批准互换之后限二年之内，日本准中国让与地方人民愿迁居让与地方之外者，任便变卖所有产业，退去界外。但限满之后尚未迁徙者，酌宜视为日本臣民。又，台湾一省应于本约批准互换后，两国立即各派大员至台湾限于本约批准后两个月内交接清楚。

六、中日两国所有约章，因此次失和自属废绝。中国约俟本约批准互换之后，速派全权大臣与日本所派全权大臣会同订立通商行船条约及陆路通商章程；其两国新订约章，应以中国与泰西各国见行约章为本。又，本约批准互换之日起、新订约章未经实行之前，所有日本政府官吏臣民及商业、工艺、行船船只、陆路通商等，与中国最为优待之国礼遇护视一律无异。中国约将下开让与各款，从两国全权大臣画押盖印日起，六个月后方可照办。

（一）见今中国已开通商口岸以外，应准添设下开各处，立为通商口岸；以便日本臣民往来侨寓、从事商业工艺制作。所有添设口岸，均照向开通商海口或向开内地镇市章程一体办理；应得优例及利益等，亦当一律享受：湖北省荆州府沙市，四川省重庆府，江苏省苏州府，浙江省杭州府。日本政府得派遣领事官于前开各口驻扎。

（二）日本轮船得驶入下开各口附搭行客、装运货物：从湖北省宜昌溯长江以至四川省重庆府，从上海驶进吴淞江及运河以至苏州府、杭州府。中日两国未经商定行船章程以前，上开各口行船务依外国船只驶入中国内地水路见行章程照行。

（三）日本臣民在中国内地购买经工货件若自生之物、或将进口商货运往内地之时欲暂行存栈，除勿庸输纳税钞、派征一切诸费外，得暂租栈房存货。

（四）日本臣民得在中国通商口岸、城邑任便从事各项工艺制造；又得将各项机器任便装运进口，只交所订进口税。日本臣民在中国制造一切货物，其于内地运送税、内地税钞课杂派以及中国内地沾及寄存栈房之益，即照日本臣民运入中国之货物一体办理；至应享优例豁除，亦莫不相同。嗣后如有因以上加让之事应增章程条规，即载入本款所称之行船通商条约内。

七、日本军队见驻中国境内者，应于本约批准互换之后三个月内撤回；但须照次款所定办理。

八、中国为保明认真实行约内所订各款，听允日本军队暂占守山东省威海卫。又，于中国将本约所订第一、第二两次赔款交清、通商行船约章亦经批准互换之后，中国政府与日本政府确定周全妥善办法，将通商口岸关税作为剩款并息之抵押，日本可允撤回军队。倘中国政府不即确定抵押办法，则未经交清末次赔款之前，日本应不允撤回军队；但通商行船约章未经批准互换以前，虽交清赔款，日本仍不撤回军队。

九、本约批准互换之后，两国应将是时所有俘虏尽数交还。中国约将由日本所还俘虏并不加以虐待若或置于罪戾；中国约将认为军事间谍或被嫌逮系之日本臣民，即行释放。并约此次交仗之所有关涉日本军队之中国臣民，概予宽贷；且饬有司，不得擅为逮系。

十、本约批准互换日起，应按兵息战。

十一、自本约奉大清帝国大皇帝陛下及大日本帝国大皇帝陛下批准之后，定于光绪二十一年四月十四日，即日本明治二十八年五月初八日在烟台互换。

上述条款的核心内容有：承认朝鲜独立，割让台湾岛及其附属岛屿、澎湖列岛与辽东半岛给日本，赔偿日本2亿两白银，开放沙市、重庆、苏州、杭州为通商口岸，允许日本人在通商口岸开设工厂。

1895年5月8日，中日双方在烟台交换了两国皇帝的批准书，条约生效。《马关条约》是《南京条约》签订以来中国对外签订的最严重的不平等条约，欧美列强依据所谓片面的最惠国待遇纷纷获得了条约中除割地赔款以外中国给予日本的所有特权，这给近代中国社会带来了严重危害，加速了中国半殖民地化的进程，也加深了民族危机。巨额的战争赔款加重了中国人民的负担，大片领土的割让进一步破坏了中国主权的完整，也刺激了列强瓜分中国的野心，中国随后发生的清政府的覆亡、民国军阀割据局面的形成等都与这部条约的签订密不可分。

对日本来说，这个条约的签订也有着非同一般的意义，日本不仅据此占领了台湾和辽东的部分地区，还解决了殖民朝鲜的问题，使东亚的战略格局为之一变。之前清朝所主导的东亚宗藩体系为之逆转，从琉球到台湾再到朝鲜，要么已成为日本的一部分，要么成为日本独霸的殖民地，日本俨然成为东亚新的“宗主”。

从经济意义上说，《马关条约》的签订对日本也意义重大，一笔巨款从天而降，日本发了战争的“横财”。除了巨额战争赔款，日本还从中国、朝鲜掠夺走各种物品，包括舰船、武器和大量金银货币等，有人估算约5.1亿日元，2亿两白银约折合3.1亿日元，也就是说日本掠夺走的其他财富远远超过了战争赔款。日本学者加藤佑三在《东亚近代史》中说：

> 如按明治二十八年（1896）的财政收入计算，这笔赔款相当于4年零2个月的财政收入。这意味着中国对日本的战争赔款数额之大，以至于即使日本人全都不工作，他们也能够在生活水平不降低的前提下过上三四年。

1896年3月，日本政府为管理对清朝的战争赔款制定了《赔款特别会计法》，要求对赔款进行专项管理并将结果公布。到1902年末，相关统计数字已基本明确，其中总收入为3.6451亿日元，支出主要包括甲午战争时日方军费7896万日元、扩军费用2.2606亿日元、建钢铁厂58万日元、运输通信费321万日元、台湾经营费补助1200万日元、皇室专款2000万日元、防灾基金1000万日元、教育基金1000万日元等。明治政府将84.5%的战争赔款用在了战争费用和战后的扩军方面，包括陆军5680万日元、海军1.3926亿日元，军舰鱼雷艇补充基金3000万日元等，这使得日本的陆军从战前6个师团得以迅速增加到战后的12个师团，海军舰艇的吨位数从5万吨猛增至25万吨，日本的军力翻番式地增长。

扩军不仅刺激了日本军事工业的迅猛发展，也带动了民用工业的进一步腾飞。依靠战争期间从中国掠夺的财富和从战争中获得的赔款，日本完成了“殖产兴业”计划。战前日本还处在产业革命的初期阶段，战后日本逐步建立起了以造船、钢铁、机械制造等为主的重工业体系，加上轻纺工业的发展，初步形成了资本主义扩大再生产的体系，以极快的速度完成了产业革命，实现了对欧美发达国家的追赶。从甲午战争前的1893年到战争后的1903年这10年是日本经济发展最为迅猛的时期，各项工业发展指标都在大幅度提高：

公司总数由2844家增至8895家，增长了2.31倍；投资总额由2.45亿日元增至9.31亿日元，增长了2.8倍；铁路营业里程由2039英里增至4495英里，增长了1.2倍；轮船总吨数由110250吨增至656745吨，增长了4.96倍；出口贸易金额由8971万日元增至28950万日元，增长了2.23倍。

《马关条约》的签订让日本尝到了甜头，进一步拉大了中日两国的国力差距，日本国内的军国主义思想因此更加膨胀，助长了日本进一步侵略中国的野心。

第十六章

博弈仍继续

一　自主保台：台湾军民奋起抗争

4 月 20 日，李鸿章怀着沉重的心情乘船回到中国，船停在天津大沽口，让人想不到的是，岸上没有抗议的人群，反而到处是锣鼓，军乐声声、礼炮轰鸣。这让随行的科士达都感到了困惑，《科士达外交回忆录》写道：

> 他们对总督举行一个大的欢迎，好像他不是签订屈辱的合约，而是凯旋归来。大沽炮台鸣炮致敬，铁路沿线排列的军队举枪敬礼，管理们叩头致敬，表示完全的顺服，似乎整个天津到车站都在奏军乐、鸣礼炮来欢迎他。

这个欢迎仪式只是一个人为制造出来的假象。《马关条约》是日本对中国敲骨吸髓式的侵夺，它的签订震惊了中国人，舆论早已汹涌澎湃，各大报刊几乎同时发起质问、愤慨、哀伤，到处都是反对条约的声浪。《新闻报》发文质问："此等约章，何以示天下，何以示后世？"

4 月 21 日，条约到京。4 月 22 日，有关人员拿着条约文本请光绪皇帝用玺，光绪皇帝迟疑不决，他悲愤地说："两万万之款从何筹措？台湾一省送予外人，失民心，伤国体！"光绪皇帝的老师翁同龢在日记中写道："无所补救，退，与高阳谈于方略馆，不觉涕洒横集也。"当天北京即发生康有为、梁启超等领导的"公车上书"事件，他们提出了拒和、变法的口号。康有为道出了许多中国人心中的不解："夫以中国二万里土地，四万万之民，比于日本，过之十倍，而小夷嫚侮侵削，若封羊缚豚，坐受剥割，耻既甚矣，理亦难解。”谭嗣同则写下了一首传播很广的悲愤诗：“世间无物抵春愁，合向沧冥一哭休。四万万人齐下泪，天涯何处是神州?”4 月 23 日，清政府有 120 多名各级官员上奏，“有请廷议者，有驳条款者，有劾枢臣者”，大多数人都提出要“和约当毁”。但是，“废约再战”谈何容易，如果可以“再战”，哪里用得着派人去乞和?

消息很快传遍全国，举国哗然，两江总督张之洞哀叹：“闻议和已定，种种可骇，从此中国不能自立，实属痛恨!”两江总督刘坤一说：“朝廷任坤不能办贼，则徒俯乞和，款议各条，屈损实甚，无力回天，何地自容!”曾任驻大阪总领事的郑孝胥在日记中写道：“闻之心胆欲腐，举朝皆亡国之臣，天下事岂复可问? 惨哉!”实业家郑观应“痛哭椎胸”，连呼“痛哉”。思想家严复在给朋友的信中说“金瓯既缺”，“中国之民长与身毒之民等尔”，每每想到这些，无不“中夜起而大哭，嗟乎，谁其知之”。

战前中国舆论普遍认为，中国打英、美不行，打日本则不在话下。《申报》在一篇文章中写道：“合五大洲而论，中国亦强大之国也。以五大洲中强大之国与东海区区一岛国相较，知其渺乎不足比数矣！土地之大，人民之众，物产之富啻十倍于倭、百倍于倭而已。”《申报》发表过海关总税务司赫德的言论，认为“现在中国除了千分之一的极少数人以外，其余九百九十九人都相信大中国可以打败小日本”。然而结果却是中国被日本人打败了，而且败得那么快、那么惨，让人的确不理解。

消息传到台湾，更引起了巨大的震动和悲愤，“台人骤闻之，若午夜暴闻轰雷，惊骇无人色，奔走相告，聚哭于市中，夜以继日，哭声达于四野”。在此之前，鉴于日军出兵攻占澎湖，台湾军民已组织起一支义军，与驻台清军一起准备死守台湾。义军在署理台湾巡抚唐景崧的支持下，由前工部主事丘逢甲等牵头组织，丘逢甲带头变卖家产充实军费，动员亲属入伍，台湾各地百姓纷纷加入，对外号称有 160 营，实际开展训练的至少也有 30 营。丘逢甲认为“但使诸将协心，能与防地共存亡，倭寇虽凶，未必即能全占台省”。

但不久传来了噩耗，台湾已被割让，丘逢甲代表台湾百姓上书抗议，唐景崧也先后 20 次上奏朝廷恳请重新考虑割台事宜。清政府回复：“割台系万不得已之举。台湾虽重，比之京师则台湾为轻。倘敌人乘胜直攻大沽，则京师危在旦夕，又台湾孤悬海外，终久不能据守。”清政府还电告唐景崧，与日本的交割工作限两个月内完成，台湾百姓可以自愿返回大陆，“两年内不内渡者作为日本人，改衣冠”。

台湾官绅百姓还曾寄希望于欧美列强的最后调停，但英、法等国都无能为力，德国还暗中帮助日本策划如何尽快占领台湾。在内外皆无望的情况下，台湾军民决心自发组织起来反抗日本侵略者，前驻法国参赞陈季同提出建立独立的民政体系，“遥奉正朔，拒敌人”，不少人表示赞同。有人提出《万国公法》有“民不服某国，可自立民主”的条款，台湾“有生民百数十万，地方二千余里，自立有余”。

5 月 18 日，清政府派李经方为“割台特使”前往台湾办理交割事宜，谕令唐景崧“著即开缺来京陛见，其台省大小文武各员，并著饬令陆续内渡”，唐景崧拒不奉命。5 月 21 日，在丘逢甲、陈季同等官员发起下决定成立“台湾民主国”，建年号“永清”。丘逢甲率台湾军民向清政府电奏：“台湾士民，义不臣倭。愿为岛国，永戴圣清。”5 月 25 日，“台湾民主国”正式成立，拥戴署理台湾巡抚唐景崧为“总统”，组织军民抗击日军。

唐景崧随即对台湾的防务进行重新部署，他率兵驻守台北，总揽全台军政大权，“黑旗军”总兵刘永福以及丘逢甲、林朝栋等人率兵分守各海口要隘。刘永福曾是天地会的义军，曾在一处北帝庙神像旁看到一幅周公像，周公手执绘有北斗七星图案、镶着白边的黑色三角旗，刘永福就仿造这面黑旗制作了自己队伍的旗帜，此后这支队伍就被称为“黑旗军”。由于号令统一、纪律严明，所以黑旗军战斗力很强，后来参加了 1884 年的中法战争，屡建战功，清政府将其收编，刘永福被授予记名提督衔，后被任命为碣石镇总兵。甲午战争爆发后，黑旗军被清政府调往台湾，刘永福帮助时任台湾巡抚的邵友濂办理防务。

5 月 30 日，李经方等人乘坐德国商轮“公义号”从上海出发赴台湾，6 月 1 日到达台湾海面。6 月 2 日，明治政府派其所任命的“台湾民政局长”水野遵登上“公义号”，与李经方等人商议台湾交割的具体事宜。当天深夜，明治政府任命的“台湾总督”桦山资纪在交割文书上签名盖章，之后李经方也签名、盖了章，从程序上完成了台湾的交割。

明治政府也知道台湾军民正在进行抗争运动，为了迫使台湾军民投降，明治政府在已派出军队的基础上又增派北白川能久亲王率领的日军近卫师团赴台。该部队于5月27日从冲绳出发，5月29日其中的一路抵达基隆外海，向基隆发起炮击，随后在奥底登陆。台湾军民奋起还击，台湾保卫战正式打响。由于唐景崧平时治军不力，部下纪律松散，所以一与日军交手便节节败退，基隆很快失守。有人劝唐景崧退守新竹，与黑旗军会合再行抵抗，但唐景崧无心再战，他仓促间化装逃进了德国洋行，两天后又乘德国商船逃回厦门。

6月7日，日军攻占了台北。10天后桦山资纪在台北主持仪式，宣布“台湾总督府”正式成立。此后，刘永福等人在台南继续发出联合抗日的号召，表示“纵使片土之剩，一线之延，亦应仓促，不命倭得”。6月28日，台南地方军民推举刘永福为“台湾民主国总统”，让他继续领导抗日斗争。刘永福坚持不受，仍以帮办之名统率台湾各地的抗日军队。日军则继续增派第二师团至台湾。台湾抗日军民由于得不到清政府的帮助而节节败退。10月21日，台南陷落，丘逢甲、刘永福等人被迫离台内渡，台湾全境被日军占领。

二　干涉还辽：日本也得低头

对中国东北和朝鲜有觊觎之心的不仅有日本，还有俄国。

第二次鸦片战争以来俄国加快了在远东地区的扩张，先后占领了原属清朝的外东北和库页岛，19世纪90年代初又开始修筑西起莫斯科、东达符拉迪沃斯托克（海参崴）的西伯利亚大铁路。1894年铁路修到了外贝加尔地区。

俄国的外交在远东有两大目标，一个是“把日本从大陆排斥出去”，另一个是“横贯西伯利亚的铁路通过中国领土延伸下去”。日本这时在东北亚快速扩张，与俄国的国家战略发生了严重冲突，这让俄国十分不满。马关议和开始后，俄国希望尽早了解日本提出了哪些条件，但明治政府一直严加保密。俄国多次暗示日本不得借机侵占中国的东北，条约内容公布后俄国感到自己仿佛跟清政府一样也成了失败者。

俄国对此十分愤怒，《马关条约》签订的当天俄国外交大臣就找来德、法两国驻俄的公使，对他们说："俄国政府决定，立即以友谊方式直接向日本政府提出不要永久占领中国本土的请求。我们的计划是，如果日本不接受此项友谊的忠告，俄国正考虑对日本在海上采取共同军事行动——切断日军在中国大陆与本国间的一切交通。"俄国的想法得到了德、法两国的支持，表示愿意参与俄国的计划，一同向日本发出警告。

法国刚刚与俄国结成了盟友，支持俄国可以理解，但在欧洲近代历史上俄、德两国一直有着深刻的矛盾，此时德国为何也站在了俄国一边呢？

原来，19 世纪末欧洲的战略格局又出现了一些新变化，为了与英、意、奥等国结成的同盟对抗，俄、法两国结成了同盟，两个同盟形成均势。德国虽然感到了俄、法同盟的威胁，但也不敢轻易打破平衡，于是开始寻找新的突破口，试图将俄、法两国的注意力由欧洲转移出去。正在这时日本发动了吞并朝鲜、继而侵略中国的战争，引发俄国的强烈不满，德国觉得这正是转移俄国注意力的一个千载难逢的机会。德国前任驻华公使巴兰德（Scipin von Brandt）向德国政府建议："无条件地加入俄国提议，似乎对我们有利。但是这个问题的政治方面或许更为重要，因为我们在这亚洲事件上与俄国合作必定影响俄国在欧洲对我们的态度，这个影响是不可低估的。"对于这个建议，德国国王威廉二世深表同意，他当即下达命令，派一艘装甲舰和一艘巡洋舰即刻开赴远东，配合此次行动。

1895 年 4 月 23 日，俄、德、法三国驻日公使一起赶赴东京日本外务省，当场分别递交了三国的外交备忘录，俄国在外交备忘录中宣道：

> 俄国皇帝陛下之政府，兹查阅日本国向中国所要求的媾和条件，对辽东半岛归日本所有一节不但认为有危及中国首都之虞，同时亦使朝鲜之独立成为有名无实。以上实对将来远东永久之和平发生障碍。因此，俄国政府为了向日本天皇陛下之政府再度表示其诚实之友谊，兹特劝告日本政府，放弃确实领有辽东半岛一事。

德、法两国的外交备忘录内容也基本相同，三国一致要求将由《马关条约》所割让给日本的辽东地区归还给中国，三国限定明治政府15日内给予答复，否则将采取行动。这让明治政府很紧张，陆奥宗光在《蹇蹇录》中说“似被一种政治恐怖所袭击，惊愕之余而陷于沉郁，忧心忡忡，好比感到我国的要地即将受到三国炮击一般”。

明治天皇让首相伊藤博文、陆军大臣山县有朋、海军大臣西乡从道等人商议对策。伊藤博文提出了三项对策：一是断然拒绝，二是召开国际会议讨论辽东问题，三是接受三国的劝告。明治天皇倾向于第二项对策，但随后参与讨论的外务卿陆奥宗光认为不能召开国际会议，因为那样容易把简单的问题复杂化，“可能会使《马关条约》归于破灭”。

5月4日，日本内阁及大本营重要幕僚在京都举行会议，商定了向三国提交的复文，内容为：“日本帝国政府根据俄、德、法三国政府之友谊的忠告，决定放弃辽东半岛之永久占领。”但内部会议同时提出不能白白便宜了中国，要向中国索要“赎金”，会议决定：“作为永久放弃辽东半岛之补偿，对清国要求之赎金，其数量限额为库平银1亿两。”后来明治政府考虑到1亿两的要价可能有些太高，于是在约见俄、德、法三国公使时主动调减至5000万两。三国对此反应不一，德国认为这个要价是“合理的”，俄、法认为“实属过当”。而作为当事方的清政府此刻连参与讨价还价的资格都没有。经过三国与日本的协商，最终确定为3000万两。

清政府得知三国“干涉还辽”的消息，朝廷上下“一片欣然”。法国驻华公使施阿兰（Auguste Gerard）在《使华记》中写道：“自从我们把各自政府的行动通知中国政府以后，中国政府感到异常的兴奋。中国一方面因西方三国的干涉而感到欣喜鼓舞，另一方面却害怕日本政府不接受这个友谊的劝告。”

11月8日，中日两国在北京签订了《辽南条约》，主要内容是：中国“让与”日本国管理的奉天省南部地区及辽东湾东岸、黄海北岸、奉天所属诸岛屿，永远交还中国；中国支付3000万两“酬报费”，于1895年11月16日前交清；酬款交清后，3个月以内日本军队从该地交还撤回。

清政府后来如期交付了上述款项，日军则在当年年底前撤出了所占领的辽东地区。

三　“六六舰队”：日本再扩军

三国“干涉还辽”让日本人感到实在难以接受。满川龟太郎在《三国干涉以后》一书中说，这是日本“千古未有之大辱”。有日本报纸评论认为这意味着对中国的战争“战果丢掉了一半”。日本的舆论界纷纷呼吁全日本都要“卧薪尝胆”。山县有朋在“战后经营策”中提出：“过去之军备专以维持主权线为本，然欲使此次战争之战果不致为乌有，并进而成为东洋盟主，则非谋求利益线之扩张不可。”

《马关条约》签订后，日本迅速制定了一个“十年扩军计划”，与之前扩军计划把中国作为假想敌不同，此次扩军的假想敌是俄国。由于有《马关条约》攫取的巨额赔偿，日本的此轮扩军计划进展顺利，日本陆军的现役军人很快由7万人增加到15万人，海军则重点实施了海军大臣西乡从道提出的“六六舰队”计划，以此全面超越俄、德、法三国在远东的海军总兵力。

甲午战争结束时，俄国太平洋舰队在远东的总兵力如下：主力舰1艘，一级巡洋舰7艘，二级巡洋舰3艘，鱼雷巡洋舰2艘，炮舰6艘，雷击舰7艘，鱼雷艇3艘，总吨位13.4万吨。加上法、德两国的远东舰队，三国海军战舰的总吨位为21万吨。日本海军在甲午战争中也受到了重创，主力舰只有“松岛号”“严岛号”“桥立号”以及以战列舰身份编入日本海军的前北洋舰队主力舰“镇远号”等，其主战军舰的总吨位不超过9万吨。“六六舰队”计划就是为改变这种变动局面而提出的，具体内容是新购6艘主力舰和6艘装甲巡洋舰，从而使日本海军的主力战舰吨位也达到13万吨，加上一些辅助舰艇，可以使日本海军的总体实力超过三国在远东地区海军力量的总和。

日本从英国购置的“富士号”和“八岛号”主力舰即将回国，为此日本还需要再添置10艘主力舰和装甲巡洋舰。明治政府在1896年和1897年的财政预算中拨出巨款来实施这项扩舰计划，总金额高达2.13亿日元，几乎是之前3年的全国财政支出之和。由于有《马关条约》的中国战争赔款作基础，该预算案得到了顺利实施。到1905年前“六六舰队”计划基本完成，除12艘主力战舰外日本还建造了10艘轻巡洋舰，以及37艘雷击舰、鱼雷艇、辅助舰艇等，使日本海军主战军舰总吨位实现了对三国的反超。

主张向外扩张的日本人普遍认为日俄必有一战，而在俄国的西伯利亚铁路未建成之前对其发动战争则对日本最为有利。

四　“联俄制日”：李鸿章走不出迷梦

俄国由于牵头干涉还辽，事成之后便以中国的“功臣”自居，开始向清政府索要好处。1896 年 4 月，俄国政府向清政府总理衙门正式提出要将已修到外贝加尔地区的铁路经中国东北修往符拉迪沃斯托克（海参崴）。此举涉及领土和主权，自然被清政府一口拒绝，但俄国不死心。当年 5 月，沙皇尼古拉二世在莫斯科举办加冕典礼，俄国政府特意邀请李鸿章去参加，想借此机会再提修路的事。

在李鸿章的外交思想中，“以夷制夷”是一个挥之不去的情结，以前他曾构想过“以日制俄”，现在他又在幻想“以俄制日”，所以他接受邀请亲自前往俄国。而俄国政府也十分了解李鸿章的这种心理，正好把这个当成一个诱饵。

1896 年 3 月 28 日，李鸿章率 45 人的代表团乘法国邮轮从上海出发去俄国，4 月 27 日抵达额叠萨，4 月 30 日改乘专列抵达圣彼得堡，受到俄国方面国家元首级的高规格接待。5 月 3 日起双方开始谈判。谈判中，中方关心的是建立联盟，俄方关心的是在华利益，双方目标不同，有着明显的分歧，一度谈不下去，但俄国抓住清政府急于“结盟”的心理坚持不退让，迫使清政府做出了妥协。

6 月 30 日，清政府特使李鸿章与俄国外交大臣、财政大臣在莫斯科签订了为期 15 年的《御敌互相援助条约》，即《中俄密约》，共六款，主要内容有两项：如日本入侵俄国远东或中国、朝鲜土地，中俄两国应以陆海军及军火、粮食互相援助，战争期间中国所有口岸均向俄国兵船开放；中国允许华俄道胜银行修建一条由黑龙江、吉林至海参崴的铁路，无论战时平时俄国均有权使用该铁路运送兵员、粮食和军械。

“密约”签订后俄国立即投入铁路修建工作，为此招募了 20 万中国工人，用刺刀监视着他们“从事奴隶式的劳动”，被折磨致死的人数“达到骇人听闻的程度”。俄国通过《中俄密约》“不费一枪一弹，实际上把中国东北变成了俄国独占的势力范围，并把中国置于俄国准保护国的地位”。

但李鸿章认为这是一个重大的外交胜利。在他回国时曾任驻日参赞的黄遵宪专门跑到天津去迎接，黄遵宪向李鸿章请教外交局势，李鸿章此时颇为得意，对黄遵宪说：“二十年无事总可得也！”然而这只是李鸿章的一厢情愿，从“密约”签订到清政府灭亡，清政府从来没有得到过俄国的任何帮助，反而深受其累。“密约”签订3年后，俄国就偷偷地照会英国政府，主动提议瓜分中国，完全背信弃义。

无论“联日制俄”还是“联俄制日”，在外交上都是一种短视，无异于饮鸩止渴，所以注定会失败。在国际舞台上，利用国与国之间的矛盾为自身外交服务并非不可能，但这只能视为权宜之计，而不能作为外交政策的基础。就当时的清政府来说，周边列强之间固然存在着矛盾，有些矛盾还不好调和，但由于列强无不具有逐利和自私的本性，依靠它们去遏制另外的对手几乎不可能实现。

资本的本性在于增殖，增殖的途径是扩张，资本主义的扩张步伐是很难停止的，无论日本还是俄国，之所以愿意与清政府“结盟”，看中的是可以由此获得额外利益。出于贪婪的本性，他们只会享受权利而不会关心写在纸上的义务。

除了“联日”“联俄”，清政府还搞过“联英”“联美”，都无一例外地失败了。除了列强侵略本性的驱使，清政府自身力量的孱弱也是关键原因。“联盟”即使存在，也是以实力作后盾的，实力严重失衡下的“联盟”只会成为另一个不平等条约。为了维护与对方的关系，实力弱的一方只得不断妥协、退让，以牺牲国家主权和权益换取对方的支持，而这只能刺激“盟友”的胃口，让他们的野心越来越大。

五　日俄战争：日本人向俄国复仇

1897年11月，山东巨野县发生了两名德国传教士被杀事件，俄国趁机怂恿德国军舰驶入胶州湾，占领了青岛。俄国表示支持德国的行动，承认德国在青岛的利益。

俄国这样做是有目的的，它借口支援德国，于当年12月19日派远东舰队的5艘军舰突然驶入旅顺口，另有1艘军舰驶入大连湾，强行对旅大进行军事占领。1898年3月27日，俄国迫使清政府与其签订了《旅大租地条约》，将旅顺口和大连湾及附近水域“租借”给俄国，租期25年，租借地内驻军、官员任命都由俄国负责，中国军队不得进驻。5月，俄国又逼迫清政府签订了《续订旅大租地条约》，将普兰店镇至貔子窝一线以南的陆地、水域及附近岛屿也纳入“租借”范围，但规定金州城仍由清政府治理。

到了1899年，爆发在山东等地的义和团运动开始向直隶等地转移，慈禧太后对义和团采取了既防范又加以利用的政策，局面逐渐走向失控。混乱中慈禧太后误判了形势，以为利用正势不可挡的义和团可以对抗欧美列强，再加之传出欧美列强将扶持已失权的光绪皇帝重新掌权，触动了慈禧太后的敏感神经，慈禧太后一怒之下于1900年6月21日命人写了12份“绝交书”，分别发给向英国、美国、法国、德国、意大利、日本、俄国、西班牙、比利时、荷兰和奥匈等11个国家驻华公使和海关总税务司赫德，宣布与列强开战。

欧美列强及日本在华都有着大小不同的利益，尽管它们平时也矛盾重重，但面对清政府“集体宣战”的突发事件，它们此时都暂时放下了分歧，决定联合起来共同对付清政府。1900年8月，英国、美国、法国、德国、俄国、奥匈、意大利、日本等8个国家组织了一支联军，总兵力约1.8万人，以武力进犯北京。

以日本在当时的国际地位，不可能由它来领导或主导这支“八国联军”，但日本表现得却非常积极，它派出的兵力是最多的，为8000人，几乎是“八国联军”总兵力的一半。与之相比，法国的800人、意大利的53人只能是一种象征了。1901年9月7日，清政府被迫与欧美列强签订了《辛丑条约》，向总共11个国家共计赔偿白银4.5亿两。由于无法一下子拿出来，只得采取分年赔付的办法，分39年付清，但期间每年要按4.5%收取利息。这就是“庚子赔款”，它加速了清政府在经济上的灭亡。

日本在“庚子赔款”中分到了3400多万两，占7.73%，数额虽然不是最多，但日本却是最贪婪的。从《辛丑条约》签订到清政府灭亡的12年间，清政府每年都按时还款，中华民国成立后为得到列强的支持，不得已承担了清政府遗留下的债务，但随后发生了第一次世界大战、俄国“十月革命”等，欧美国家先后放弃了未偿还的“庚子赔款”，只有日本一直坚持索要。1931年日本侵占中国东北，但中国海关总税务司仍照旧支付这笔赔款。1938年中国沿海大城市均已沦陷，日本将占领区的海关税款全部劫持，直到这时对日“庚子赔款”才停止支付。

俄国则抓住“八国联军”入侵北京的机会，派兵以消灭义和团为借口突袭金州城，将金州城占领。随后俄国擅自颁布了《暂行关东州统治规则》，单方面将旅大“租借地”命名为“关东州”。1903年7月，俄国政府又建立了所谓的“远东总督府”，府治就设在旅顺，下辖阿穆尔州、外贝加尔州、滨海州、堪察加州、关东州、库页岛和达里尼市（即大连市），大有将租借中国的大片土地也并入其领土的野心，以实现其所谓的“黄俄罗斯计划”。

俄国深知日本对中国东北谋划已久，对于因此将要与日本摊牌也早有预料。与日本国内的情况一样，俄国朝野上下此时也充斥着一群狂热的沙文主义者和冒险家，他们都主张对外扩张。他们普遍低估了日本的力量，认为日本根本不堪一击，“扔帽子就可以把它压倒”。俄国陆军大臣曾于1903年访问过日本，回来后得出结论：“1个俄国兵可以对付3个日本兵，而我们只需要14天的时间就能够在满洲集结40万大军，这已经是击败日本陆军所需数量的3倍了。所以说将来要发生的与其说是战争不如说是一场军事散步更为合适。”

这种麻痹和轻敌的思想使俄国付出了巨大代价。1904年2月5日，明治政府宣布与俄国断交。为了防止清政府站在俄国一边，日本政府通过驻华公使馆向清政府发出“劝告”，要求清政府保持“中立”。其实清政府此时根本没有其他可选项，它现在既没有实力去维护自身的主权，也没有实力参与列强间的博弈。2月10日，日本政府宣布与俄国宣战。2月13日，清政府驻日公使杨枢照会日本政府，宣布中国“中立”，把辽东划为交战区，把辽西划为中立区，同时表示，无论日俄两国战争胜败如何东三省主权都属于中国。

在正式宣战前的2月6日，新任日本联合舰队司令东乡平八郎已向属下指挥官传达明治天皇的决定，命令全部作战军舰都开赴黄海，攻击停泊在旅顺和朝鲜仁川的俄国军舰，拉开了日俄战争的序幕。这场战争前后进行了10个月。日军用强大的海军封锁住俄军的各个出海口，夺取了制海权，随后派遣陆军参战，先后发动了多次会战。战争期间两国伤亡人数都在27万左右，就规模而言堪称巨大，所以这场战争又被称为“第零次世界大战”，最终的结果是日军取得了军事上的胜利，俄国承认战败。

1905年9月5日，在美国的调解下俄、日两国在美国海军基地朴茨茅斯签订了和约。根据和约，俄国承认日本在朝鲜享有政治军事及经济上之“卓越利益”，俄国不再阻碍或干涉日本对朝鲜的任何“措置”，俄国将旅顺口、大连湾及其附近领土领水之租借权以及有关的其他特权移让给日本政府，同时将由长春至旅顺口之间的铁路及一切支线，包括附属的一切权利、财产和煤矿等均转让给日本。尽管付出巨大的人员牺牲，但日本终于实现了“复仇”的目标，在东北亚的竞争格局中实现了对俄国的超越。

这场发生在中国和朝鲜领土上的战争对中、朝两国人民造成了极为深重的灾难，“烽燧所至，村舍为墟，小民转徙流离哭号于路者，以数十万计”。根据当时的调查，仅海城一个地区“被扰者有300村，计遭难者8400家，约共男女5万多名”，当时涌入奉天城的难民“不下3万人”。就连日本人办的《盛京时报》都有这样的记载：“陷于枪烟弹雨之中，死于炮林雷阵之上者数万生灵，血飞肉溅，产破家倾，父子兄弟哭于途，夫妇亲朋呼于路，痛心疾首，惨不忍闻。”

六　清朝灭亡：全面侵华刚开始

日俄战争结束后，日本除了根据《朴次茅斯和约》的规定享受到俄国在中国东三省的特权外，还于1905年12月迫使清政府签订了《中日会议东三省事宜正约及附约》，正约规定“中国政府按照日俄和约规定允让于日本国之一切，概行允诺”；附约则又攫取了《朴次茅斯和约》以外的许多新特权，如在“奉天省内之凤凰城、辽阳、新民屯、铁岭、通江子、法库门，吉林省内之长春、吉林省城、哈尔滨、宁古塔、珲春、三姓，黑龙江省内之齐齐哈尔、海拉尔、瑷珲、满洲里”等地开埠通商，允许安东县至奉天省城之间的行军铁路由日本政府经营，可以转运“各国工商货物”，在“满韩交界陆路”通商时按“相待最优国之例办理”。这些规定极大地方便了日本在东三省的经济侵略，丁名楠在《帝国主义侵华史》中评论说：“如果说日本在对俄和约中，所得的是对俄战争胜利的直接成果的话，那么在对清会谈中所得的则成为对俄胜利的一笔巨大的副产品，是对前者的继续、扩大和补充。”为便于在中国东北地区开始活动，明治政府在1906年设立了“南满洲铁道株式会社”“关东厅”及“关东军司令部”等机构，分别负责经济侵略、行政司法管理和军事侵略。

日本通过甲午战争、日俄战争分别打败了中国和俄国，非法割占了中国的台湾，取得了对朝鲜的独霸权并使这项权利得到欧美国家的承认，还从俄国手中接收了在中国东北地区的大量特权。这些都发生在19世纪末到20世纪初的10年之间，这一时期是日本国力上升最快的时期。

日本的快速、强势崛起越来越引起世界的瞩目，当时的伦敦《晨邮报》曾以《世界的大日本》为题论述了日本在东亚的崛起，指出：“今非昔比，日本在中国的威望及维护这种威望的任务，明显地加重了。”参与日俄调停的美国总统罗斯福（Franklin Roosevelt）感叹道：“日本博得了令人惊异的胜利，取得了显著的报酬。日本获得了对满洲及朝鲜制驭权，取得了旅大和库页岛南部，又因为击败俄国的海军而自然地拥有强大的海军力量，在太平洋内除了英国之外，造成了任何国家也难以匹敌的优势。”

反观清政府，自甲午战争后便一蹶不振，没有了与对手较量的勇气和实力，“八国联军”入侵后形势进一步恶化，巨额赔款、财政枯竭、扩大搜刮、民怨加剧，如此形成了恶性循环。对清朝统治者来说，只要能苟延残喘、保住统治地位，列强所提出的再严苛的条件也都能接受，而一旦接受了这些，其在军事、政治以及经济上也就被列强牢牢控制了。可以说，此时的清政府已经发生了质的变化，它已不再代表4亿多中国人民，已经蜕变为列强在中国实施统治的代理人。

1911年10月10日爆发的武昌起义拉开了中国辛亥革命的序幕。1912年

1 月 1 日，中华民国临时政府成立。当年 2 月 12 日，隆裕太后携 6 岁的宣统皇帝在养心殿举行了最后一次朝见仪式，颁发逊位诏书。

清政府的统治正式结束了，日本与清政府数十年来的博弈从形式上告一段落，但这场博弈没有一时半刻的停止，对于竭力向中国大陆实施扩张的日本人来说，目前取得的胜利还仅是初步的，现在还只能算是其全面侵华战略的一个起点。

参考文献

[1] 萧一山．清代通史．上海：华东师范大学出版社，2006

[2] 范文澜．中国近代史．北京：北京人民出版社，1953

[3] 齐思和．鸦片战争．上海：上海人民出版社，1957

[4] 张玉田等．中国近代军事史．沈阳：辽宁人民出版社，1983

[5] 汪敬虞．中国近代经济史（1895－1927）．北京：人民出版社，2000

[6] ［日］德川光圀．日本史记．合肥：安徽人民出版社，2013

[7] 汤重南，王仲涛．日本近现代史．北京：现代出版社，2014

[8] 万峰．日本近代史．北京：中国社会科学出版社，1984

[9] ［日］井上清，铃木正四．日本近代史．杨辉译．北京：商务印书馆，1989

[10] ［日］安冈昭男．日本近代史．李心纯译．北京：中国社会科学出版社，1996 年

[11] 郭冬梅主编．日本近代地方自治制度的形成．北京：商务印书馆，2010

[12] ［日］丸山真男．福泽谕吉与日本近代化．区建英译．北京：北京师范大学出版社，2015

[13] 张光新．日本近代对外战争决策中的情报保障研究．北京：时事出版社，2018

[14] 董旻杰工作室．海战事典（9）：海权与日本近代国家命运．北京：台海出版社，2017

[15] 关权．近代中国的工业发展：与日本比较．北京：中国人民大学出版社，2018

[16] 田雪梅．近代日本国民的铸造．北京：商务印书馆，2016

[17] ［日］户部良一．日本陆军史：近代化的异化．韦平和，孙维珍译．北京：社会科学文献出版社，2016

[18] 许金生．近代日本对华军事谍报体系研究（1868－1937）．上海：复旦大学出版社，2015

[19] ［日］野村浩一．海外中国研究：近代日本的中国认识．张学锋译．南京：江苏人民出版社，2014

[20] ［日］外山三郎．日本海军史．龚建国，方希和译．北京：解放军出版社，1998

[21] 赵恺．军部当国：近代日本军国主义冒险史．北京：中国长安出版社，2015

[22] 杜小军．幕末日本海军史．北京：中国文史出版社，2015

[23] 关捷，关伟编著．日本侵华图志（2）：甲午战争至日俄战争（1894－1905）．济南：山东画报出版社，2015

[24] 冯天瑜．“千岁丸”上海行：日本人一八六二年的中国观察．北京：商务印书馆，2001

[25] ［美］戴维・S・兰德斯．国富国穷．屈腾龙等译．北京：新华出版社，2010

[26] ［日］林屋辰三郎．京都．李濯凡译．北京：新星出版社，2019

[27] [清] 阮元．畴人传．彭卫国，王原华点校．扬州：广陵书社，2009
[28] 陈景彦，王玉强．江户时代日本对中国儒学的吸收与改造．北京：社会科学文献出版社，2014
[29] [日] 大庭修．江户时代日中秘话．徐世虹译．北京：中华书局，1997
[30] [日] 山鹿素行．中朝事实．元民友社，1912
[31] 陈杰．幕府时代：江户幕府．西安：陕西人民出版社，2013
[32] 戴文捷．江户时代的日本儒学、神道和兵学思想之关系．上海：华东理工大学出版社，2017
[33] [日] 大庭修．江户时代中国典籍流播日本之研究．戚印平译．杭州：杭州大学出版社，1998
[34] [英] 威廉·G·比斯利．明治维新．张光，汤金旭译．南京：江苏人民出版社，2017
[35] [日] 野村秀行．明治维新政治史．陈轩译．长春：时代文艺出版社，2018
[36] 湛贵成．明治维新期财政研究．北京：北京大学出版社，2017
[37] 陈杰．明治维新：改变日本的五十年．西安：陕西人民出版社，2011
[38] 姚继中，聂宁．明治维新百年反思．重庆：重庆出版社，2012
[39] 田川．晚清外交四十年：内外交困的李鸿章．南京：译林出版社，2016
[40] 郑洁，刘文鹏．李鸿章外交之道．西安：陕西师范大学出版社，2002
[41] 劲行．刺杀李鸿章．北京：新星出版社，2010
[42] 董丛林．李鸿章的外交生涯．北京：团结出版社，2008
[43] 王铁崖编．中外旧约章汇编．上海：上海三联书店，1957
[44] 故宫博物院明清档案部编．清代档案史料丛编．北京：中华书局，1978 年后陆续刊印
[45] 王彦威等编．清季外交史料．北京：书目文献出版社，1987
[46] 李鸿章．李鸿章全集．合肥：安徽教育出版社，2008
[47] 陈锋．清代军费研究．武汉：武汉大学出版社，1992
[48] 周志初．晚清财政经济研究．济南：齐鲁书社，2002
[49] 丁名楠等．帝国主义侵华史．北京：人民出版社，1961
[50] 李德征等．八国联军侵华史．济南：山东大学出版社，1990
[51] 张力等．中国教案史．成都：四川省社会科学院出版社，1987
[52] [日] 冈本隆司．属国与自主之间：近代中朝关系与东亚的命运．黄荣光译．北京：三联书店，2012
[53] 徐勇，汤重南．琉球史论．北京：中华书局，2016
[54] [明] 陈侃．使琉球录．袁家冬译注．北京：中国文史出版社，2017
[55] 汤重南．琉球史论．北京：中华书局，2016
[56] 唐淳风．悲愤琉球．北京：东方出版社，2014
[57] 孙晓光等．琉球救国请愿书整理与研究（1876－1885）．北京：新华出版社，2018
[58] 夏敏．明清中国与琉球文学关系考．北京：社会科学文献出版社，2017
[59] [日] 伊原泽周．近代朝鲜的开港：以中美日三国关系为中心．北京：社会科学文献出版社，2008

[60] 王如绘. 近代中日关系与朝鲜. 北京：中国社会科学出版社，2018
[61] 曹中屏. 朝鲜近代史（1863－1919）. 北京：东方出版社，1993
[62] [朝] 李清源. 朝鲜近代史. 丁则良，夏禹文译. 北京：三联书店，1955
[63] 林明德. 袁世凯与朝鲜. 中央研究院近代史研究所，1984
[64] 舒健主编.《朝日新闻》所载马关谈判. 上海：上海远东出版社，2015
[65] 关捷主编. 海峡两岸《马关条约》百周年学术研讨会论文集. 大连：大连海事大学出版社，1997